DR. HENRY CLOUD
DR. JOHN TOWNSEND

www.editorialvida.com

EDITORIAL Vida
DEDICADOS A LA EXCELENCIA

*L*a misión de EDITORIAL VIDA es proporcionar los recursos necesarios a fin de alcanzar a las personas para Jesucristo y ayudarlas a crecer en su fe.

El Factor Mamá
Publicado en inglés bajo el título:
The Mom Factor
por *Zondervan Publishing House*

Contenido

Contenido

Introducción

Bienvenidos a *El factor mamá:* Esperamos que le ayude. Sin embargo, antes que comience, queremos presentarle lo que hay tras este libro y lo que puede esperar de él.

El hecho que usted esté leyendo esta obra indica que está interesado, o que tiene preocupaciones, o luchas alrededor de su relación con una de las personas más importantes en la vida de cualquiera: Mamá. Esta puede ser su propia madre, la de su cónyuge, o de un amigo. Dios le dio una para que lo protegiera, criara y convirtiera en adulto. Ella toma parte en su naturaleza de amar. Su mamá, o alguna persona en ese papel, estuvo allí en el mismo centro de su transformación en lo que es. Líderes religiosos, políticos, grandes pensadores y artistas, a menudo dan brillantes testimonios del impacto que sus madres tuvieron sobre sus vidas. La crianza maternal es la más importante, demandante y mal pagada profesión existente.

Para muchos, mamá también significa conflictos o problemas. Pueda que tenga recuerdos obsesionantes de experiencias malas en el pasado, o pueda que tenga una relación difícil con su madre actualmente. Sin embargo, como la mayoría de nosotros las amamos profundamente, tenemos dificultad en hablar de nuestros sentimientos problemáticos o asuntos con ella. Por ejemplo, puede tener las siguientes preguntas:

¿Cómo puedo tener una relación mejor hoy en día, con mi propia madre o la de alguien más?

5

¿Cuál de mis relaciones actuales o problemas de trabajo pueden haber sido influidos por mi madre?

¿Qué fue lo bueno y lo malo en mi crianza maternal, y cómo afectó eso la relación entre mi niñez y mi vida hoy?

¿Cómo puedo pasar por encima de mis problemas de crianza maternal, para poder seguir adelante?

¿Cuál es la mejor forma de criar a mis hijos?

Estas y muchas otras preguntas no son un acto de deslealtad a la madre. Creemos firmemente que Dios decretó lo especial e importante de la crianza maternal. «Honrarás a tu madre y a tu padre», es un tema repetido a través de la Biblia. Pero, también necesitamos ser honestos, decir la verdad, tomar responsabilidad, sanar, perdonar y lamentar, y al mismo tiempo honrar a mamá.

Y por esto escribimos *El factor mamá*. Por muchos años, como sicólogos clínicos, hemos estudiado y visto lo crucial que es la crianza maternal. Mucho se ha escrito referente al tema a un nivel profesional, sin embargo poco se dirige a los problemas y soluciones en un ámbito general. Aún pocos escritos demuestran el lado espiritual de las dinámicas de la crianza maternal. Vemos a tantas personas luchar por largo tiempo porque no tuvieron maneras de comprender o reaccionar ante la forma como fueron criados maternalmente, para bien o para mal.

En una mejor nota, también vimos acontecer milagros. Muchos individuos que conocimos por medio de nuestras charlas o consejos, examinaron la forma en que fueron criados maternalmente, un gran número de estas personas aprendió, sanó, y amó bastante y ahora tienen relaciones más provechosas y significativas con mamá y el prójimo. Es a estas personas que dedicamos este libro.

La organización de *El factor mamá* es directa. Seis «clases de mamá»: La mamá fantasma, la mamá muñeca de porcelana, la mamá controladora, la mamá trofeo, la mamá jefa y la mamá «American Express», explican cómo el proceso de la crianza maternal se analiza en diferentes formas, desde problemas de ausencia emocional a problemas de soltar a los hijos. Cada clase de madre es presentada en un par de capítulos. El primer capítulo describirá el problema y necesidades que quizá no fueron satisfechas. El segundo dirá los pasos para satisfacer esas necesidades y reparar lo que fue dañado. Finalizamos el libro con las dificultades únicas que mujeres y hombres tienen con las madres, incluyendo sus propias tareas como padres.

Un punto importante: Cuando decimos «madre», queremos decir la propia o cualquiera que haya cumplido ese rol en su vida. Muchas personas no fueron criadas por sus madres biológicas; por ejemplo, esos que fueron dirigidos por uno de los abuelos, padre o madre políticos, o un amigo de la familia. Si esta es su situación, para usted, madre es esa persona importante.

Esperamos que sea obvio que este no es un libro negativo referente a mamá, sino uno diseñado a satisfacer una de las grandes necesidades de hoy: *la reconciliación*. Todos somos llamados a pedir y dar perdón, y como resultado, podemos gozar de mejores vidas y mejores relaciones. El primer paso de cualquier reconciliación es entender el problema. Por eso es que entender las clases de mamás es muy importante.

Una última nota: Posiblemente tenga curiosidad de saber por qué un par de hombres, en lugar de mujeres, escribieron un libro referente a mamá. Aun cuando comprendemos la preocupación de que la perspectiva de una mujer, posiblemente no sea incluida en el libro referente a un papel de mujer, no excluimos a ninguno al escribir este material. Aquí están algunas razones por las que nos sentimos capacitados:

- Los asuntos de crianza maternal involucran el papel y función que han sido estudiados intensamente en el campo clínico, por científicos y pensadores de ambos géneros, masculino y femenino.
- Hemos tenido entrenamiento y experiencia clínica, incluyendo muchos años de dirigir múltiples escenarios de pacientes externos e internos.
- Muchos hombres han desempeñado grandes papeles en la «crianza maternal» con sus hijos, igual que tantas mujeres lo han hecho en la «paternal».
- Ambos tenemos mamás, y ¡hoy gozamos una buena relación con ellas!

Por cierto que sentimos que el debate es mucho más que la falta de él. Comprendiendo la crianza maternal, tiene mucho más que ver con comprender a Dios, a la gente, y cómo nos relacionamos, que lo que tiene que ver con género humano.

Así es que esperamos que aprenda algunas cosas referente a su persona, su mamá y Dios al leer *El factor mamá*. Más que eso, esperamos que como resultado se encuentre usted mejor y más saludable. ¡Disfrute este libro!

Capítulo Uno

De todos modos, ¿qué hay en cuanto a mamá?

Beth colgó el teléfono, frustrada, confusa y desanimada. Acababa de pasar noventa minutos hablando con su madre, noventa minutos de tiempo perdido. Como era una madre que trabajaba, Beth no tenía tiempo sobrante.

Trató de explicarle a su mamá que sus planes de vacaciones no incluirían visitarla. «Tú sabes que nos gustaría verte», dijo Beth, tratando de razonar con su mamá, «pero en estas vacaciones de veras queríamos ver el *Gran Cañón*».

El silencio que siguió era muy conocido para Beth. Dolor, distancia y frialdad eran las cicatrices por haberle dicho no a su madre. Beth trató de hacer posible alguna relación con ella. «Mamá, haremos un esfuerzo por verte durante el siguiente viaje».

«No será necesario. Seguramente entonces, también estarás muy ocupada para mí». Su madre colgó, y el tono del teléfono acentuó ese dolor en el estómago de Beth que ya conocía muy bien. Otra vez, ella se daba cuenta que no se podría complacer a su madre. Beth siempre era «no suficiente» o «demasiado» en algo. Era desconcertante: ¿era ella realmente una hija malagradecida y egoísta? O ¿tenía su madre muchas expectativas?

Beth quería profundamente a su madre y quería más que nada tener una relación estrecha y respetuosa con ella. Recordó el mandamiento «*honrar a tu padre y a tu madre*» y pensó: *Esto es imposible. Si la honro, deshonro a mi familia, y si honro a mi familia, la deshonro a ella*. Se resignó a la manera que las cosas siempre habían sido y volvió a sus planes de vacaciones. Sin embargo, ahora un vacío rodeaba todo el proyecto.

¿QUÉ PASA?

Esta escena se repite a diario, millones de veces alrededor del mundo. Cada seis segundos, otro adulto varía entre resentimiento, ira, culpabilidad, temor y confusión en cuanto a la acción progresiva con una madre.

La mayoría de la gente desea una amistad agradable, mutuamente satisfactoria con esa persona tan importante en nuestra vida: nuestra madre. Sin embargo, la realidad no llega a lo ideal. Puede que experimente «problemas con la madre» en varios ámbitos. Puede que sienta:

- que no puede comunicarse con ella
- falta de respeto a sus elecciones y valores
- rechazo a aceptar a su familia y amigos
- la falta de libertad para tener una vida aparte sin perder su amor
- que está alejada e incomprendida por ella
- dificultad en decir que no y confrontarla
- que tiene que esconder su verdadero yo y ser perfecta
- que es responsable por hacerla pensar que ella es perfecta
- culpabilidad cuando ella quiere que la cuide y no lo hace
- desilusión y conflicto por sus interacciones con su esposo
- culpabilidad por no llegar a sus expectativas y deseos
- pesar porque ella parece no poder comprender su dolor
- como infantil en su presencia
- frustración por su aparente ensimismamiento
- humillación cuando trata a sus hijos en una forma ofensiva conocida.
- desaliento porque esta lista es muy larga

La lista podría continuar, pero apunta a una verdad fundamental: nuestra relación con cada madre, ni en el pasado o el presente nos ha dejado donde queremos estar. Tal vez quisiera que usted y su mamá fueran más unidas. Quizá también llegó a desear que ella le preparara mejor para otros aspectos de la vida.

No solo la calidad de la relación con su madre dicta cómo las cosas irán entre ustedes, también impacta todos los ámbitos de la vida drásticamente. Adicional al aprendizaje en cuanto a normas de intimidad, relación y separación de la madre; también aprendemos cómo manejar fracasos, emociones conflictivas, expectativas e ideales, el dolor y la pérdida, y muchos otros componentes que forman nuestro «coeficiente intelectual emocional»[1], esa parte de nosotros que garantiza si seremos o no exitosos en el amor y el trabajo. En resumen, las dos realidades siguientes determinan en gran parte nuestro desarrollo emocional:

1. Cómo nos crió mamá
2. Cómo respondimos a esa crianza

———— ◆ ————

Dave bajó del carro en el estacionamiento de la florería. Fue otro día con un ramillete de disculpas. Su esposa, Cindy, estuvo llorando durante la noche, cuando había planeado una ocasión especial sola con él sin los niños. La cena había resultado bien, y ella esperaba un largo rato de intimidad y vulnerabilidad. Pero al mirarlo a los ojos y preguntarle cómo se sentía en cuanto a su matrimonio y vida en general, Dave se encerró en sus adentros. Como siempre, no encontró las palabras y no pudo unir la separación emocional entre él y su esposa.

«Quizá no soy digno de ella... un esposo se supone que ame a su esposa, entonces, ¿Por qué ni siquiera deseo esta proximidad tan importante para ella? ¿Qué pasa conmigo? Dudó mientras sacaba otro billete para las flores. ¿Será enviar flores lo mejor que siempre podré hacer?»

El dilema de Dave a primera vista parecería tener poco que ver con problemas de crianza. Lo único que él sabía era que tenía un problema con Cindy. Pero la realidad es que la pauta de relacionarse de Dave estaba elaborándose exactamente como lo planeó Dios: Aprendemos sobre relaciones con nuestros padres. En el intercambio con su madre, Dave aprendió que el acercamiento podía ser peligroso. Por ejemplo, cuando estaba herido o con miedo, ella se ponía ansiosa y lo mimaba al extremo de sofocarlo. Como resultado, cuando su esposa se le acercaba en forma emocional, levantaba sus barreras, y se protegía contra un excesivo comprometimiento emocional. Se encontró en una situación perdida. Aunque no le gustaba apartarse de su cónyuge, no le gustaba estar cerca tampoco. De cualquier manera la dejaba insatisfecha. Hasta que Dave tratara con sus temores de intimidad, esta pauta continuaría.

La lucha de Dave ilustra el tema principal de este libro: Lo que aprendimos en cuanto a relación con nuestra madre, afecta profundamente cada aspecto de nuestra vida adulta.

¿TIENE QUE SER ASÍ?

Así como los planes de Dios para que aprendamos formas de relación con la madre, pueden terminar en destrucción de nuestras vidas adultas, también su plan de restauración puede traer cambio y crecimiento.

Como hombre soltero, Mark había notado pautas en sus relaciones similares a las de Dave con su esposa. No podía sostener relaciones íntimas duraderas. Se acercaba a una mujer elegible, incluso hasta considerar matrimonio, y luego sin explicación se retiraba de la relación, quejándose de que era «muy exigente», «muy seria», «no suficientemente seria», o cualquier cosa. Por años se dijo a sí mismo, que no podía encontrar la «correcta» hasta que un amigo le sugirió que el problema quizá era *él*. En respuesta a la sugerencia de su amigo, Mark se integró a un grupo de apoyo que trataba con problemas de intimidad y confianza. Fue difícil al comienzo, ya que eran esas las áreas en que se sentía más deficiente. Sin embargo, mientras se abría a la educación consecuente y a la confrontación de los miembros del grupo, algo empezó a cambiar en él. Al hacerlo ellos responsable por sus propios temores y déficit, *así como al darle lo que le faltó con su propia madre*, empezó a notar que evitaba menos la intimidad. En realidad empezó a desearla. Su larga lista de requerimientos para una pareja se volvió mucho más realista.

A medida que Mark continuaba en su camino de crecimiento, encontró «la correcta». Pero en realidad, fue él el que llegó a convertirse en «el correcto» porque permitió que sus amigos le dieran la crianza que necesitaba y así aprendió los patrones de relación que le hicieron falta en su primera etapa. Cuando no somos criados perfectamente, Dios proveerá otros que llenen los vacíos. Él puede redimir nuestra primera experiencia, ya sea construyendo sobre lo bueno que nuestra madre hizo, o proporcionando lo fundamental que ella pueda haber omitido.

DOS CONSIDERACIONES

Mucha gente sufre bajo el engaño de que su madre es el verdadero problema. Variados enfoques sicológicos modernos promueven lo siguiente:

- culpar a padres por todos los problemas del cliente
- enfocar solamente en desenterrar «penas del pasado» y con «sacar el dolor» creen que la catarsis cura
- identificar al cliente como una víctima y compadecerse de lo malo que «mamá» o alguien más fue

- excusar el comportamiento, la falta de ejecución y el fracaso en el amor o el trabajo por lo que la madre no proporcionó
- animar al cliente a que viva más en el pasado que en el presente
- preparar sesiones con mamá, con la idea de que reconciliándose con ella o haciendo que reconozca lo mala que fue, finalmente arreglará el hueco en el corazón del cliente

Esta opinión se enfoca en la madre del pasado, no en el proceso de crianza del presente. Pensar que la solución vendrá con culpar a los padres, tratando de que cambien, o continuar procesando los sucesos del pasado, pasan por alto las modificaciones de carácter necesarias que llevan a la cura verdadera.

Aunque pensemos que resolver la relación con la madre es muy importante para el proceso de crecimiento, no es el panorama completo. También debemos ver el proceso de crianza en el presente.

Por lo tanto, las dos consideraciones que enfocaremos en este libro son *relación con su madre* y *el proceso de crianza en sí*. Miremos cada uno de esos temas por un momento.

SU MAMÁ

Cuando hablamos de «lidiar con el pasado» no estamos diciendo «vayan al pasado». No se puede regresar a 1950, 1960, 1970 o ni siquiera a ayer para tratar con la madre. Pero, tratar con ella es posible porque, le guste o no, ella vive con usted cada día en el presente.

Hay dos puntos muy importantes en acción cada día que resultan ser aspectos sin resolverse de nuestra relación con la madre. El primer punto tiene que ver con los sentimientos que tenemos para nuestra madre, los daños que sentimos fueron ocasionados por ella, y las necesidades que no suplió. El segundo punto es sobre la dinámica y pautas de comunicación que aprendimos en nuestra relación con mamá. El primero trata de cómo nos sentimos hoy con respecto al pasado; el segundo trata de cómo repetimos las pautas del pasado.

Sentimientos reprimidos

Miremos al primer punto; los sentimientos que tenemos hacia nuestra madre.

Jim y Debbie se estaban preparando para un viaje. Ella empacaba y él preparaba el auto, cuando de pronto Debbie recordó que era tiempo de cambiar el aceite en su auto. Salió hacia el garaje: «¿Jim, cambiaste el aceite?» preguntó. Quizá él lo había recordado y ejecutado temprano en el día.

«¿Te me quitas de arriba?» Gritó Jim. «¿Qué es lo que crees que soy, un idiota? Por supuesto que cambié el aceite. Te dije que yo atendería lo del carro, y tú nunca crees lo que te digo». La miró con tanto desdén y odio que ella sintió una sensación helada que bajaba por su espina dorsal. Debbie, sin saber nunca qué hacer cuando Jim reaccionaba de este modo, se fue a su cuarto y lloró.

Hizo una simple pregunta. Pero Jim reaccionó como si ella pensara que era «idiota», y estaba preparado a pelear y defenderse contra su compañera.

¿Por qué? Jim creció con una mamá muy diferente a Debbie. Una mujer dominante y controladora. Su madre no confiaba que hiciera las cosas por sí solo, y tampoco creía cuando le decía que ya había hecho los trabajos. Creció tratando de complacerla y al mismo tiempo la resentía.

En primer lugar, una razón por la que se enamoró de Debbie fue porque le parecía muy diferente a su madre. Aunque conscientemente no pensaba en la mamá, se acercó a la simpatía y falta de autoridad de Debbie. Se sintió cerca de ella casi desde la primera vez que se conocieron. Estaba ante su máxima fantasía de mujer.

Al pasar el tiempo, la relación naturalmente se profundizó, y entonces surgieron los problemas. Jim comenzó a perder tanto el afecto como los tiernos sentimientos hacia Debbie, más bien comenzó a sentir un creciente resentimiento que resultaron en explosiones de ira como la anterior.

Lo triste era que Debbie no había cambiado. Todavía era la misma persona afectuosa, no la controladora que él había amado.

¿Qué había pasado? Mientras el vínculo de Jim con su esposa aumentaba, los sentimientos sin resolverse hacia la madre empezaron a surgir y a interferir en la vivencia con Debbie. El enojo hacia su mamá y los sentimientos de ser controlado, desconfiado, y dominado se alojaron en el cónyuge. La sentía como un adversario, como lo había experimentado con su madre. En realidad, ya ni siquiera podía verla como la mujer que era, debido a los sentimientos maternales. De veras empezaba a percibir a su compañera como si fuera su mamá.

Los sicólogos llaman a este fenómeno «transferencia». Tenemos tendencia de orientar sentimientos hacia personas en el presente, cuando deberían ser dirigidos hacia individuos en el pasado. Es el dicho antiguo «perro quemado le tiene terror al fuego». Si alguien nos maltrata, y fallamos en resolver esos sentimientos heridos, vamos a desbaratar futuras relaciones que puedan parecerse en carácter, con las que fuimos maltratados. Si tenemos sentimientos sin resolver hacia nuestras madres, necesitamos tratar con esa relación.

La Biblia le llama a este proceso, perdón. El perdón implica ver sinceramente los problemas y las relaciones; enfrentarlos, soltarlos y llorar nuestras pérdidas. Nos libera del pasado. Mencionamos lo malo que sucedió, lo miramos, experimentamos los sentimientos, y los soltamos. La meta es llegar al lugar donde «terminamos con la madre», preparados para ver a las personas como son.

Pautas de comunicación

El segundo punto concerniente con nuestra madre, tiene que ver con *el entendimiento de las dinámicas y pautas de interacción que aprendimos en la relación con mamá*. Regresemos a Dave por un momento. Él había aprendido ciertos patrones en el intercambio con la madre, que ahora estaba exponiendo con su esposa. Estas pautas de relación, llamadas «dinámicas» son como mapas desplegados en nuestro cerebro; ellos determinan cómo actuaremos en diferentes tipos de relaciones. El mapa de acercamiento de Dave trabajaba de este modo: Cuando llegó a establecer intimidad, sentía miedo de ser sofocado y abrumado, por lo que desaparecía. Para recuperar su propio espacio, que temía le quitara su esposa; igual que su madre hizo antes de ella, optó por retirarse.

Dave está dejando fuera *la pauta de relación* que es conocida para él, y hasta que no la cambie, continuará «caminando en las trincheras de [sus] antepasados». La Biblia nos dice que nosotros repetimos modelos de relación no sanos, hasta que nos apoderamos de ellos y trabajamos a través de ellos (ver Marcos 7:8-9). Dave necesita más conocimiento de las pautas por él aprendidas en la interrelación con su madre, para poder separarse de ellas y comenzar a crear otras más sanas con su esposa.

Necesitamos mirar hacia los patrones que aprendimos en la relación materna. Pautas de prevención, control, sumisión, autoridad, pasividad, agresividad y demasiado control, desconfianza, y otras muchas pueden ser fuertemente sembradas en nuestras mentes. Nos forzaron a aceptar esa realidad y vivir de acuerdo a ella. Eso es lo que la crianza significa. Interiorizamos las costumbres de nuestros padres, y luego vivimos de acuerdo con ellas.

Por lo tanto, estamos destinados a repetir pautas de relación o actuación problemáticas interiorizadas hasta que nos damos cuenta de ellas y cambiamos. De esta manera nuestra relación con mamá necesita más que perdón: Requerimos conocer la dinámica y las pautas, así como cambiarlas a otras más útiles.

EL PROCESO DE CRIANZA MATERNAL

Jordan era una madre diligente de dos hijos, y los amaba grandemente. Pero ellos eran desordenados, como los niños suelen ser; dejaban sus juguetes tirados y por lo general eso ocasionaba caos. Cuando esto sucedía, Jordan se ponía más y más irritada, hasta que finalmente, con los dientes apretados, gritaba, «recojan sus pertenencias». Temiendo los habituales estallidos, sus hijos empezaban a tener señales de ansiedad. Cuando les gritaba, o les contestaba con dureza, se sentía como una «madre horrible» y le invadía un complejo de culpa.

Jordan comenzó a platicarle a una amiga de confianza, Susan, de su problema; era la primera vez que francamente compartía una falta con una allegada. Su amiga respondió con empatía y comprensión, por lo que Jordan comenzó a admitir otras imperfecciones.

Con el tiempo, Jordan comenzó a notar la diferencia entre Susan y algunas de las otras mujeres con las que se reunía. Hablaban sobre sus vidas maravillosas, sus hijos prósperos, y de sus increíbles crecimientos espirituales. No había nada malo en compartir éxitos, pero estas mujeres nunca compartían fracasos. Susan abría su mente no solamente a las cosas buenas que le pasaban a Jordan, sino también a sus luchas.

Jordan estaba cambiando. A medida que continuaba comentando todo lo de ella, lo bueno y lo malo, con Susan, se estaba convirtiendo en una persona más relajada. Las pequeñas cosas que no tenía «en total» no le molestaban tanto. También encontró que le molestaba menos lo que sus hijos estuvieran haciendo. Encontró que era capaz de estar con ellos y sus imperfecciones de una manera totalmente nueva.

La aceptación de Susan se estaba transmitiendo a la crianza de sus hijos.

¿Qué es lo que estaba sucediendo aquí? Jordan estaba siendo restaurada al *proceso de crianza*. Susan le estaba proporcionando empatía y refrenamiento, un aspecto básico de la crianza que Jordan no había recibido de su propia madre. Para que nos volvamos enteramente confortables con nosotros mismos, necesitamos a alguien con quien podamos ser lo que somos. Necesitamos aceptación y comprensión, para poder refrenar e integrar todas nuestras partes. Una buena madre hace esto: escucha y acepta lo negativo, se refrena, y ayuda a su hijo a no sentirse abrumado; se siente confortable con las imperfecciones del pequeño.

Este último toma ese consuelo de ella dentro de su personalidad, y contribuye a que su madre se sienta también cómoda con esos defectos. El proceso maternal de aceptación, forma al niño.

Algunas personas, sin embargo, no reciben esta empatía y comprensión de sus madres. Experimentan la crianza maternal «incómoda y con imperfecciones», que Jordan primeramente le dio a sus hijos. Este era precisamente el tipo de crianza maternal que ella había recibido de su propia madre, y la única clase que sabía cómo pasar a sus hijos. Su mamá había fracasado en darle a ella empatía y comprensión, por lo tanto, no las llevaba adentro para poder dárselas a ella misma y a sus hijos.

Dios diseñó varios ingredientes dentro del proceso de crecimiento que una «madre suficientemente buena» provee. Nuestro objetivo aquí es ayudarle a comprender que, puede no haber recibido todo lo que necesitaba de su mamá, y que solamente cuando alguien le da esos ingredientes es que su vida puede funcionar correctamente. Esto es lo que Susan hizo por Jordan; le dio lo que su madre falló en darle. Así es como las amistades actúan unas por otras, todos los días. Significa además ser restablecido al proceso de crianza maternal.

Por lo tanto, no solamente necesitamos resolver las cosas con una persona de nuestro pasado, como mencionamos anteriormente, sino que debemos obtener de otros lo que no recibimos completamente de nuestra madre.

En el resto del libro, resumiremos los aspectos principales del proceso de crianza maternal para ayudarlo a comprender por qué algunas áreas de sus relaciones y su desempeño no están resultando, y así pueda saber qué es lo que necesita cambiar. Así como Jordan descubrió que carecía de empatía y fue restablecida a ese aspecto de la maternidad por medio de Susan, averiguará qué es lo que le hizo falta.

CÓMO RESPONDER A LA CRIANZA MATERNAL

Recuerde los dos puntos que identificamos anteriormente, los cuales determinan quiénes somos como personas: (1) el tipo de crianza maternal que tuvimos, ambas de nuestra madre y de las relaciones importantes desde entonces, y (2) nuestra respuesta al proceso de crianza maternal.

Cuando hemos tenido una crianza maternal negativa, podemos comenzar un patrón de desconfianza para el resto de nuestras vidas. Escondemos tanto las necesidades como la vulnerabilidad. Nos volvemos combativos y agresivos. Para probar que no podemos ser controlados, controlamos a otros. Y la lista sigue. Respondemos a la crianza maternal en formas defensiva y reactiva, como hizo Jim, lo que nos impide obtener cualquier cosa que necesitamos, perpetuando con ello nuestros propios problemas.

Jordan no había recibido la aceptación que necesitaba de su madre. Como resultado, desarrolló una pauta de evitar la aceptación que estaba disponible para ella más tarde en su vida. Otros, aún antes de Susan, escucharían y aceptarían a Jordan. Pero ella estaba tan engreída en sus esfuerzos de ser perfecta, que no respondía a la crianza maternal buena que la rodeaba todo el tiempo.

El rechazo de Jordan de la buena crianza maternal, está en contraste con lo que la Biblia llama responder a la luz. Cosas de la luz como: honestidad, vulnerabilidad, confianza, responsabilidad, aceptación, perdón, están alrededor de nosotros siempre. Nuestra parte es franquearnos y responder a ellas.

NUESTRAS SUPOSICIONES

En este libro, hacemos tres suposiciones:

Nuestra primera suposición es que no existe tal cosa como el «buen niño» y la «mala mamá». En ocasiones, la gente que se encuentra en recuperación y movimiento sicológico, favorece el «derribo de los padres»; todo lo negativo es la falta de uno o de ambos padres. Las madres fracasan en ser todo lo que necesitan ser. Unas fallan en casi todo lo que necesitan ser. Algunas otras, hacen un buen trabajo y solo dejan pocas cosas sin hacer o en necesidad de arreglarse. Pero los jóvenes tienen respuestas inapropiadas y defensivas también, y como mayores con frecuencia continúan en pautas inapropiadas. Por lo tanto, los hijos adultos necesitan cargar con muchas de las responsabilidades.

A medida que usted comience a ver y comprender los elementos que hacen falta en la crianza maternal recibida, su responsabilidad es lamentar y perdonar, para que así pueda ser sanado de cualquier cosa que su madre pueda haber hecho mal. Entonces, a medida que ve y toma responsabilidad por su parte del problema, podrá recibir lo que no adquirió, obtener control, y cambiar esas partes de su vida que no han resultado para usted hasta hoy. En este proceso de perdón y responsabilidad doble, encontrará crecimiento ilimitado.

Nuestra segunda suposición es que hay tareas de la maternidad y respuestas a la crianza maternal predestinadas. Haremos un resumen del proceso universal y previsible que todos los niños necesitan pasar con sus madres. Lo llevaremos a través de ese proceso y le ayudaremos a comprender cómo se relaciona con usted, su historia con su madre, y su vida actual. Empezaremos con puntos básicos, como la importancia de hacer conexiones emocionales, luego dejar a la madre, y apegarse a su esposa.

Nuestra tercera suposición es que necesita amor y límites a cada paso. Su madre necesitaba ser cariñosa para que usted aprendiera a unirse con otros, y también requería trazar fronteras para que usted aprendiera a cargar con sus propias responsabilidades. Si su madre falló en darle amor y límites, o si le proporcionaba uno y no lo otro, tendrá que encontrar la manera de completar lo que falta.

Así es que, únase con nosotros en el proceso maravilloso, difícil y retador de lidiar con mamá y la crianza maternal.

Capítulo Dos

La mamá fantasma

Yo (Dr. Cloud) hablando una tarde, le pregunté a la audiencia qué palabras se les ocurría cuando pensaban en «crianza maternal». Ellos contestaron: *alimentación, cuido, vínculo, galletas, confianza.* Estas son respuestas normales para la palabra *madre.* Es la que da a luz, quien da vida al infante. Es en sus brazos que aprendemos seguridad y confianza, y que no estamos solos en el mundo. Verdaderamente, para la mayoría de nosotros, la crianza maternal tiene algo que ver con una conexión de cuido.

El salmista lo dijo de este modo: « ...me hiciste reposar confiado en el regazo de mi madre».[1] Por el tiempo que la humanidad ha estado en la tierra, hemos asociado crianza maternal con confianza y nutrición. Sin embargo, muchos no recibieron de sus mamás ninguno de los dos. En lugar de relacionarse en forma segura con ellas, encontraron un vacío.

Keith recordó su niñez con imágenes vivas: «Recuerdo haber sentido un adormecimiento confortable muchas veces». Nuestra casa era grande, y cuando estaba pequeño parecía interminable, tenía cierta oscuridad, aún en el día. Es curioso, cuando pienso que estoy en ella, ni siquiera veo a alguien allí. Está vacía.

»A pesar de reconocer que mi mamá se encontraba allí siempre, no puedo recordar que tuviera alguna relación con ella. Cuando me la imagino, la veo leyendo o trabajando en la cocina. Se veía siempre muy ocupada cuando estaba levantada o por los alrededores. Si trato de recordar que hablábamos, verdaderamente no se me viene nada a la mente.

»También hay otros recuerdos. Por ejemplo que pasaba en cama bastante tiempo. Parecía estar simplemente recostada, a veces por horas. Papá me decía que la dejara en paz, que no se sentía bien. Usualmente me iba afuera, inventaba juegos o creaba mundos imaginarios. Es algo raro porque de veras no recuerdo que sintiera, lo que le llamarían soledad. En otras palabras y para ser sincero, no me sentí como que quería algo y no lo estaba consiguiendo; es más, como que solamente sentía una forma de oscuridad y vacío.

»Cuando ella llegaba a casa del trabajo, se veía un poco molesta luego de una agotadora jornada. Estaba irritada en alguna forma, pero no por algo que yo había hecho. Era más como un humor que la dejaba un poco inaccesible. No sentía deseos de estar cerca de ella. Aun en esas condiciones tenía fuerza para encargarse de la comida, y comíamos juntos casi todo el tiempo. Sencillamente no recuerdo haber sentido mucho afecto.

»Luego, al crecer, me sentía exactamente como ausente de la casa. Nunca pensé que estuviera esquivando el hogar o a mamá. Creo que simplemente no quería estar alrededor del vacío. Es extraño. Mi madre es una persona muy nítida. A decir verdad, no entiendo por qué era tan emocionalmente vacía.

En este momento Keith me miró. «¿Tiene eso que ver con mi dificultad en relacionarme?» Solo asentí con la cabeza, sin saber de qué otra manera expresar que estaba de acuerdo.

LA VIDA DE KEITH DESDE ENTONCES

Intelectual, atlética y socialmente Keith fue dotado. La mayor parte de la gente lo encuentra cariñoso, atractivo, y tenía muchos amigos. Sin embargo, en relaciones cercanas, era frío y distante. Sus amigas sentían que no las necesitaba; se sentían emocionalmente frustradas. Vacilaba entre estar en una relación y

solo por largos períodos. Además, en sus interacciones del día a
día, podía ser duro y sarcástico.

Continuó de esta manera hasta bastante después de llegar a
adulto, hasta que finalmente vio su pauta de relaciones quebra-
das y una marcada depresión. Fue entonces cuando llegó a verme y comenzó a descubrir el vacío emocional que estaba cargando por tanto tiempo.

¿Qué era lo que estaba pasando? Keith había experimentado
una mamá fantasma, desprendida y ausente. Su madre no había
abusado de él, pero no había estado emocionalmente disponible. Por lo tanto, nunca aprendió a conectarse y ser íntimo con
otros. En muchos casos, la mamá fantasma es bastante diferente
a la de Keith. Él experimentó una que no conectó pero tampoco
abusó. Las siguientes son algunas de las muchas variaciones sobre el tema de la mamá fantasma:

- manifiesto de abuso que hace imposible la relación
- temas de control que bloquean una relación verdadera
- demandas de perfección que dejan solo al ser verdadero
- abandono que hace la confianza muy peligrosa
- dificultades en la vida de la madre que la alejan del niño
- madres reactivas con las que el niño no puede compartir
  libremente por miedo de que se moleste.

El escenario común y desafortunado en todo esto, es que el
niño no puede desarrollar un apego con su madre que le permita
fomentar su habilidad emocional para convertirse en una persona que pueda relacionarse.

LA NECESIDAD QUE NO SE ALEJA

¿Cuál es la necesidad con la que las mamás fantasmas no están
cumpliendo? ¿Qué es lo que una madre ausente y desprendida

no está haciendo? Un niño, más tarde un adulto, tiene cinco necesidades básicas que deben ser suplidas por una madre.

1. Seguridad

Como personas pequeñas, experimentamos al mundo como peligroso. Nos sentimos solos. No tenemos amor adentro, tenemos necesidades y sentimientos abrumadores. Es algo doloroso. Puede verse este dolor en la cara de cualquier infante que necesita ser recogido o del niño que está aterrorizado de algo en su imaginación. *Los chicos no tienen seguridad intrínseca sino peligro. La seguridad solo se puede encontrar en la madre, o en quien está supliendo la crianza maternal.*

Esta seguridad viene en forma de una persona que es previsible, estable, y libre de peligro. Este tipo de madre edifica una base para todas las otras tareas de crianza maternal. Sin esta persona, el niño permanece en un estado de pánico o ansiedad, sin poder amar o aprender. El consistente cuido, y la suave y comprensiva atención de la mamá, le da al pequeño un lugar seguro donde ir; transformando el peligroso mundo en un lugar de seguridad.

2. Nutrir

Webster dice que nutrir es «alimentar o dar de comer». La nutrición de una madre es como el combustible para el alma. Las buenas progenitoras vierten cuido en las almas de sus hijos, así como los rayos del sol y el agua suplen nutrientes a las plantas. Nuestras almas florecen cuando nos nutren y cuidan. Crecemos, desarrollamos, y cambiamos de acuerdo a como fuimos diseñados.

Sin nutrición nos marchitamos. El síndrome «fracaso de crecer» y muchos otros problemas de la niñez, están directamente relacionados con la falta de nutrición. En algunos casos, los infantes internados hasta se han muerto por privación maternal y falta de nutrición. Fuimos creados con necesidades que van más allá de los requerimientos físicos y alimenticios. Necesitamos los recursos inmateriales y espirituales de una relación para poder vivir.

3. Confianza básica

Confianza básica es la habilidad de invertirse uno mismo en una relación. Primero debemos experimentar muchos instantes dignos de confianza, antes de que de veras podamos confiar en otros. No nacemos confiando, la confianza se gana. Esta nos permite alcanzar, depender, necesitar y ver a otros como una fuente de cosas buenas. Podemos sujetarnos a la persona encargada de nuestro cuido; cuando queremos alcanzarla ella estará allí y responderá a nuestras necesidades.

Cuando confiamos en alguien, invertimos algo de nuestras personas y a cambio deseamos lo bueno. Si invertimos dinero, queremos seguridad y dividendos. Con una buena madre, depositamos los corazones y el ser y encontramos una buena ganancia, lo que nos lleva a intentarlo repetidas veces en las relaciones. La confianza alimenta la habilidad de *necesitar*, y de *depender*, esto a su vez permite crecer y desarrollar en relaciones. Necesitamos «necesitar» y también sentirnos confortables con dependencia. Una madre digna de confianza, desarrolla esas habilidades en sus descendientes. Las personas saludables se dejan necesitar y depender de otros sin miedo.

4. Pertenencia e invitación

Todos tenemos una necesidad de pertenecer a alguien y a algo más grande que uno mismo. Pertenecer y amar están en las raíces de nuestro ser humano. La base de toda existencia es la relación, y no nos podemos dar eso a nosotros mismos. La Biblia nos dice que seamos «... arraigados y cimentados en amor,... »[2] Si somos enraizados y afirmados en la tierra con Dios y otros, pertenecemos; nos sentimos nutridos, seguros, y libres de la experiencia universal del aislamiento. Y, es la responsabilidad de toda madre rescatarnos del distanciamiento y el aislamiento; y de encaminarnos dentro del mundo de las relaciones.

Las madres, por medio de su amor y cuido, nos hacen sentir queridos, lo que se convierte en mayores sentimientos de valores y confidencialidad en las relaciones futuras. Hemos trabajado con innumerables personas que se sienten «no queridas» o «indeseables», cuando en realidad muchas otras las quieren y adoran. Es obvio que no recibieron buena crianza maternal.

El sentirse querido y amado no es un ejercicio intelectual que podemos practicar solos. Llega por medio de la experiencia de ser invitados a una relación con otra persona. Pueda que usted sepa intelectualmente que es amado, pero si nunca se sintió así por su fantasma, sus sentimientos no se igualarán a lo que percibe en su mente. Cuando experimentamos a temprana edad que somos consistentemente queridos, avanzamos fácilmente hacia otras circunstancias de relaciones futuras, sin preguntar si pertenecemos o no.

5. Alguien a quien amar.

El desarrollo emocional viene no solamente de la inversión que las madres hacen en los pequeños, sino también de la que el niño deposita en ella. Una mamá suple un alguien para que el infante ame, ella es una buena «razón para amar». Para desarrollarnos emocional, física, intelectual, y socialmente, necesitamos no solo *ser* amados sino también *amar*. El amor nos llena y le da afecto a nuestro punto de vista sobre otros y al mundo en que vivimos, para que veamos la vida con esperanza y optimismo. Tenemos una necesidad básica de amar a las personas, y eso requiere a alguien para lograrlo. Si la madre está segura, la amamos. Si no lo está, estamos abrumados por el aislamiento o estamos llenos de odio.

Estas necesidades son universales y documentadas por investigaciones, experiencias clínicas, vivencias de las personas, y la Biblia. Si la madre, natural o sustituta, suple seguridad, nutrición, confianza, pertenencia y amor, entonces el niño se encamina a un desarrollo saludable.

RESULTADOS DE LA MAMÁ FANTASMA

La vida de desprendimiento de Keith es, se puede decir, común. Vimos lo que fue su vida después que abandonó el hogar. ¿Qué otras señas de crianza maternal fantasma aparecen en la vida adulta?

Problemas de relaciones

Una madre que no está disponible, causa consecuencias devastadoras posteriores en la vida de su hijo. Usted posiblemente pregunte, «¿Entonces, porqué es que nuestro pasado tiene que determinar nuestro futuro? Así es que la madre de Keith no se relacionó. ¿No puede él relacionarse con ella más tarde? La respuesta es no, solamente que esté franqueado a sanar y cambiar.

Aquí estamos hablando con respecto al desarrollo del equipo de relación de un niño. Podemos comparar este proceso a la fabricación de un auto. Este solamente correrá en 1996 si todos los cilindros fueron instalados en el motor en 1960. No importa que el auto fuera fabricado hace tanto tiempo. *Lo importante es si instalaron todas las partes*. Así es como el temprano desarrollo afecta la vida más tarde: **Nos deja con o sin habilidad.** Si nos hizo falta buena crianza maternal, nuestra habilidad de relacionarnos bien con otros en la actualidad todavía tiene que ser desarrollada. Si por el contrario, la crianza maternal fue oportuna y satisfactoria, y respondemos, tenemos la habilidad de comunicarnos con otros.

He aquí algunos otros problemas de relaciones que las personas con una mamá fantasma pueden experimentar:

Superficialidad en las relaciones. Estas personas experimentan relaciones superficiales, no pueden llegar «debajo de la superficie». Sus parejas se quejan de falta de satisfacción al tratar de relacionarse.

Distanciamiento. Estas personas están «en el mundo de las relaciones» pero son apartadas. Están distantes con relación a los otros. Emocionalmente se mantienen distanciados de la familia, dejando a sus esposos que emocionalmente cuiden al resto de los miembros de familia.

Retraimiento. Las partes naturales de «buscar» para estos individuos no funcionan. En lugar de procurar a otros durante tiempos dolorosos, se retraen en ellos mismos, con frecuencia desilusionando a los que los quieren.

Desconfianza, hostilidad y agresión. Estas personas usan la pauta de agresión y hostilidad para mantener a otros alejados. Desconfían del prójimo, atacan y rechazan a cualquiera que intenta acercárseles.

Sobre-evaluar relaciones. Estas personas buscan a otros individuos de gran significado en su vida adulta para «llenar el vacío» dejado por una mamá fantasma. Esperan que una amistad o allegado sentimental supla todo lo que sus madres fallaron en darle. Ven a sus esposos o esposas como un príncipe o princesa que transformará sus experiencias vacías a una vida de maravillas. Pero un cónyuge nunca podrá llegar a suplir la demanda de expectativas tan altas. Las personas solteras que creen que casándose serán felices, a menudo están buscando amor materno.

Relaciones negativas. Estas personas entran en interacciones negativas que son el resultado de un principio inseguro de la vida. Un inicio seguro con una buena madre es lo que necesitamos para sustentarnos durante la soledad, al esperar por una buena relación en nuestra vida adulta.

Theresa pertenecía a un grupo de apoyo y le preguntaban repetidas veces porqué escogió continuar sus salidas con George. Este hombre no era nada parecido a lo que necesitaba. Ella provenía de un hogar con poco amor, y escogió a un hombre con sus mismas características. Una persona enojada y con escasa sensibilidad. George la lastimaba de muchas maneras y ocasionalmente hacía cosas amorosas. Un día después de volverla a lastimar, el grupo le preguntó de nuevo porqué lo aguantaba, ella respondió con lágrimas, «porque si rompo con él, no tendré a ninguno».

Por su desconectada relación con la madre, Theresa tenía problemas severos de abandono. Cuando una relación terminaba, entraba a tal estado de dolor y pérdida, que regresaba a la relación, a pesar de lo mala que fuera. Temía tanto la soledad, que prefería envolverse en una relación abusiva en lugar de ninguna. Esto es frecuentemente por lo que personas como Theresa se aproximan a terminar una relación abusiva, pero encuentran que no pueden hacerlo; se sienten aterrorizadas por la soledad entre relaciones.

Problemas funcionales.

Si una madre fue emocionalmente inaccesible, la habilidad de funcionar en otros ámbitos se verá afectada. Ciertos estudios enseñan que la salud, desarrollo físico, y aprendizaje están afectados por la calidad de los tempranos apegos. Cuando hace falta la seguridad básica que un apego con mamá provee, frecuentemente evitamos los riesgos a ser destruidos por fracasos, no podemos aceptar críticas y resolver problemas, sufrimos de culpa devastadora, y nos sentimos separados de nuestros talentos. Para funcionar bien, necesitamos la seguridad básica que viene de la crianza maternal.

Randy, un brillante gerente de finanzas, logró mucho éxito en su terreno. Como oficial principal de la especialidad para varias compañías, era valioso por su habilidad de predecir las necesidades financieras de una empresa. Pero cuando alguien cuestionaba sus decisiones o se le oponían en cualquier forma, se podía poner violento. Tenía una maña para transformar un conflicto normal en una confrontación de ganar o perder; asuntos de simple desavenencia ligeramente se convertían en situaciones adversarias. Sus orientaciones básicas eran «por» y «contra». Si alguien le hacía una pregunta, asumía que esa persona estaba en «contra» y comenzaba a movilizar sus defensas para rechazar el ataque.

La pauta de inseguridad de Randy, interfería con su habilidad para retener un empleo. Le iba bien por un tiempo en una compañía, sus fuerzas brillaban y el gerente principal generalmente lucía satisfecho con sus logros, hasta que su modo adversario operativo dividía al equipo gerencial. Las líneas se trazaban hasta que finalmente el presidente se daba cuenta de lo que estaba ocurriendo y despedía a Randy. La inseguridad de Randy venía de la falta de confianza en su núcleo. Sin el amor de una madre por dentro, Randy experimentó el mundo como un lugar hostil y peligroso. Su papel era defenderse con vehemencia.

Nuestra habilidad de funcionar bien en este mundo no solamente depende de aptitudes, inteligencia, o talento. Todo esto es útil solamente para la persona que resolvió la pregunta de si el mundo es un lugar seguro o no. Únicamente una crianza maternal buena provee la clase de seguridad que necesitamos cuando adulto.

Problemas espirituales

El escritor del Salmo 22 aprendió a confiar en el regazo de su madre. Lo citamos anteriormente, pero en una traducción diferente, el verso se lee así: «Pero tú me sacaste del vientre materno;

me hiciste reposar confiado en el regazo de mi madre».[3] La idea de confiar en Dios está conectada a la confianza en aprender durante nuestras relaciones más tempranas. Esta idea de una conexión entre cómo experimentamos a Dios y a las personas, penetra la Biblia. Las dos están estrechamente relacionadas[4].

Si creemos en un Dios personal, entonces nos comunicaremos con Él como una persona. Es posible que sea muy diferente a lo que hemos experimentado con humanos, pero a menudo tenemos expectativas de que Él sea igual. Esos que no aprendieron a confiar sobre las rodillas de sus madres, tienen dificultad en confiar en Dios.

Marty se interesó en cosas espirituales en la universidad. Comenzó a ir a la iglesia y a grupos de compañerismo y estaba muy entusiasmado en desarrollar una vida espiritual. Un tanto místico y estético, a Marty le gustaba la idea de desarrollar una relación personal con Dios.

Sin embargo, Marty pronto entró en problemas con su nueva vida espiritual. A medida que leía la Biblia, se confundía más y más referente a Dios porque todo lo que leía al parecer lo condenaba. Temía que Dios pensara que él era «malo» y que pronto lo agarraría de alguna manera. Su remordimiento y miedo creció hasta que finalmente decidió que estaba en camino al infierno.

Fue a ver a un par de pastores asociados con la escuela, y aunque le explicaron que había malentendido la Biblia y que Dios de veras lo amaba, no podía *sentir* el amor de Dios. El miedo continuó paralizando su camino espiritual por un largo tiempo.

Finalmente, recibió consejos de intensidad y descubrió que sus problemas espirituales estaban ligados a la falta de conexión emocional con su madre, al punto de sentirse no deseado a un nivel profundo. Por medio del amor y aceptación de algunos amigos y su consejero, comenzó gradualmente a confiar en Dios y otros. Pero le tomó bastante trabajo vencer el impacto que su temprana vida tuvo sobre su camino espiritual.

Unas tempranas relaciones tienen un impacto significativo sobre la habilidad para gozar la vida espiritual. Afectan nuestro panorama de Dios y la habilidad para integrar el desarrollo espiritual a la vida en su conjunto. Específicamente, la relación con mamá afecta la habilidad para confiar, amar, y recibir amor. La manera como experimentamos seguridad, libertad, amor propio sano, y una conexión íntima con Dios está fuertemente determinada por la clase de crianza maternal que recibimos.

Problemas emocionales

En la película *Manhattan*, Woody Allen estaba consternado porque su esposa lo dejó por otra mujer. Estaba particularmente disgustado porque su hijo consintiera tal situación. En una ocasión, mencionó su disgusto por el hecho de que el muchacho tenía dos madres. «¡Nunca nadie sobrevive una!», Dijo.

Lamentablemente mucha gente se siente de esta manera. La relación que debería proveer el fundamento de la seguridad emocional, muy a menudo termina brindando todo lo contrario, las semillas y el sendero de inseguridades emocionales. Seguidamente están algunas de las consecuencias emocionales de la mamá fantasma:

Depresión. Muchas clases de depresiones crecen de algo que pasa, como la muerte de un esposo. Pero la persona que no tiene «buena madre» experimenta en su interior un sentimiento de pérdida perpetua. Esta depresión viene desde lo más profundo. Si temprano en la vida se nos pasó y no experimentamos el sentido de relación, vivimos en un estado de vacío emocional que se convierte en un sentir de profunda y oscura depresión. Es a menudo provocado en la vida adulta cuando perdemos una relación importante y somos forzados hacia los sentimientos más hondos de no tener alguien a quien amar.

Sentimientos de vacío. Vacío es uno de los estados emocionales más intolerables que la humanidad conoce. Somos incapaces de tolerar vacío por mucho tiempo, sin embargo, por lo general tratamos de hacer algo para llenar ese hueco interior. Este sentir a menudo tiene que ver con las pautas de crianza maternal temprana. El niño, y luego el adulto, está «lleno» interiormente por sus propios sentimientos de responsabilidad al amor y alimento de su madre. Como adultos, frecuentemente pensamos que el amor de alguien «nos llena» y a menudo oiremos a gente vacía deseando el amor de alguien para «llenar el suyo».

Pero en realidad, es la reacción al amor «lo que nos llena». Son nuestros propios sentimientos de amor internos que dan un sentir de «estar llenos». Si somos amados, amamos de regreso, y esa respuesta es una satisfacción. Tendríamos un problema si no existiera alguien a quien consistentemente «querer de regreso». El no tener a alguien a quien amar y apegarse, prepara a un niño para sentimientos de soledad que continúan en la edad adulta. Madres desprendidas o mamás fantasmas, crían niños desprendidos que crecen a ser adultos desprendidos y vacíos.

Adicciones. La palabra *adicción* es usada libremente, en estos días, cuando hablamos de ser adictos a todo desde comida, trabajo y sexo. Tradicionalmente, reservamos el término para referirnos a la esclavitud del alcohol o las drogas. Pero así como la gente piensa ahora en adicción como un alterador del comportamiento, esta puede tener definitivamente sus raíces en la búsqueda por la madre. Es una manera de lidiar con el vacío que vimos anteriormente; una sustancia o un comportamiento utilizados para evadir el sentimiento.

Problemas de pensar. Mientras que apego emocional es un proceso primordial, pensar es un proceso secundario. Debemos ser nutridos antes de comenzar a pensar y usar un lenguaje. A esto se debe que los bebés comienzan a hablar en el segundo año de vida, después de haber recibido bastante crianza. En esta forma, pensar descansa en el fundamento de la seguridad y es la garantía para que seamos relativamente libres ante la necesidad de amar.

El pensamiento de las personas que carecen de seguridad desde temprano, descansa en la arena, sobre sensaciones de no ser amadas, de sospecha y falta de confianza. Estos individuos tienen pensamientos sospechosos, paranoicos, de desconfianza, negativos acerca de ellos mismos y de otros, evaluaciones deficientes de sus actuaciones, y lo negativo referente al mundo entero. Generalmente, estas ideas atacan la relación de una manera u otra. O alguien no los quiere, o no encuentran al otro ser adorable. Por esto algunos esfuerzos para pensar positivamente fracasan. El problema no es con el pensar, sino con la falta de amor a fondo. Personas inseguras tienen pensamientos inseguros.

El ejemplo más extremista sobre problemas de pensamiento es la «sicosis», y surge cuando alguien pierde su habilidad de saber qué es real y lo que no es. Esto lo experimentan en grados diferentes las personas con problemas de desarrollo del apego.

Desesperanza y falta de significado. Esperanza es una virtud de las más importantes que puede ser inculcada en nuestras almas. Mucha gente cree que la esperanza tiene que ver con el futuro, cuando en realidad tiene que ver más con el pasado. Desarrollamos esperanza a medida que experimentamos dolor transformado en tranquilidad. Cuando esto sucede lo suficiente, comenzamos a tener fe de que nuestro dolor no nos acabará y que la tranquilidad llegará.

Las progenitoras son cruciales en este proceso. Cuando los bebés o infantes están molestos, su único confort es la seguridad de una mamá cariñosa. Si les duele algo, y una madre amorosa les ofrece comodidad, su dolor se transforma en seguridad y gratitud. Cuando eso sucede, literalmente miles de veces, llegan a esperar un final a su dolor, y desarrollan la virtud que llamamos esperanza, la expectativa que lo bueno llegará eventualmente, a pesar de lo malo que esté todo en ese momento.

Encontrarle significado a la vida es similar. Amor y relación con Dios y con otras personas es el significado real de la vida. Si no tuviéramos madres con las cuales conectar y faltara una buena relación al comienzo de la existencia, se nos pierde todo el panorama. No vemos el verdadero significado de la vida, sin embargo lo buscamos en lugares fuera de las relaciones que satisfacen tales como el trabajo, los logros, o el materialismo.

¿POR QUÉ YO?

Las personas con problemas de crianza maternal, a menudo preguntan, ¿Porqué yo? Lo hacen porque sus madres no pudieron amarlas en una forma que les ayudara. ¿Porqué no pudo mamá ser «suficientemente buena?» Hasta llegan a pensar que ella los escogió a propósito.

Pero nadie de veras sabe por qué. Si su madre encontró difícil sentir o expresar amor, puede ser por un sinnúmero de razones, pocas si acaso, tengan que ver con usted. Estos problemas son a menudo llevados en las líneas de generaciones. Puede ser que no se sintió amada o nutrida, así que es imposible dar lo que no tenía. Una comprensión de cada situación es muy útil al tratar con sus sentimientos hacia ella.

He aquí algunas posibles razones por las limitaciones de su progenitora:

- Le faltaba la relación y nutrición que necesitó como niña.
- Fue abandonada o herida en el pasado y como consecuencia, incapaz de apegarse profundamente a cualquiera, aun a su propio niño.
- Era vacía emocionalmente.
- Le temía a la intimidad, conocer o ser conocida.
- Estaba deprimida y no tenía la energía emocional para dar.

- Tenía aflicciones matrimoniales y estaba destrozándose.
- Estaba enferma o tenía otras dificultades varias.

Como el viejo refrán, si no hemos caminado en los zapatos de otro, no tenemos idea con qué está lidiando esa persona o cómo es esa persona. Si miráramos varias épocas en nuestra existencia y analizáramos qué se siente ser madre de un infante con «todo lo que estaba sucediendo», podría conducirnos a un mejor entendimiento. Simplemente, no nos damos cuenta muy a menudo de esa situación particular.

Otra posible respuesta al porqué su madre no podía ser todo lo que necesitaba que fuera, es que ella escogió el camino del egoísmo. Todos, no importa qué les brindó su pasado, hacen elecciones por las cuales son responsables. No importa qué le fue hecho o no a su madre, ella todavía tiene la responsabilidad de ver cómo responde a la verdad.

«No es suficiente» que eventualmente las madres sean malas personas. A menudo, están muy entregadas a ellas mismas y sus propias preocupaciones, y no ven las necesidades de otros. Los niños son usados únicamente como objetos para satisfacer sus necesidades. Este es el pecado básico de egoísmo; creen que el mundo da vuelta alrededor de ellas. Jesús nos invitó a todos a tratar a los demás de la manera que queremos ser tratados[5]. En esos casos, estas madres escogen rechazar su invitación.

Somos todos responsables por nuestro propio egoísmo y falta de reacción a la luz de Dios, que nos invita a una vida de amor. Así es que, la respuesta al «¿por qué?» Es probablemente una mezcla de lo que le hicieron a su madre y cómo reaccionó ante tal situación. Lo primero nos debe guiar a la compasión, y lo segundo al perdón, a cómo entendemos que nosotros, también, somos egoístas y tenemos necesidad de perdón. Veremos el proceso de sanar en el próximo capítulo, pero por ahora, es importante saber que la razón por la cual su madre falló en amarlo de la manera que usted necesitaba ser amado, tuvo mucho más que ver con ella que con usted.

AHORA SE VE DE ESTA MANERA

Hemos visto algunos de los resultados de la mamá fantasma en la vida de un pequeño, ¿Pero qué hay de mamá ahora? ¿Qué es lo que pasa entre un niño adulto y la madre desprendida? ¿Cómo se ve esto en la vida adulta? He aquí algunos panoramas comunes:

Ámame por favor

María esperaba con ansias la visita de sus padres. No los veía desde hacía más o menos un año y le deleitaba la idea de sentarse a conversar con su madre.

Las visitas más recientes a su mamá no habían resultado bien. No que habían discutido; ese no era su estilo. Argumentar era el de su hermana, el «ave negra de la familia». El patrón de María era ser «buena». Pero, aún sin manifestar pleitos, algo no andaba bien. Normalmente ella llegaba de donde su madre sintiéndose vacía.

Ahora tenía veintiocho años, y aunque las visitas a la progenitora resultaron sin conflicto, anhelaba sentir un acercamiento con su madre. Quería comentar lo que estaba pasando en su vida, planes, sueños, angustias, y todas las cosas que guardaba en el corazón ahora que era una adulta.

Pero cuando intentaba una relación íntima con la mamá, sentía frustración. Su madre no podía relacionarse con sus sentimientos y asuntos más íntimos. Inmediatamente empezaba a hablar de su propia vida, o de la vida de una amiga, y casi siempre era algo de menos profundidad. A María esos intereses le parecían muy superficiales, insignificantes y presumidos.

Pero en cada visita intentaba de nuevo. Anhelaba ver a su ser más querido, y antes de la entrevista, hablaban por teléfono como que sería tan glorioso. Sin embargo, para la mamá, no tenía trascendencia, ya que ignoraba lo que no había sucedido. Para la hija, era otro intento sin éxito en lograr que la amaran de una manera que lo sintiera. Se encontraba actuando, escuchando, cocinando y paseando. Se pasaba de los límites para demostrarle la clase de vida que se había creado, para que su madre se sintiera orgullosa. Y lo era. Pero el orgullo no llenaba el alma de María. Y de ser objetiva; estaría ante otro viaje frustrado en el horizonte, antes que sucediera.

¿Adónde se fue la familia?

En el caso de María, la clase de relación desprendida que siempre tuvo con su madre, simplemente continuó. En otras situaciones, la falta de comunicación tiende a llegar lógicamente a su conclusión. Las personas tienen cada vez menos contacto, y la relación al parecer se termina. Traté a un joven cuando estaba en sus primeros treinta años, el cual tenía una mamá fantasma. Un día le pregunté cómo les iba a sus padres, ya que no los había mencionado durante un largo tiempo.

«Parece que de veras ya no tenemos mucho que decirnos», me dijo. «Ya no hablo con ellos». Esta clase de separación es siempre triste, pero siempre ha existido. Al volverse un adulto, encontró personas con quien él verdaderamente podía relacionarse, pero esto lo hizo más consciente de la separación de sus padres que siempre existió. Aunque triste, la falta de conexión como esta llega más adelante, puede ser un tiempo de gran crecimiento y reconciliación, como veremos posteriormente.

Te odio, no me dejes

En este panorama, el niño adulto cubre sus anhelos y sentimientos de desprendimiento con enojo. Pero inusualmente es una reacción dirigida hacia lo que de veras está malo: la falta de relación. Pelear y discutir entre familia es normal sobre muchas cosas pequeñas; clase equivocada de regalos, planes para quién lo visitará o no y a quién visitará él, por la manera de vivir que alguien escogió, o una multitud de otras distracciones.

El asunto verdadero, por supuesto, es la falta de conexión que el niño adulto siente. La tendencia de comenzar pleitos es por lo general un signo de que queremos algo de alguien; el adulto discutidor lo más probable es que todavía quiere la relación y encuentra difícil afrontarla directamente. En todo esto, un claro amarre de «no me dejes» es evidente por la inhabilidad de soltar. Puede ser que el enojo constituya el lenguaje, pero la necesidad de amor es el fuerte mensaje.

LA TRISTE REALIDAD

Puede ver que hay muchas diferentes versiones, tamaños, y formas de panoramas de niños adultos con las mamás fantasmas. La añoranza de relación causa que una persona se acerque hacia la madre y trate de complacerla; esta pauta de «complacer a mamá» puede transcurrir por décadas, como en el caso de María. O el niño adulto puede alejarse de la mamá, esquivando la relación y la falta de ella enteramente, como el paciente que mencioné, que nunca le habló a su madre. Un niño adulto posiblemente exprese enojo para cubrir la añoranza de relación. Estas dinámicas suceden en una variedad de modos, pero el mensaje sobresaliente es que «no hemos terminado todavía».

Y eso se convierte en nuestra pregunta. Si no hemos terminado, ni con la madre o la crianza maternal, ¿cómo completamos el proceso? Hemos visto lo que una crianza maternal desprendida y ausente es, lo que causa, lo que es la necesidad, y cómo puede establecer una pauta dolorosa en relacionarse aun en la mayoría de edad. La necesidad que Dios programó en nosotros para una buena crianza maternal, simplemente no se aleja hasta que es confrontada. En el próximo capítulo, exploraremos cómo eso sucede y cómo este tipo de cura le ayudará a relacionarse con su desprendida o ausente madre en una forma más satisfactoria.

Capítulo Tres

Reconstruya su relación

Val estaba por «graduarse» de su temporada de terapia. Acababa de resolver sus problemas de desprendimiento y falta de confianza, ambos en nuestras sesiones y después por un tiempo con amigos que la apoyan, lo cual recompensó. Ahora podía relacionarse sin pánico, y acercarse sin retraimiento. Se podía dejar sentir la necesidad por acercamiento y pertenencia, y responder francamente a la gente con seguridad.

El matrimonio de Val se profundizó y floreció. Tenía una carrera satisfactoria y encontró una iglesia donde pudo contribuir con su talento musical. Fue un buen tiempo en su vida.

Por cierto, Val y su esposo estaban pensando tener un bebé. Esto, anteriormente, era inconcebible, ya que Val se sentía aterrada ante la posibilidad de la maternidad. Temía que sus problemas de apego lastimaran al niño. «No quiero traer a alguien a este mundo y luego no poder darle lo que más necesita», decía. Sin embargo, a medida que comenzó a crecer y cambiar, la parte de ella que despertó hacia las relaciones, también despertó al deseo de ser madre y de confortar tal como ella fue confortada.

Durante una sesión, yo (el Dr. Townsend) le pregunté, «mirando hacia el tiempo de tratamiento, ¿qué factores fueron más significativos para usted? Val pensó por un momento, y luego respondió, «Tres cosas: relación, relación, relación».

43

EL COMIENZO

En el capítulo anterior discutimos el problema de mamá fantasma y las necesidades con las que posiblemente no hubo cumplimiento por esta clase de madre. En este brindamos los pasos para lograr que se cumplan y reparar lo dañado en su propio proceso de crianza maternal.

PROBLEMAS DE FRUTO CONTRA PROBLEMAS DE RAÍCES

El primer paso en el proceso de sanarse de problemas de crianza maternal es reconocer que *el síntoma no es el problema*. El «timbre de alarma» que describimos en el capítulo anterior... problemas relacionales, funcionales, espirituales y emocionales... indican que hay algo malo y de que no le va bien en la vida. Posiblemente usted descubrió, por ejemplo, que se encuentra deprimido o que está luchando más de lo normal con su relación o trabajo.

Asume que el dolor y la pena causados por estos síntomas constituyen el problema verdadero. De manera que se dirige a ellos; se toma más tiempo de vacaciones, ejercita más, cambia de amigos, y de trabajo como un intento de aliviar su sufrimiento. Aunque estos ajustes pueden ser buenos y ayuden por un tiempo, si usted lleva adentro un daño real a su carácter, probablemente ellos también solo anestesien su pena por un tiempo. Para algunos de nosotros, un buen reglamento basado en experiencia es esto: «Si una semana de descanso y recuperación falla en resolverle, entonces es algo más que un problema de «¡cansancio!».

Pueda que también esté tentado a conseguir consejo profesional para el síntoma. Usted desea que un terapeuta le afirme y le ayude a ajustar su percepción de la vida para «sentirse bien de nuevo». Aunque la habilidad de un especialista en la materia le ayuda a evaluar sus pautas de pensar, convirtiéndose en una parte importante del proceso, a menudo se dirige al asunto que no es. *El problema no es que no nos sentimos bien, sino que verdaderamente no estamos bien.* Algo está roto o sin desarrollarse en el corazón y el alma.

El dolor es siempre el signo de un problema más profundo, igual que una fiebre es el signo de una infección. Si usted se identifica con los síntomas que enlistamos en el capítulo dos, posiblemente tiene problemas de confianza y apego. Al comenzar a dirigirse a estos problemas de personalidad, los síntomas dolorosos gradualmente disminuirán a través del tiempo, así como la fiebre disminuye cuando trata una infección con antibióticos. El dolor sirvió su propósito: de alertarlo al problema. Es el «fruto» del asunto de las «raíces». Jesús nos enseñó que «Un buen árbol no puede dar mala fruta, y un mal árbol no puede dar buena fruta»[1]. Esté presto a su dolor, lo conducirá a la raíz del problema.

Es fácil quedarse pegado en la rutina de «resolver el síntoma» por un tiempo. A menudo, personas con problemas de ausencia y desprendimiento esquivan a la solución de carácter, por el vacío que saben que tendrán que afrontar en un determinado momento. Alex, un amigo personal que tenía problemas serios de desprendimiento, lo explicó de esta manera: «Parte de mí sabía que el problema era más profundo que los sentimientos negativos o de cuidar más a mi persona. Pero cada vez que pensaba en mí y mi pasado, sentía que estaba cayendo en un hoyo negro de desesperación, donde nadie me recogería. Era muy aterrador caer en ese hueco». Alex no tenía «buena mamá» en su interior y no podía experimentar esa parte a solas.

«RELACIÓN, RELACIÓN, RELACIÓN»

Después de determinar que el problema llega mas allá del dolor inmediato, requerirá buscar un contexto seguro con el cual trabajar. Así como hemos descubierto, es en las relaciones donde podemos lograr que se cumplan las necesidades de apego.

Lesiones de crianza maternal, y del corazón, son traumas de relación. O sea, que los déficit fueron causados por las relaciones más significativas en nuestras vidas. Y, así como un vínculo puede destrozar a una persona, también puede restaurarla.

Puede ser difícil moverse de la fase «síntoma» a la de «relación», particularmente para esos con problemas de ausencia y desprendimiento maternales. Si experimentó este fenómeno en el pasado, probablemente se convirtió en autónomo e independiente. Sentirá que puede depender solamente de usted mismo para seguridad y éxito. La idea de recurrir a otra persona para ayuda, no solamente da miedo, también ocasionaría olvidar las técnicas precisas de sobrevivir que perfeccionó para ayudarse a arreglárselas y mantener el orden en su vida.

Val, a quien conocimos al principio, era la «Reina de la autoayuda», de su propio estilo. Una aficionada de la información, tenía una enorme colección, tanto de libros y de cintas en su casa sobre emociones, éxitos, relaciones, matrimonio, y espiritualidad. Pero aún con todos estos datos útiles a su disposición, las cosas la seguían destrozando en su interior. Fue cuando finalmente se percató que necesitaba algo más que información, cuando comenzó a buscar ayuda relacional.

BIENVENIDO A SU NUEVO HOGAR

En sentido común verdadero, este capítulo se refiere a encontrar un nuevo hogar para la parte perdida de su alma. Esa que nunca terminó de aprender apego, conexión, y confianza, y que todavía está viva, esperando a desarrollarse y ser creada maternalmente. Lo más probable es que está separada del resto de su vida en un estado de animación suspendida; aún se encuentra en el mismo estado joven, inmaduro, o lastimado en el que se encontraba cuando el proceso de crianza materna se rompió. A pesar de que esto pueda haber pasado hace décadas, esta parte continúa intacta y desconectada hasta que sea traída de regreso a una relación.

La idea de encontrar un nuevo hogar es vieja. Conseguimos lo que podemos de la familia original, a pesar de sus limitaciones así como las nuestras. Entonces, esos días ya pasaron, crecemos y tomamos responsabilidad por nuestras vidas como adultos. Sin embargo, cuando es tiempo de cumplir con ciertas necesidades, no podemos regresar a mamá y pedirle que nos vuelva a criar. Ese crecimiento ya no es su tarea, es de cada individuo. Y la parte de nosotros que todavía está pegada al pasado *puede* ser sanada.

Jesús ilustró esta idea de hogar y familia cuando le dijeron que su madre y hermanos estaban esperando para hablar con él. Aprovechó la oportunidad para definir un dicho de la *verdadera familia* diciendo «¿Quién es mi madre, y quiénes son mis hermanos?» Señalando a sus discípulos, añadió: «Aquí tienen a mi madre y a mis hermanos. Pues mi hermano, mi hermana y mi madre son los que hacen la voluntad de mi Padre que está en el cielo»[2]. El no estaba diciendo María fue una mamá mala, estaba *redefiniendo familia, teniendo que ver más con lazos espirituales y relacionales que con lazos de sangre*. En otras palabras, María puede haber sido su madre biológica, pero lo que verdaderamente la hacía parte de su familia era que compartía el deseo de amar y aceptar a Dios y al prójimo, y hacer lo que fuera la voluntad del Padre hacia ellos. Eso es familia.

¿QUIÉN ES MI FAMILIA?

Es común, para individuos con problemas de madres ausentes y desprendidas, pensar que porque hay cuerpos afectuosos alrededor de ellos, tienen lo que necesitan. ¿Qué clase de relación sanará el daño de mamá fantasma? Fácilmente podemos confundir *pro-*

ximidad con intimidad. Pam me dijo: «Creí estar relacionada. Almorzaba tres veces a la semana con amigas. Mi esposo y yo teníamos un calendario social lleno. ¡No sabía que uno suponía hablar con la gente referente a sus intimidades!» Tener amistades sociales es importante. Pero esas amistades no precisamente suplen las expectativas de relación íntima con la parte desconocida de nosotros.

Debemos encontrar las personas que quieran conectarse con nosotros en busca de una relación verdadera. Estas pueden ser de muchos ámbitos de la vida: familia actual, amigos redimibles, grupos de apoyo, la iglesia y terapeutas. Ciertos estudios indican que entre más relaciones sanas tenemos, mejores serán los pronósticos para sanar. Lo importante que debemos comprender es que se necesita de estas personas para ayudar a aprender cómo se conecta. *Intimidad no es un medio para un final, es un final en sí.* Apego y dependencia son las metas.

Individuos desprendidos, a menudo tienen dificultad para entender esto. Ven el acercamiento como un medio para un propósito funcional. Verbigracia, toman lecciones de tenis o cantan en el coro para encontrar intimidad. Pero el acercamiento es una consecuencia de estas actividades, no la meta. Cuando Jesús visitó las dos hermanas, María y Marta, a su casa, la segunda, «la hacendosa», correteó arreglando y preparando comida mientras la primera, la «relatadora», se sentó a los pies de Jesús y se relacionó con él. El Maestro le enseñó a Marta, la «funcional», que su hermana, la «relacional», hacía lo correcto. «Pero solo una cosa se necesita. María escogió lo que es mejor, y eso no se lo quitarán»[3].

Grupos de apoyo, relaciones amigables de recuperación, terapeutas que lidian con desórdenes de apego, e iglesias sensatas a menudo son los mejores medios para llenar esta parte vacía de usted. Esa es la especialidad de ellos. Pregunte en los alrededores para averiguar quién tiene la reputación de ayudar a la gente con asuntos de confianza[4].

¿QUÉ BUSCO?

¿Cómo es que se ven las madres de tipo sano? Las personas que apoyan tienen varias características, algunas de las cuales son universales a los seis «estilos de madres»; otras son únicas al estilo ausente y desprendido.

El género, normalmente no es el caso aquí. Algunos consejeros sugieren que esos con problemas de crianza maternal deben encontrar mujeres que les ayuden, y los que tienen fallas de crianza paternal deben buscar a hombres que hagan lo mismo. Esto parece ser una simplificación exagerada del asunto. Mientras que puede ser una buena sugerencia en unos casos específicos, la mayoría de nosotros simplemente necesitamos encontrar a personas que tienen partes de «buena madre» en su propio carácter. Los hombres pueden tener partes de crianza maternal (nutritivas), y las mujeres las paternales (desafiantes) en ellas. Así como Dios el Padre es «... compasivo y justo; ...»[5] algunas personas están bien establecidas en ambos grupos.

Afecto y empatía

Usted necesita relacionarse con una persona afectuosa y que sienta empatía. La persona que siente empatía puede «ponerse en sus zapatos» y experimentar sus sentimientos sin juzgamiento o consejo. Una persona comprensiva. No importa lo que diga o revele acerca de él, ella está a su lado y quiere ayudar, aunque no esté de acuerdo con o desapruebe lo que oye.

Afecto y empatía proveen la base de seguridad y confianza que hace falta en el adulto que tuvo una madre ausente y desprendida. Extienden un puente, haciendo posible que la parte dañada del individuo cruce al otro lado, en su propio tiempo.

Si usted es una persona desprendida, pueda que le sea difícil encontrar afecto y empatía en otros porque, en su lugar, busca lo opuesto. Posiblemente encuentre más fácil relacionarse con un ser distante, una figura crítica paternal, o algún tipo cargado de información, o puede congregarse en una iglesia legalista que le provea un sentido de estructura separada de sus sentimientos. En este caso puede que le haga sentir más seguro y sea más fácil para usted, pero no le resolverá su problema. En realidad, lo apartará de él.

Sin Intrusión

Al ser tratable y afectuoso, su ambiente de crianza maternal también necesita que sea sin intrusión. Importunar es forzarse uno mismo a otros, sin invitación. Personas inoportunas intentan acercarse prematuramente, cuando no son invitadas o solicitadas. Aquellos con daños de desprendimiento a menudo tienen una madre desprendida e intrusa en su pasado. Esta clase de mamá no se relacionó con sus hijos pero forzó sus necesidades, pensamientos, y sentimientos en ellos con el pretexto de relacionarse. Era su manera de controlarlos. Los hijos de esta clase de madre generalmente responden encerrándose en ellos mismos y «yéndose lejos» emocionalmente. Como un amigo me lo describió: «Mamá hablaba rápidamente referente a yo no sé qué. Allí me paraba a su lado, pero el verdadero yo estaba lejos, bien lejos».

La intrusión obliga a la parte herida más profundamente, a retirarse del control, pero a alejarse también del apego. Individuos muy celosos, sofocantes con frecuencia, hacen la situación peor para los menoscabados por razones de apego. Sintiéndose abrumados y apoderados, los afectados, a menudo, simplemente se encierran en ellos mismos. El ayudante que no es intruso, sin embargo, invita a las partes lesionadas a salirse sin criticarlas. Su afecto, interés e ingenuidad comunica que la parte desprendida de la persona herida es aceptada, pero se le permite espacio para que gradual y seguramente surja.

La falta de intrusión es bastante parecida a un espanta pájaros en un campo de maíz. Al principio, los cuervos están asustados por esta extraña aparición, pero tal como es, de brazos estrechados e inmóvil, le vuelan cada vez más cerca, hasta que cautelosamente se posan en la cabeza de la figura con apariencia humana. La persona que no es intrusa, permite que la cura de los otros suceda a su propio paso y tiempo.

Inclinado hacia la dependencia

Sus nuevas relaciones de crianza maternal requieren ser mutuamente dependientes. La necesidad de relación, apoyo, consuelo, y conversación, es sensata; y así como un bebé quiere alcanzar a ser tomado en brazos por su mamá, estas tempranas partes de usted *necesitan necesitar*. A su «parte perdida» le hace falta saber que está bien desear alcanzar y encontrar a alguien en los tiempos de soledad, tensión, y conflicto.

Esto es muy diferente a relaciones «basadas en soluciones», que tienen una marcada tendencia a evadir la dependencia y el apego. Con frecuencia, en estas relaciones, cuando las necesidades de dependencia de la persona comienzan a surgir, sus amigos harán una de tantas cosas:

- retirarse con ansiedad: «Posiblemente esto es ir muy lejos».
- convertirse en crítico: «Deja de ser un niño y crece».
- dar consejo: «Así se resuelven todos los problemas».

Algunas personas comprenden que *comodidad y gracia son los combustibles de la vida*. Esa es la clase de individuos que usted necesita en su mundo.

Franqueza

Las personas de crianza maternal deben ser de carácter escrupulosamente franco. Son capaces de decir la verdad respecto a ellas y usted. Esto es cierto por dos razones. Primero, si tienen problemas de apego, poseen un «radar verdadero» altamente desarrollado; nunca podrían confiar en una relación, de tal manera que se convierten en supervigilantes. Sospechan de todos y encontrarán toda clase de razones para terminar con alguien: prefieren no tener ninguna relación a tener una aniquiladora. Los individuos francos no son perfectos, pero generalmente son lo que dicen ser. Sus vidas están basadas en relaciones, realidad, responsabilidad y son confiables.

Segundo, la franqueza es importante porque usted necesita información y reacción referente al proceso. Pueden estar a veces tan desconectados consigo mismos que están desapercibidos de sus propias necesidades y deseos, sus pautas y defensas están escondidas. Las nuevas madres necesitan confrontarlo con estas realidades y ayudarlos a ver lo que está pasando.

La relación de crianza maternal original y la nueva, poseen dos cosas en común: ambas tienen que ver con el joven, no formado, o aspectos afectados de nuestro carácter, y por otro lado con un intento de cumplir con ciertas necesidades en la relación. La mayor diferencia entre ellas, sin embargo, está en el *nivel de responsabilidad.*

Cuando éramos jóvenes, cargábamos con pocos compromisos para nuestro crecimiento y madurez. Así como teníamos escasa habilidad, también contábamos con una limitada «responsabilidad». El grado de competencia aumentó paulatinamente hasta que nos convertimos en «nuestra propia persona» como adultos. Por esto decimos que nuestra niñez está determinada por ambos aspectos, mamá y nuestra reacción a ella. Nunca es solamente la culpa de las madres.

Como adultos, el cuadro cambia aun más hacia nuestra propia responsabilidad. Como personas mayores, cuando entramos en relaciones de una nueva crianza, no permitimos que alguien más tome injerencia por nuestras vidas. Esa parte del proceso de crianza, de veras ya pasó, debe ser lamentada y dejada atrás. Ahora somos dueños de nuestra propia vida, y *solo a nosotros nos competen los resultados:* «Porque es necesario que todos comparezcamos ante el tribunal de Cristo, para que cada uno reciba lo que le corresponda, según lo bueno o malo que haya hecho mientras vivió en el cuerpo»[6]. Por lo tanto, sus partes heridas necesitan la relación de crianza maternal pero no la responsabilidad maternal.

Algunos consejeros empañan esta importante diferencia en sus intentos de «rehacer la personalidad». Si posee dudas, hable con alguien informado referente al grado de responsabilidad que tiene usted como aconsejado.

SUS TAREAS DE RELACIÓN

Aunque es importante tener las personas con la clase correcta de crianza maternal a su alrededor, esto es solo parte del proceso de cura. Su contribución es responder a su amor, sinceridad, y apoyo. Así como los infantes responden a su madre biológica en un dar y recibir mutuo, usted tiene que hacer su papel para reparar sus partes separadas. He aquí algunas de las tareas[7].

Haga cuatro compromisos.

- Comprométase, usted y todo este esfuerzo de nueva crianza maternal, con Dios.
- Comprométase en un serio intento hacia el proceso de crecimiento.
- Comprométase verbalmente con las personas involucradas en el proceso.
- Comprométase con una franqueza absoluta en estas relaciones.

Comprenda ambos escenarios, el valor y las limitaciones del compromiso. La palabra *comprometer* quiere decir «juntar».

Usted se compromete a traer dos cosas juntas en el mismo lugar: usted y el proceso de crecimiento. Como un científico que mezcla sustancias químicas para obtener reacciones, está poniendo los ingredientes del crecimiento en el mismo cuarto para que puedan relacionarse.

Compromiso, en este sentido, no quiere decir que está haciendo una promesa para toda la vida que no se puede alterar. Tampoco significa que usted está prometiendo ser bueno o perfecto de la noche a la mañana. Simplemente se refiere a que promete dedicarse al proceso, traer todo lo que pueda sobre su persona a la mesa, junto con las relaciones de crianza maternal que sometió.

Sea vulnerable. Si usted no se relacionó con su madre, quizá ni siquiera sea sensible a los requerimientos de emociones de dependencia. Están escondidas en un pozo interno profundo y no se pueden extraer a la fuerza. Deben salir por su propia iniciativa, animadas por la seguridad de las relaciones de crianza maternal y empujadas por su propio menester y hambre. Aunque no pueda «sentir» necesidades, usted puede ser vulnerable con otros en referencia a su propio vacío y estado incompleto. *Estas son realidades de las que puede hablar.* Y su amplitud le dará la oportunidad de probar la autenticidad y seguridad de su círculo de crianza maternal.

Tome la iniciativa. No espere que alguien llene sus partes necesitadas. Simplemente no se recibe una cuarta parte del cariño y luego se siente uno completo. Usted tiene una responsabilidad. Responda al amor que recibe. Recuerde lo que descubrimos en la sección de las «Necesidades» en el capítulo anterior. Las experiencias del amor que ejercitamos, no llegan de la contraparte. Estos sentimientos realmente son los nuestros. Ellos nos «llenan» de afecto y gratitud.

Dawn recuerda el día que «lo recibió». Se había aislado de los otros por un largo tiempo y sabía que necesitaba reconstruir las relaciones. Encontró una iglesia sensata, un buen grupo de apoyo, y un consejero. Pero continuó reportando «No siento nada. Sé que a otros les importo, pero no puedo dejarlos penetrar mi interior». Cuando un día en una sesión de consejería, comenzó a recordar y hablar de ciertas personas de las que pacientemente había recibido algo, que eran acogedoras y afectuosas, se sintió triste y lloró al comparar los años en que nada había experimentado. Entonces fue cuando todo empezó a formarse para ella. Se sintió afortunada por la gracia y el amor que estaba recibiendo, y al dejarse corresponder, volvió a revivir y sentir emociones y necesidades una vez más.

Dele tiempo al proceso. Sanar de los problemas por nuestra ausente y desprendida madre, no es un proceso de la noche a la mañana. Mucho depende de cuándo sucedieron los daños y qué tan severos fueron, por lo tanto necesitará tener paciencia consigo mismo mientras aparecen las primeras señales de recuperación. Toma tiempo comenzar a hacer relaciones emocionales. Será necesario trabajar a través de muchos temores, dolores, y distorsiones con sus personas de crianza maternal aún antes que permita el asomo de sus expectativas. Recuerde que *no podemos escoger la relación. Más bien, podemos escoger un proceso que resulte en ella.*

Permita sentimientos de dependencia. Cuando usted recibe las cantidades y estilos de crianza maternal apropiadas, y cuando pueda responder a ellas, brotarán los sentimientos de dependencia. Este es a menudo un tiempo atemorizante, ya que puede sentirse solo, o echa de menos a alguien que era cariñoso. Es posible que se ponga ansioso pensando que está haciendo algo malo. Sentirá desconfianza al creer que se está volviendo egocéntrico, o sin experiencia. O temerá que sus personas de crianza maternal se retiren molestos o condenándolo.

Durante estos tiempos, intente recordar que Dios lo hizo para que dependiera de él y otras personas; lo quiere relacionado con él y la humanidad. Cuando fallamos en expresar nuestras necesidades, permanecemos como islas, desprendidos, solos, arrogantes y orgullosos. Por el contrario, cuando exponemos nuestros requerimientos, podemos recibir las provisiones y alimentos necesarios para sobrevivir.

Ore y busque a Dios. Los individuos que no pueden o no quieren acercarse a otros son con frecuencia emprendedores y realizadores. Se mantienen ocupados y productivos, lo que les impide notar la falta de amor interno. Probablemente no buscan para nada el mundo de las relaciones. Esta dinámica a menudo se asoma en su relación con Dios también. Durante este proceso, asegúrese de hacer tiempo «para estar» con Dios y su Palabra. Esto se llama «morar» o permanecer. Requiere simplemente darle tanto de su persona a él como tiene disponible para usted. «Así como el Padre me ha amado a mí, también yo los he amado a ustedes. Permanezcan en mi amor»[8]. Pídanle ayuda al Todopoderoso para experimentar su propio afecto y empatía. «...porque Dios es amor»[9]. Su propia naturaleza lo obliga a desear la relación con usted.

Sea consciente de sus defensas. Si tuvo una mamá fantasma, probablemente desarrolló modos de esconderse de sus necesidades. De todos modos, se asomarán cuando esté lo más débil. Para entonces, sus defensas irán al juego con tal de protegerlo del peligro de la relación. Puede usar los antecedentes de crianza maternal para aprender sobre sus defensas; por qué, cuándo, y cómo funcionan. Ellas son «puntos ciegos»; necesitamos la reacción de otros para hacernos más conscientes de cómo las usamos en el intento de terminar las relaciones[10]. Los siguientes son ejemplos de cómo esto puede funcionar.

Una defensa común contra la urgencia de apego es *devaluación.* Devaluar una necesidad es disminuir la necesidad en sí, o el requerimiento de encuentro personal. Fingimos una actitud de «uvas agrias» para protegernos de la realidad dolorosa por lo mucho que necesitamos a otros. Nuestras conexiones maternales pueden hacernos conscientes de cuándo estamos devaluando una relación.

Una de las cosas más útiles que veo en los grupos de terapia, es cuando un miembro enfrenta la devaluación de otro. Una persona puede que diga algo como, «Jerry, cuando dice que no piensa en nosotros o no nos extraña durante la semana, me siento apartada». Se le permite así la oportunidad de que explore si está devaluando o no sus relaciones afectuosas para evadir su necesidad.

Otra defensa es la *omnipotencia*. Usted puede haber desarrollado un sentido grandioso de poder e independencia para protegerse contra el «pobre niño» interno. Puede ser una persona de funcionar elevado, que hace muchas cosas y resuelve muchos problemas. Sin embargo, también una parte de su ser es débil, impotente que necesita estar en relación con otras personas. Cuando no puede ver esto en su persona, la crianza maternal lo hace. Escuché a un esposo decirle a su cónyuge, «Anne, admiro tu fortaleza, pero me hacen falta tus debilidades».

Una tercera defensa es *evasión*. La persona herida por apego, simplemente se «marchará» cuando surge la intimidad. Si así es usted, cuando la oportunidad para la conexión aparece, se congela, se vuelve intelectual, piensa en otra cosa, o simplemente se encierra en sí mismo. Quizá trata de mantenerse alejado de las situaciones llenas de emociones. A lo mejor cambie la conversación a otro tópico más seguro o simplemente sale por la puerta.

Estas son acciones inconscientes que le demuestran la necesidad de su gente de la nueva crianza maternal para indicarle la evasión. Déjelos decir suavemente que «se alejó de nuevo. ¿Qué pasó?» Ellos le pueden ayudar a descubrir cuáles emociones o necesidades atemorizantes se asomaron, lo asustaron y causaron que mental y emocionalmente se saliera. Este proceso de descubrimiento prepara el terreno para que «vuelva a entrar».

Recientemente fui conmovido al ver la nueva crianza maternal tomar efecto espontáneamente. Estaba hablando en la reunión semanal del grupo en el Sur de California, y durante el período de preguntas y respuestas, una mujer indagó en referencia a tomar medicamento por la depresión. Afirmé la validez de los antidepresivos pero pregunté, «¿Además de medicamento, alguna vez analizó su depresión durante una relación afectuosa?»

Dijo que no, y brevemente le expliqué el origen relacional de los desórdenes emocionales.

Cuando terminé, preguntó de nuevo, «pero, ¿Qué piensa sobre los medicamentos?»

«!Ah...! ¿Qué estaba sintiendo cuando hablaba con respecto a las relaciones?»

Movió la cabeza con tristeza y replicó «esto no resultará». Su desesperación le causó que evadiera totalmente la parte relacional de mi respuesta.

Al terminar la reunión, varias personas se le acercaron para decirle que deseaban comprender sus temores. Allí mismo estaban invitándola a una relación. De allí que no solo la mujer se diera cuenta de su evasión, sino también otros que inmediatamente comenzaron el proceso de la nueva crianza maternal.

«LABOR DE MAMÁ»

Mientras nos relacionamos con los amigos de la nueva crianza maternal, también podemos hacer reparaciones con nuestras madres biológicas. Si mamá está viva y disponible, deseamos toda la recuperación para esa relación que ella permita. Aquí están algunas de las labores específicas:

Perdón. Lo más probable es que su madre experimentó sus propios daños de crianza maternal. Pero aunque no sea así, siempre puede soltarla y saldar la deuda. Perdón quiere decir que el inocente paga: «Perdona nuestras deudas, como también

nosotros hemos perdonado a nuestros deudores»[11]. La libera-
mos; ella ya no debe pagar por los años perdidos, la curación
emocional, y el dinero gastado para sanarse. Asumimos responsabilidad porque *los asuntos de vínculos son ahora nuestros problemas*, no de mamá.

Invitación. Mamá, al igual que nosotros, necesita relaciones.
Esto es verdadero a pesar de que relación es exactamente lo que
una mamá ausente y desprendida no pudo dar. Usted no puede
volver a criarla o ser responsable por sus reacciones, pero puede
dirigirse hacia ella. Significa que nos acercamos vulnerablemente, diciéndole que nos gustaría una amistad más estrecha en sus
años adultos. Probablemente tenga que dar el primer paso para
confrontar algunos problemas pasados o para compartir luchas
del presente. Al hacer esto, puede traerle el amor resultante en
sus relaciones de nueva crianza maternal.

Sin embargo, es una decisión compleja. Algunas mamás
fantasmas son tan tóxicas y destructivas, que cualquier intento
de vulnerabilidad prematuro (o ninguno, en algunos casos) puede desbaratar muchos esfuerzos. Permita que los seres seguros le
ayuden a decidir si puede acercársele a su mamá, cuándo y
cómo.

Asignación de límites. La mamá fantasma puede volverse crítica cuando le expresan sentimiento. Posiblemente ella se retire
haciendo muecas cuando alguien trata de acercársele. O pueda
que desatienda sus «obligaciones de abuela» al no relacionarse
con sus hijos. Usted debe decidir que ya no será parte de su destrucción.

Así como no puede cambiar a su mamá si ella no quiere hacerlo, no cabe duda que está ante la posibilidad de fijar límites al
efecto que posee sobre su personalidad. Necesitará decirle que
restringirá la relación con ella si persiste en un comportamiento
hiriente. Dígale qué cosas específicamente le hieren a usted y a
su familia y lo que le gustaría que hiciera en su lugar. Y después

dele una oportunidad para que cambie. Fijar fronteras con la madre ausente o desprendida puede ser duro, pero la puede despertar de su absorción personal, y hacerla reflexionar que su comportamiento tiene consecuencias.

Reconciliación. Si mamá está dispuesta a esto, intente la reconciliación. Reconciliarse es «arreglarse después de una separación». Implica muchos aspectos:

- confrontar y ser confrontado en cuanto a dolores y heridas por apegos
- disculpar y aceptar disculpas
- perdonar y pedir perdón
- arrepentirse y pedir arrepentimiento

Sin embargo, así como la vulnerabilidad, la reconciliación es una labor compleja y depende de muchas cosas; por ejemplo lo segura que mamá es, y en su propia fragilidad al momento. Asegúrese de que está preparado antes de entrar a este proceso. Y recuerde que aquí la meta no es reparar, tomar venganza, o de adquirir la crianza maternal debida desde hace tanto tiempo. La meta es establecer relación.

Una palabra en cuanto a confrontación aquí es importante. La palabra *confrontar* quiere decir «enfrentarse». Es un término relacional, con el propósito de traer realidad a un encuentro para *promover intimidad.* La meta no es el alejamiento, más bien es acercamiento; no expresar una reserva de dolores, sino relacionarse. La reserva pertenece a sus nuevas relaciones de crianza maternal.

Por ejemplo, enfrentamiento quizá quiera decir recordar el desprendimiento de mamá y cómo eso le afectó. Puede decirle algo como, «necesito explicarle lo que su ausencia emocional me significó, para que podamos reconciliarlo y continuar con nuestra relación actual». Una vez que le explique el dolor y la pérdida, ella podrá ver más claramente lo que hizo para herirlo de esa manera. Para entonces dependerá de usted perdonar y seguir adelante. Además, si ella está interesada en más diálogo, también podrían hablar sobre los sentimientos de madre a hijo y de las reacciones a la crianza maternal. Esto le daría la oportunidad de perdonarlo por las veces que se apartó de los intentos que ella hizo para acercársele. Aun como niños a veces optamos por elecciones destructivas que lastiman a nuestros padres. De cualquier modo, la meta de los enfrentamientos es traer el pasado sin redimirse, a la relación, descifrarlo, y finalmente apartarlo.

Aceptar la realidad. Uno de los aspectos más importantes y difíciles del proceso de crecimiento es aceptar la realidad de quién es mamá. Si no está interesada en una relación más profunda y segura y decide permanecer desconectada y superficial, debe respetar sus limitaciones y aceptar la realidad.

La mayoría de las personas tiene fuertes deseos de que sus propios crecimientos también impulsen a mamá a ser la persona que nunca fue. Si esto no sucede, debemos lamentar nuestro ideal de la madre que nunca fue y probablemente nunca será. Sin embargo, solamente puede soltar ese deseo cuando se sienta satisfecho y conectado en sus relaciones de nueva crianza maternal. Somos suficientemente fuertes para lamentar lo que perdimos solo cuando se llega a reemplazar en algún nivel.

EL NUEVO YO Y LA MAMÁ DE ANTES

Si trabaja en todas las tareas anteriores, ¿Qué puede esperar de su actual relación con mamá? Se puede ir en dos direcciones, dependiendo de la reacción que ella exprese.

Pueda que mamá haya madurado durante los años y quiera hacer un vínculo emocional verdadero y genuino. Este puede ser un tiempo de gran satisfacción y realización para los dos. Puede establecer una amistad mutua por medio de la cual disfruten conociéndose uno del otro nuevamente. No es volver al proceso de crianza maternal; sus nuevas interacciones se han apoderado de eso. Pero puede tener una relación profunda y significativa.

Si esto ocurre, es importante que ambos retengan sus propias «familias» aparte, en el sentido espiritual y emocional. Mamá necesita un lugar para crecer y reparar que sea diferente al suyo. De otra manera, podría terminar confundiendo amistad y asuntos pasados de crianza maternal. A menudo, el niño adulto celoso, quiere conducir a la madre hacia la reparación. La puede invitar, pero necesita mantener las «incubadoras» separadas; deje que ella vaya a sus grupos de apoyo y consejeros, y usted a los suyos.

Conozco el resultado de esto. Observo a madres franquearse a la vida emocional de sus hijos adultos y compartir los propios. Crecen en un respeto y apreciación mutuos, el uno por el otro. Después de todo, comparten años de un pasado común. Cuando eso es reconciliado, un presente de riquezas se hace disponible.

Pero supongamos que este proceso no es la prioridad de su progenitora en este momento. Esto generalmente significa más trabajo para el hijo adulto. Patricia, una buena amiga mía, había estado trabajando en «casos de mamá» por algún tiempo, cuando su desprendida madre se enfermó con cáncer irreversible. Al enterarse de la condición, Patricia quería pasar en la mejor forma el tiempo que les quedaba. Así es que le preguntó si iría donde un terapeuta cristiano amigo de ella por varias sesiones. Estuvo de acuerdo, ya que también deseaba «cerrar ciertos asuntos» personales. Al llegar a eso, también le dio permiso al terapeuta de hablarle a Patricia referente a ella, como ayuda a una resolución.

«¿Cómo puedo relacionarme con ella en el tiempo que nos queda». Patricia quería saber después que el terapeuta vio a su mamá.

«Ha tenido una vida larga y difícil», le dijo. «Está lista para irse, y de veras no quiere abrir una lata llena de gusanos. Me dijo que sus emociones no son el negocio de nadie más, y está en lo correcto».

Patricia se quedó pasmada. «Entonces, ¿qué puedo hacer?»

El terapeuta la miró. «Pregúntele referente a los buenos días pasados, cuando apoyaba a su esposo trabajando en las fábricas durante la Segunda Guerra Mundial. Déjela que juegue con los nietos. Tomen té y hablen de flores».

Patricia fue al grupo de apoyo con su lamento. Después hizo lo que el terapeuta le sugirió. Más adelante me dijo, «Estaba bien. Cuando murió, nos encontrábamos tan relacionadas como era posible. Vivo agradecida por eso».

¿Que cómo reaccionará con su mamá? Es su elección.

Capítulo Cuatro

La mamá muñeca
de porcelana

Stephanie no podía aguantar las emociones infantiles de su hija Vicki. No es que fuese fría, distante, o indiferente con su bebé. Todo lo inverso. En vez de «no estar allí», era una mamá afectuosa, apegada, y devota. El problema es que se abrumaba cuando su pequeña se expresaba.

Por ejemplo, cuando Vicki lloraba estando en su cuna, tal como los recién nacidos suelen hacer, se apresuraba hacia ella, la recogía, y le decía, «¿Estás bien, mi dulzura? ¿Estás respirando? ¡Por favor, no permitan que mi bebé se muera!».

«¡Jim!» Decía llamando a su esposo. «¡Vicki está llorando y no sé que le pasa!». Entonces este entraba al cuarto, recogía a su hija, se daba cuenta que estaba mojada, y la cambiaba.

Como todo niño, Vicki se enfurecía por tener que tomar una siesta o por no poder agarrar un juguete que estaba fuera de su alcance. Su cara se ponía roja como una remolacha, gritaba, y sus manos se empuñaban. Con esto Stephanie se ponía ansiosa, se retiraba de la pequeña, y decía cosas como: «Por favor no grites. Eso molesta los tímpanos de mamá y la pone triste». A veces se tapaba los oídos con las manos para obstruir el sonido de los gritos de su hija. Vicki entonces se quedaba sola cuidándola, con su enojo fuera de control.

Cuando la chica creció un poco, se le acercaba a su madre para ser consolada. Al experimentar una pesadilla o simplemente sentirse sola, llegaba donde mamá para ser calmada. Pero antes

que la niña pudiera terminar de decirle lo que necesitaba, Stephanie la recogía, apretaba la cabeza de su hija contra su regazo, y comenzaba a mecerla. «Aquí estoy» le murmuraba a su casi sofocada
pequeña. «Ya te puedes sonreír. Deja de estar triste, dulzura».

Vicki, ahora una adulta y madre de tres, vino a verme (el
Dr. Townsend) referente a su propio problema de ansiedad. «A
mí no me criaron maternalmente, me sofocaron», dijo un día en
mi oficina.·

La sofocación, sin embargo, no describe las reacciones de su
madre hacia el enojo de Vicki con ella. Sucedía lo contrario.
Stephanie se destrozaba, aparentemente devastada por la frustración de la hija. Vicki recuerda un tiempo en particular en la
escuela de primaria cuando la mamá no le permitió ir al cine con
sus amigas. En una forma normal de jóvenes a la moda, trató,
por un tiempo el lloriquear con la rutina del «¿Pero, porqué no?
Cuando eso falló, la joven simplemente estalló con su mamá.

«¡Nunca me deja ir a ninguna parte!», Gritó. «Todas mis
amigas estarán allí, y usted no deja que yo tenga mi diversión.
¡La odio!». Madre e hija se quedaban en silencio, lo que parecía
una eternidad. Luego, tal como un edificio se derrumba en cá-
mara lenta en el cine, la cara de su madre se empalidecía, y parecía desmayarse.

«¡Mi propia hija!» Lloraba mientras se sentaba en una silla
de la cocina. «Después de todo el amor que le doy. Nunca sabrá
lo profundamente que hirió a su madre», decía entre sollozos.
Vicki tenía deseos de meterse debajo de una roca. Estaba segura
que había destrozado a la persona que había sacrificado su propia vida por ella.

La Vicki de hoy en día.

Como su mamá, Vicki fue una persona afectuosa y compa-
siva. Tenía buenas amistades y un empleo que le gustaba. Pero,

también como la madre, evadía emociones fuertes o negativas. Cuando se sentía sola o triste, se apartaba de los otros hasta que esos sentimientos terminaban. Al sentirse herida o enojada, laboraba más duro en su trabajo. Así se ayudaba a tolerar los temores de ponerse «fuera de control».

De igual forma, era un «magneto para problemas de otras personas». Encontraba fácil escuchar al prójimo, calmar su dolor, y vendar las heridas. La verdad es que, eso se convirtió en un problema, ya que repetidas veces se encontró de nuevo al extremo de la senda del dar. Se agotaba ayudando a otros, y después asumía que nadie estaba interesado en sus sentimientos. Pero, al mismo tiempo, no quería ser una carga para los demás con sus sentimientos. Temía abrumarlos, o ser abrumada.

Vicki creía que sus sentimientos fuertes eran «malos» y destructivos. De veras, a través de los años no dejó sentirlos muy a menudo, pero en los tiempos de pérdida, dolor o tensión, surgían, y entonces se sentía que estaba hiriendo a los demás, siendo egoísta, o apartando de ella a las personas.

Cuando su problema de ansiedad le apareció, se dio cuenta que este era un sentir que no podía evitar. Solo así se le ocurrió llamar a mi oficina.

¿CUÁL ES EL PROBLEMA?

Si usted se identifica con el problema de la madre desprendida en la sección anterior, pudiera estar pensando. «Bueno, la situación de Vicki no es tan mala, por lo menos la mamá sabe el nombre». Probablemente sea cierto que este segundo tipo de crianza maternal no tenga problemas de desconectar, pero su madre tenía una clase de dificultad diferente, una bastante difícil. Era «frágil». Así como la mamá muñeca de porcelana a menudo no puede tratar con situaciones desagradables o tensas en la vida, esta madre tiene dificultad trazando límites y controlándose en su medio ambiente. No está preparada para manejar el mundo adulto, especialmente la parte maternal de su vida. Esta situación se transforma al estilo propio de crianza maternal en ella. Se abruma con los problemas de su niño, así como con los de ella misma.

Esto es particularmente difícil cuando el niño expresa emociones intensas. Aunque quiere a su hijo, la mamá muñeca de porcelana pronto se vuelve abrumada con este pánico, furia, tristeza y temor. La fuerza de estos sentimientos la asusta, y se siente perdida para lidiar con ellos. Por lo tanto, los maneja en varias maneras diferentes:

Convertir las cosas en catástrofe. La mamá muñeca de porcelana puede *convertir en catástrofe* los sentimientos del bebé. Stephanie percibe más peligro en las lágrimas o gritos de Vicki de lo que de veras existe, y reacciona exageradamente. Un pañal mojado se transformó en una emergencia amenazadora.

Retractar. Cuando el niño está calmado y en paz, la mamá muñeca de porcelana también está apacible. Pero cuando el pequeño está de mal humor o temeroso, la madre a menudo se desprende emocionalmente. El infante debe de alguna manera calmarse el mismo antes que ella pueda regresar a la relación.

Sobre identificar. La mamá muñeca de porcelana vive en su propio mundo doloroso y emocional, y descubre *todo a través de esos lentes*. Cuando su bebé está angustiado, siente todos sus propios temores, confusión, y emociones en los sentimientos del chico. Su propio ser comienza a surgir, fuera de control y esto la atemoriza.

Regresión. A menudo, la mamá muñeca de porcelana, en cierto modo, se convierte en niña ella misma, cuando ve que su pequeño está descontento. Cuando debería «estar allí» para el chico, está decaída y buscando apoyo y tranquilidad en su propia niña.

Sofocar y vacilar. La mamá muñeca de porcelana sobre compensa los sentimientos del pequeño y se entremete en su vida interna. O vacila deseando protegerlos del peligro. Su intento de apagar un fósforo encendido con un extintor de fuego, a menudo resulta en más retraimiento para el niño.

Avergonzar. La mamá muñeca de porcelana a veces culpa a su niña por tener fuertes sentimientos negativos. No puede ver que el problema no es la pequeña llorando, sino su reacción y sentido de responsabilidad por el dolor de la chica. A veces dice cosas como, «si amas a mamá, dejarás de llorar».

Reaccionar con enojo. Muchas mamás muñecas de porcelana no vacilan en castigar a sus hijos por tener sentimientos «equivocados». Cuando un niño se queja mucho, es muy difícil, muy apegado, o muy enojado, la mamá muñeca de porcelana a menudo lo azota con el intento de interrumpir el sentimiento. «Deja de llorar, o te daré algo para que llores de verdad», es la reacción de una mamá que no puede manejar los sentimientos de su pequeño.

NUESTRA NECESIDAD DE CONTENCIÓN

Nuestra primera necesidad humana básica es hacer una conexión emocional con mamá; la segunda es contención. Contención es la función maternal en la cual la mamá literalmente *retiene* los sentimientos del niño hasta que él pueda manejarlos por sí solo. La contención puede ayudar al chico a controlar y madurar sus emociones de «tormenta y tensión», tan bien como otras partes inmaduras suyas. Miremos las necesidades del niño de contención en ambos aspectos.

Emociones. Los sentimientos de los pequeños están crudos, fuertes, e imprevisibles. Un niño puede estar cariñoso y apegado un minuto o en lágrimas, gritando y desafiante en otro. Estas emociones son raramente expresadas con moderación. Por ejemplo, un chico:

- No se vuelve sencillamente ansioso, él o ella entra en pánico.
- No se vuelve sencillamente solo, ella o él se agarra con dependencia a la preciosa vida.
- No se vuelve sencillamente irritado, ella o él se enfurece.
- No se vuelve simplemente triste, ella o él se pone profundamente deprimido.

¿De qué se tratan los sentimientos? Dios creó emociones en nuestras personalidades por alguna razón: *Constituye una señal.* Es bastante parecido al barómetro que mide la presión atmosférica, las emociones trabajan como un indicador que nos dice el estado de nuestra alma. Por ejemplo, el enojo posiblemente nos dice que estamos en peligro y debemos tomar acción. La ansiedad pudiera decirnos que el peligro es más grande que nosotros y es recomendable que nos retiremos. La tristeza nos alerta que hemos perdido algo de valor y resulta imprescindible reponer ese algo o alguien.

Sin acceso a nuestras emociones, quedamos sin información vital y nos podemos encontrar en problemas serios. Nuestro «tablero» está fuera de uso. Imagínese volando en un aeroplano que pierde su sistema eléctrico. Como piloto no tiene indicación de su altitud, velocidad, dirección o de los obstáculos que están más adelante. Los que están desconectados de sus sentimientos entrarán en relaciones destructivas sin sentido intuitivo de que «algo anda mal». Acaban siendo heridos en el amor o el trabajo porque nunca vieron la proximidad del problema.

Dios creó sentimientos en nosotros desde el nacimiento. Los bebés llegan al mundo con una riqueza de emociones, gritan por terror, protesta, furia, y cuando tienen necesidad. Los sentimientos funcionan más como una señal para la madre que para el niño al principio. Le indican que necesitan alimento, confort o cambio de ropa.

De la misma manera que el cuerpo e inteligencia de un bebé están sin desarrollarse e inmaduros, también su naturaleza emocional. Nace con dos direcciones emocionales básicas: amor y odio. O adora como lo están tratando, o detesta su situación. Un bebé no tiene un terreno medio ni «área gris».

Durante los primeros años, las emociones de un infante se centran alrededor de una persona: Mamá. El mundo entero de un pequeño está envuelto en su progenitora, como la fuente de vida, nutrición y seguridad. Mucho está en juego. El niño ama u odia a la madre con pasión más allá de las palabras. Y, mientras crece, comienza a sentirse fuerte referente a otras cosas aparte de mamá: gente, fracasos en la escuela, conflictos con amigos. La madre pueda que no sea percibida como el objeto de estos sentimientos, pero lo es, y más que nadie, es un recipiente.

Aquí es donde entra la contención. Estos sentimientos primitivos intensos son tan atemorizantes para el chico como lo son para su mamá. Están fuera de control, y se ponen más y más fuertes hasta el punto que llega a temer por ellos, él o su madre serán heridos o destrozados. *El niño no solo tiene sentimientos; hasta cierto punto, él es sentimiento puro.*

La labor de crianza maternal aquí es ayudar al niño a madurar estas emociones, para saber qué hacer con ellas. En otras palabras, la madre maneja lo que el pequeño no puede dominar. Esto es lo que significa contención. Toma y retiene los sentimientos que el chico no puede soportar. Entonces, gradualmente se los nutre de nuevo en una forma que los pueda digerir sin ser abrumado por ellos. En esta forma, ella entonces prepara al niño a tomar responsabilidad por sus sentimientos cuando madure lo suficiente.

Partes del ser. Los niños no solo tienen emociones inmaduras, sino también partes inmaduras de su carácter que necesitan contención. La contención ayuda a que estos segmentos desarrollen y crezcan para que podamos funcionar como adultos.

Aquí están algunos ejemplos:

- Partes necesitadas: la habilidad de buscar relación por amor y cariño.
- Partes débiles: las realidades de que uno es incompleto y no puede vivir la vida en sí mismo.
- Partes autónomas: el aspecto que procura tomar iniciativa y se vuelve independiente y responsable por uno mismo.

Un reloj de pulsera de buena marca tiene resortes, engranajes, y carátula que encajan juntos sin problemas para crear una herramienta productiva y confiable. De la misma forma, Dios lo hizo a usted y todas sus partes, para que juntas funcionaran bien al madurar, al aprender a amar y laborar útil y eficientemente en la vida; fue verdadera, audaz y maravillosamente hecho.

Los niños tienen todas estas partes, pero no están integradas. No se «llevan bien la una con la otra». Por ejemplo, un chico se puede sentir que depende de los cuidados de su madre en este minuto, pero dos segundos más tarde quiere correr un millón de millas lejos de ella, por el pasillo de compras y fuera por la puerta del mercado. Al siguiente minuto está de regreso con mamá sintiendo pánico.

Allí es cuando la crianza maternal entra en acción. Mamá comprende estas partes primitivas y puede ayudar al niño a crecer para que él o ella funcionen juntos sin conflicto.

LO ESPECÍFICO DE LA CONTENCIÓN

Estemos o no hablando de emociones o nuestras partes, contención es una tarea de la madre para ayudarle a su niño a madurar. Abajo están algunas formas en que ellas contienen a sus hijos.

Calmar. ¿Alguna vez observó a una mamá recoger a su atemorizado niño, y mecerlo suavemente de un lado a otro mientras le susurraba palabras suaves de seguridad? El aterrorizado pequeño gradualmente llora menos y respira más despacio. El frágil cuerpo se relaja de su estado de agitación y se «acurruca en» el cuerpo de la madre. El chico entonces pueda que se duerma o se retuerza fuera de los brazos de mamá y se va a jugar de nuevo. Esto es calmar.

Calmar implica un intercambio entre la madre y niño. El infante está lastimado, atemorizado, o solo y al mismo tiempo lleno de emociones dolorosas. También se siente muy solo con estos sentimientos y percibe que son «mayores» que él. Cuando la mamá lo recoge y lo mece, «recoge» los sentimientos de temor de su chico. Le brinda un lugar donde ponerlos, con alguien que no tiene miedo de ellos. *Intercambia estos sentimientos por serenidad, reposo, y amor.* Es como si el pequeño volcó algunos desperdicios tóxicos en mamá, y en lugar recibió buena comida.

Dios es el Gran Calmante. Ansía calmar nuestros pánicos y temores: «¡Jerusalén, Jerusalén...! ¡Cuántas veces quise reunir a tus hijos, como reúne la gallina a sus pollitos debajo de sus alas, pero no quisiste!»[1] Mamás calmantes, son prósperas en las partes más ricas del carácter de Dios.

Validar. Mi esposa tuvo un mal día recientemente, lleno de conflictos y tensiones. Mientras me lo contaba, yo (Dr. Townsend) hice sugerencias y le ofrecí consejos de cómo enfrentar mejor sus problemas. Finalmente, exasperada con mi despiste, dijo, «no quiero respuestas. Quiero que me oigas». Finalmente lo entendí, callé, y oí.

Cuando nuestras emociones están fuera de control, necesitamos validarlas; es decir, requerimos a alguien con quien experimentarlas como verdaderas, dolorosas y atemorizantes. Esto es empatía, tal como lo vimos en el capítulo anterior, caminar en los mocasines emocionales del prójimo. Cuando validamos, afirmamos: «Esto no lo está inventando para lograr atención, estos sentimientos son difíciles». Si el niño piensa que nadie comprende sus sentimientos, entonces es dejado totalmente solo con sus peores pesadillas. Validarlos es normalizarlos.

Es fácil cometer los errores que cometí e invalidar sentimientos. Hacemos esto en dos formas. Los minimizamos («¿Usted de veras no está tan contrariado sobre una cosa tan pequeña como cuando Timmy le pegó en la cabeza, es así?») O lo negamos («solamente deja de pensar en ello y estarás bien»). Y la parte del niño que más necesita, recibe menos.

Validar no quiere decir estar de acuerdo con el contenido de las emociones. Por ejemplo, no tienes que apoyar los deseos del pequeño para que Timmy se transporte a otro planeta. Usted simplemente comprende el sentimiento.

Estructurar. Otra manera como nuestros sentimientos son contenidos es por estructura. Una madre puede ayudar a su niño a poner sus sentimientos en perspectiva. Las emociones de una chica pueden decirle que el mundo se está derrumbando sobre ella, y que todo está perdido. Esto es lo que pasa con las emociones jóvenes, en su forma de, todo o nada. Pero la realidad puede ser que la pequeña perdió su muñeca de Barbie favorita. Ella necesita ayuda para armar el «gran retrato».

Una madre puede ayudar hablando de sentimientos *como sentimientos.* Puede ayudar a su pequeño a ver que sentimiento es algo que tenemos, y no que somos. Es inmensamente útil cuando la mamá puede darle al hijo un vocabulario emocional, tal como, «suena como si estuvieras con miedo» (o disgustado o triste). Esto surte varios efectos en el chico. Ahora tiene palabras para esas emociones profundas y misteriosas, lo que a cambio, le da un poco de control sobre ellas. Puede incluso discutirlas.

Y no solamente eso, darle al infante un vocabulario emocional que le ayude a desarrollarse como una *persona observadora;* puede así separarse de sus sentimientos, retroceder y hacerse un auto análisis. Esto ofrece distancia y seguridad, que ayuda a calmar las emociones. El chico que aprende que mamá a veces está enojada, otras triste, y que la mayoría de las ocasiones es por una buena razón, se siente menos caótico.

La forma en que una progenitora lidia con sus propios sentimientos, es vital aquí. Si está frustrada y «se convierte» en su frustración, el niño aprende a estarse lejos, y tendrá tendencia de «ser» también esos sus sentimientos. Si ella falla en tomar responsabilidad por ese sentir y en lugar identifica a Susie como el problema, ésta quedará confusa. La madre que puede decir, «estoy ahora teniendo sentimientos de enojo, Susie, pero son mis sentimientos, y no son culpa tuya» le está ayudando a la niña a contener sus propios impulsos.

Estructurar también implica *tomar acción*. *El niño* necesita aprender que las emociones son solo un síntoma de un problema; cuando nos concentramos en él, la emoción se terminará. Una madre puede enseñar a su niño que las emociones no son un enemigo, sino un amigo que le ayudará a fijar límites, enfrentar maldades de otros, y saber cuándo salir de peligro.

Llevé a mis dos hijos, Ricky (entonces 6) y Benny (4), a una película de aventura para niños. Acción inclinada hacia esas edades; peleas y hombres malos apareciendo en una pantalla grande de cine. Ricky estaba enamorado, gritando, riéndose y divirtiéndose. Habíamos juzgado mal la habilidad de Benny para manejar la diferencia entre realidad y ficción.

Se quedó callado en su asiento, luego se volvió hacia mí. «Papá, quiero irme a casa», dijo. Pude ver que tenía miedo. Nos levantamos para irnos, hasta que recordé la mesa con espadas plásticas de juguete para niños que había visto en venta especial en el vestíbulo. Como último recurso, le compré a ambos una espada y les dije que pelearan con los sujetos malos.

Regresé con mis chicos de vuelta a sus asientos y vi con sorpresa cómo Benny se contentó en su silla. Le dio vuelta a su espada, gritando y riéndose, cada vez que el hombre malo aparecía en la pantalla.

«¿Listos para irnos a casa?» Pregunté, solo para verificar las cosas.

Los pequeños manifestaron sus protestas, y con agradecimiento me recliné a ver el resto de la acción.

Benny pudo hacer algo referente a sus miedos de los hombres malos y no se sentía tan vulnerable e inútil. Estructurar ayuda a los niños a ver que las emociones son una señal de que alguna acción es necesaria para componer una situación.

Confrontar. Aunque un niño esté bien estructurado, sus emociones lo pueden desconcertar, debido a su edad o posiblemente su resistencia a cierta realidad que no le gusta. Lo que necesita en estos momentos es confrontación. Ella en este sentido ayuda al niño a aceptar sus sentimientos que estén fuera de control; le inyecta realidad en sus emociones.

Por ejemplo, supongamos que el pequeño Tucker va caminando por la calle con mamá. Un auto pasa y le da una rociada de lodo sobre su camisa nueva. El chico llora y grita. Está legítimamente agitado, enojado, y triste por el lío. Su madre lo recoge, limpia, y calma, pero sigue descontrolado. Posiblemente ella necesite decir, «¡Tucker! ¡Tucker! ¡Cállate, está bien!» El pequeño agita la cabeza, la mira y lentamente llega a un resuello; está más bajo control. La confrontación ayuda a integrar las emociones y la realidad, así como a relegar los sentimientos a sus propios lugares, como un síntoma de un conflicto que puede arreglarse.

Pensar. Como mencionamos en un capítulo anterior, los sentimientos son un proceso primordial, y pensar es uno secundario. A medida que maduramos, necesitamos ayuda para comprender nuestros sentimientos y cómo pensamos referente a ellos. Pensar referente a ellos puede modularlos y calmarlos.

Los niños necesitan saber, por ejemplo, que los sentimientos no durarán para siempre. Por ejemplo el de soledad sin mamá para un pequeño, parece no tener final. En la ausencia de pensamientos, las emociones son eternas. No hay límite para la tristeza y el temor. La madre que se contiene, ayuda al niño a comprender la naturaleza transitoria de los sentimientos y que con los elementos necesarios (calma, tiempo, y solución de conflictos, para mencionar algunos), la tormenta interna se calma.

Otra cosa con la que mamá puede ayudar al niño a comprender, es que los sentimientos en ocasiones envían mensajes equivocados, que no digan lo que él cree que quieren decir. El pequeño puede llegar a pensar que la madre es una persona horrible porque no le dejó tener una barra de helado. No obstante, si ella le había prometido regalársela y deliberadamente se la negó para ser mala, quizá la perciba como el monstruo que piensa que es. Pero si mamá simplemente está consciente de no afectarle el apetito para la cena, los sentimientos que lo hicieron creer de esa manera no son correctos. El chico necesita aprender que está enojado por su desilusión al no conseguir el helado cuando lo quería. Así su modo de apreciar le ayuda a usar sus sentimientos como una señal para explorar una situación pero no como su Templo de la Verdad. Puede entonces mirar a sus propias desilusiones, expectativas y deseos, y lidiar con ellas.

La mamá muñeca de porcelana falla en el proceso de pensar. La madre que llega a ser paralizada por las emociones de su infante, a menudo está incapacitada para analizar referente a lo que verdaderamente está pasando. No puede, en ninguna forma, ver la realidad objetivamente, y ella y su niño pueden moverse en forma de espiral hacia un abismo de emociones atemorizantes y eternas.

El pequeño necesita toda clase de información sobre el entorno para sobrevivir y florecer: los sentimientos y pensamientos, los de mamá y los suyos.

RESULTADOS DE UNA CRIANZA MATERNAL FRÁGIL

Si usted piensa que pudo tener una mamá muñeca de porcelana, estudie las siguientes señales y síntomas y vea si aplican.

Problemas de relación

Los que tienen un pasado frágil de crianza maternal inevitablemente se encuentran con problemas en sus relaciones importantes. Desarrollan un estilo de relacionarse que les falla. Alejan el acercamiento que necesitan.

Cuidado

¿Se apresura usted a rescatar y estabilizar amigos que están teniendo conflictos? De ser así, lo más probable es que está tratando de manejar sus propias ansiedades y sentido de fragilidad, y este «acto de paternidad» para con los allegados le da un sentido de control sobre los sentimientos que no puede manejar. Este papel lo distrae del dolor de sus emociones fuertes y temerosas. El cuido le ayuda a sentirse menos aislado y que por lo menos está haciendo una relación con alguien. El problema es que los cuidadores normalmente acaban dando mucho y recibiendo poco del amor que verdaderamente necesitan.

Agresividad

Usted pudo aprender a lidiar con sentimientos condenando al universo por las emociones en general. Esto incluye los suyos y los de los demás. Puede que critique los que tienen sentimientos, mirándolos como débiles e irresponsables. Cuando otros se le aproximen con una dificultad, estará inclinado a decirles «ponga sus asuntos en orden» y «deje de lloriquear». Pero lo contrario es lo que necesita, no solo ellos, sino también usted: «Aunque uno se aparte del temor al Todopoderoso, el amigo no le niega su lealtad»[2].

Retirada

El que recibe crianza maternal frágil, se puede simplemente desconectar cuando siente enojo, temor, o tristeza por sí mismo o cuando percibe los sentimientos de otros. Sus emociones lo pueden abrumar y como el interruptor de una máquina, se retirará, ya sea física o emocionalmente, o ambos. Así era el estilo de Laura. Las cosas estaban bien cuando no había conflicto entre ella y su esposo, Randy. Pero cuando estaba enojada con él o viceversa, rechazaba su compañía. Temía estallar y perderlo. Pero Randy sentía que ya la había perdido. Quería una esposa que pudiera manejar los conflictos y se desanimaba cuando Laura se separaba de él.

PROBLEMAS FUNCIONALES

Problemas de Carrera

Margaret, una mujer extremadamente brillante y educada, siempre soñó con estar en un trabajo corporativo de alto nivel. Y mientras posee el potencial para manejar una compañía, a los treinta y cinco años no ha podido pasar del estado medio de gerencia. «Es la tensión», dice ella. «Cuando tengo que tomar una decisión de gran magnitud, me siento paralizada por dentro. La eludo por todo el tiempo que pueda y termino haciendo una adoptando una impulsiva, que por lo general es la equivocada».

Margaret se siente aterrorizada por las situaciones de tensión en el trabajo. Piensa que la presión es el problema, no obstante el verdadero es realmente su reacción a la presión. Trabajo, por definición, es presión; tiene que ver con nuestra ejecución, efectividad y disposición de tomar riesgos. Si no cumplimos con el compromiso asignado, hay bastante en juego; ascensos, aumentos, bonos, y quizá nuestro sustento en sí. Esta clase de presión saca a luz emociones fuertes como ansiedad, disgusto, y tristeza con sus mensajes catastróficos. Estos sentimientos pueden abrumarnos a no ser que podamos traer calma y realidad a ellos. Sin contención emocional, no podemos jamás desempeñarnos a la altura de nuestro potencial de trabajo.

Soluciones de problemas en la vida

En una vena similar, si tuvo una mamá muñeca de porcelana, posiblemente se sienta «ahogada» en elecciones básicas de la vida: comprar un auto o casa, decidir dónde vivir y a qué escuela ir. Quizá se sienta temeroso ante problemas complejos que requieren deliberación; después de ver los componentes, todavía no tiene respuestas «correctas» o «erróneas». Tiene poca confianza en su habilidad para tomar decisiones, porque sus emociones estallan en lugar de la razón y una opinión sólida. A menudo piensa que «no está preparado para la verdadera vida» y por lo tanto se retira o deja que otros decidan por usted, ya que esto provoca menos ansiedad.

Estilos rígidos de pensar

Usted puede ser uno de esos seres de crianza maternal frágil que reacciona en contra de todas las emociones que no son controlables y opera únicamente en esferas conocidas. Quizá no confía en sentimientos, viendo ese ámbito de la vida como peligroso, por lo que vive como que si la existencia fuera puros pensamientos. Así como un hombre me dijo, «cuidé de los sentimientos de mi mamá por veinte años. Ya estuve en ese escenario e hice eso con los sentimientos».

PROBLEMAS EMOCIONALES

Depresión

La crianza maternal frágil puede causar muchas clases de depresiones. Usted puede averiguar que ha heredado la incapacidad de su madre para manejar conflictos y emociones fuertes, las propias o las de otros. A medida que encuentra las tormentas de la vida y el amor, tiene tiempos de sentimientos abrumadores y de desesperación, perdiendo toda esperanza para funcionar como adulto en el mundo adulto.

Otra clase de depresión viene por aislarse emocionalmente. Teme que nunca lo conozcan por lo que de veras es, con todo y sus emociones fuertes, de manera que se vuelve una persona con la que nadie se relacione integralmente.

Todavía otra clase de depresión resulta de una fuente de «repartir»; pasa todo su tiempo siendo cuidadoso de no herir a los demás con sus sentimientos intensos. Eventualmente se le termina la energía.

Problemas de ansiedad

Los desórdenes de ansiedad, como ella misma de manera generalizada, ataques de pánico, y fobias son comunes entre individuos que tienen una mamá muñeca de porcelana. Necesitamos alguna forma de ansiedad para indicarnos peligro, o para alertarnos ante un posible conflicto interno. Sin embargo, los desórdenes pueden ocurrir como resultado de dos problemas conectados a la crianza maternal frágil: (1) la falta de una «madre tranquilizadora» puede hacerlo incapaz de tranquilizarse a sí mismo y controlar su ansiedad; y (2) por temor a perder el amor o lastimar a otros, intentará ignorar sus partes temerosas y agresivas, así como las reacciones de enojo, y como resultado, en su lugar ponerse ansioso. A menudo, entre más enojado esté (o que necesite estar), más ansioso se pondrá. Esto puede ser bien confuso para ambos, usted y sus amistades.

Problemas de comportamiento

La crianza maternal frágil es a menudo la causa de mucho comportamiento compulsivo y adictivo. ¿Alguna vez calmó y moduló artificialmente los sentimientos intensos por medio de drogas, o sexo? Su «elección de sustancia» actúa como una anestesia externa para calmarlo y darle un sentido temporal de estabilidad y equilibrio. Por ejemplo, tuve un problema de conducta en la escuela secundaria, lo suficiente para que mi maestra de Español se tomara un tranquilizador antes de la clase. Mi inmadurez era mayor que su habilidad de contención emocional. ¡Tragarse «un calmante» era la única forma como podía tolerar sus sentimientos de tener que estar en el mismo cuarto conmigo!

LOS DÍAS DE HOY CON MAMÁ

Es difícil tratar de plasmar a una mamá frágil que se está envejeciendo. La vejez trae en sí fragilidad legítima. Por lo tanto, muchos hijos adultos asumen papeles protectores y paternales con la madre. No pueden separar la fragilidad por los años en descenso, en la resistencia del carácter de mamá, a tomar posesión de su vida. Si esta es su situación, quizá quiera preguntarle a sus amistades que tienen mamás fuertes de la misma edad, acerca de sus propias realidades. Muchas de ellas que tienen más edad insisten en el aspecto físico y se enorgullecen por no ser una carga para sus hijos. Planean las finanzas para su vejez, la vida social, y el cuidado médico. Si tiene una mamá muñeca de porcelana, acaso ya se estará preocupando de que sus propios años de más edad los pasará con ella en el cuarto de huéspedes. Tal vez se preocupe de que, si un empuje llega a convertirse en empujón, el bienestar de la madre vendrá primero que el suyo.

Pero el asunto de cuidar a mamá en sus años de vejez no es todo con lo que batallará. La naturaleza de toda la relación es el tema aquí. Tal vez se sienta obligado a darle a ella solamente «buenas noticias» referente a usted y su familia; batallas en el trabajo y asuntos atemorizantes referente a los pequeños la pueden contrariar mucho. Evite hablar de su persona. Es más fácil platicarle sobre los conflictos y temores de ella.

Cualquier intento de comunicarse directamente con su madre referente a su relación con ella está llena de peligros. Las mamás muñeca de porcelana a menudo se protegen de sentimientos conflictivos poniéndose ansiosas y contrariadas. Le podrá decir algo así como, «quiero tener una relación verdadera contigo, pero algunas cosas se interponen...». Con frecuencia, antes de terminar la conversación, mamá estará llorando, enojada, o fuera del cuarto.

El niño adulto se siente culpable por «herir a mamá», especialmente si otros hermanos se solidarizan cuando ella se hace la víctima. El resto del clan a menudo no puede comprender el control y manipulación detrás del comportamiento de la matriarca. Los hermanos entonces se unen en contra del «ave negra» que es tan grosera con el ser más querido. De esta forma pueden desplazar sus propias frustraciones con la progenitora a un objetivo seguro: el hijo que sinceramente trata de reconciliarse.

Hay esperanza para el hijo adulto de una mamá muñeca de porcelana. No tiene que caminar constantemente sobre la cuerda floja de la conformidad. Aprenderá sobre la resolución de este asunto en el capítulo siguiente.

Tome el control

Marty sintió la furia que escalaba dentro de él. *Allí va de nuevo*, pensó, *criticándome, y luego se irá de largo, ni siquiera me hablará, dejándome con todo.* Y su enojo creció. Carol se sentó en el suelo a llorar. Se había retraído y dejó de relacionarse. En su interior, Marty sabía que ella se sentía sola y que necesitaba su compañía, pero aun no podía pasar de su furia.

El no quería gritarle o herirla de ninguna manera. La amaba mucho. Pero para él, su frustración era demasiado para contenerla. Parecía crecer cuando más hablaban, o no lo hacían. Finalmente, cuando se quedó quieta en el suelo sin pronunciar una sola palabra, Marty se dirigió al garaje y comenzó a tirar objetos. Mientras más tiraba, más enojado se ponía.

Tuvo ráfagas de pensamiento en cuanto a ella y su dolor. Sabía que ella no se sentía comprendida cuando no se podían relacionar. Solo conque pudiera darle comprensión, todo estaría bien. Pero le era imposible calmarse. La furia permaneció fuerte, independientemente de lo que hiciera por ella. Sabía que estaba ante un conflicto.

De pronto y sin esperarlo sintió una mano sobre su hombro. Se volvió presto a seguir peleando, pero Carol se le acercó para abrazarlo y acariciarlo. Al tenerlo abrazado, su furia comenzó a desaparecer y un suave y tierno sentimiento de relación brotaron de inmediato.

Extendió sus manos hacia ella también, y la relación provocó que ambos se sintieran seguros entre sí de nuevo. Marty volvió a ser la persona adorable; el cariño de Carol lo había recuperado «a su buen sentido», como lo expresó. Sin embargo, era consciente que tenía un serio problema; su furia a menudo crecía más fuerte de lo que la situación provocaba. Simplemente no sabía qué hacer al respecto. Y, a pesar de que ya se sentía mejor, le preocupaba lo que haría la próxima vez que se empezara a sentir igual.

LA CURVA DE APRENDIZAJE

Marty se encontraba en un lugar donde existe verdadero conocimiento, ya había pasado por experimentar el problema de «ver al» conflicto, como tal. No solamente estaba «loco», ahora sabía que tenía un lío mayor porque se ponía loco a menudo. Vio una pauta y se dio cuenta que era tiempo de hacer algo sobre esto. Pero no sabía qué ni cómo.

Intentó calmarse a sí mismo diciéndose cosas positivas, memorizando versos de la Biblia, y haciendo muchas otras que fallaron al ayudarle. Lo mantenían algo controlado, pero no disminuyeron el problema. La furia siempre llegaba.

Ese es el tema de este capítulo. Nos debemos mover más allá de nuestros síntomas para encontrar la raíz del problema. Los síntomas de Marty eran esos sentimientos que no podía contener o manejar por lo difíciles que resultan y por otras experiencias de estallido.

Marty tuvo una mamá muñeca de porcelana. Ella no le había podido contener los sentimientos y los estados internos abrumadores, y eso es lo que necesitaba ahora para avanzar más allá de los síntomas y arreglar el conflicto.

RECUERDE LOS PROBLEMAS

Como dijimos anteriormente, el verdadero problema es que necesitamos ser restaurados a la crianza maternal. Cualquier cosa que no recibimos la primera vez, todavía la necesitamos. ¿Qué es lo que nosotros, que tenemos sentimientos, impulsos y algo de personalidad no integrada, requerimos, y cómo lo adquirimos? ¿Cómo logramos obtener la crianza maternal deficiente? ¿Y cuándo está disponible, cómo reaccionamos?

¿Y qué hay en cuanto a nuestra verdadera mamá? ¿Cómo terminamos con ella? ¿Cómo nos reconciliamos con ella? ¿Cómo nos relacionamos con ella ahora?

En este capítulo descubriremos lo que podemos hacer para reparar la frágil madre interna.

LAS JOYAS

¿Cuáles son las joyas de crianza maternal en este escenario? Aquí están las que discutimos en el capítulo anterior.

1. Calmar
2. Validar
3. Estructurar
4. Pensar
5. Confrontar

Y ahora la gran pregunta: ¿Dónde están estas joyas? Nicodemo, un miembro del consejo Judío de reglamentos, llegó una noche donde Jesús para ver si él verdaderamente era un maestro de Dios. Jesús dijo algo extraño: «...quien no nazca de nuevo no puede ver el reino de Dios».

Nicodemo respondió: «¿Cómo puede uno nacer de nuevo siendo ya viejo? Preguntó Nicodemo ¿Acaso puede entrar por segunda vez en el vientre de su madre y volver a nacer?»[1] Nicodemo entendió lo que todos comprendemos: no puede usted nacer de nuevo por medio de su madre. ¡Ya es muy tarde!

Jesús le contestó a Nicodemo que tenía que renacer median-
te el Espíritu. *Tenemos* que empezar de nuevo, pero no puede ser
con la madre. Lo alcanzamos cuando entramos en una relación
con Dios por medio de Jesús y luego maduramos a través del
proceso de crecimiento espiritual. Aquí es donde somos restaurados a la crianza maternal. Encontramos las joyas a medida que
entramos en relación con Dios y su gente. Como Pedro nos
dice, «Cada uno ponga al servicio de los demás el don que haya
recibido, administrando fielmente la gracia de Dios en sus diversas formas»[2]. Al igual que otros comparten con nosotros sus
regalos, recibimos la crianza maternal que necesitamos. Al relacionarnos con Dios y personas buenas, internamos esta crianza
maternal. Veremos cómo funciona esto.

Calmante

Job dijo una vez que, «... el amigo no le niega su lealtad»[3]. ¡Si
alguien necesitaba que lo calmaran, este era Job! Perdió a su familia, sus propiedades, y su salud. Cuando otros comprenden
nuestro dolor y cuando oímos voces cariñosas, nos calman. Esos
cariñosos «yo sé» que escuchamos de vez en cuando tienen un
efecto calmante en nosotros. Así como Pablo exhortaba a los co-
losenses, «... revístanse de afecto entrañable y de bondad, humildad, amabilidad y paciencia»[4]. Cuando nos relacionamos con
personas que están «vestidas» con estas cualidades, integramos
los sentimientos que no podemos controlar. Nos calma.

Sandy lo descubrió cuando se unió a un grupo de apoyo
para obtener ayuda ante una adicción. Su pauta era tomar hasta
llegar a la inconsciencia para escapar de sentimientos incómodos o abrumadores. Canjeaba números de teléfono con algunos
miembros de su grupo para tiempos de crisis y llamaba a uno de
ellos, no importaba la hora del día o la noche. Ese era el conve-
nio entre ellos.

Después de varios meses, notó que su estado sentimental no escalaba tanto como antes. Cuando los sentimientos abrumadores aparecían, se encontraba pensando, *puedo llamar a Suzy*. Esa seguridad sencilla la calmaba, al tiempo que tranquilizaba su estado ansioso y abrumador. La crianza recibida de su grupo de apoyo estaba funcionando.

Validar

Ser validado es ser comprendido y saber que hay realidad en nuestra experiencia. Algunos estudios mostraron que validar nuestros estados emocionales es poderoso por su habilidad de ayudarnos a contener nuestro interior. Las estrategias probadas que resultaron exitosas para el tratamiento de personas fuera de control, han sido diseñadas alrededor de este mismo concepto. Mientras nuestros sentimientos son validados, la estructura de la personalidad se forma, así que ese sentir abrumador se vuelven menos propenso a escalar.

Cuando nuestros sentimientos son comprendidos, clarificados y validados, se transforman y entonces podemos formar puentes para regresar a la realidad. La actitud de una amistad, al escucharnos, puede cambiarlo todo. «Escúchenme únicamente» es el grito de nuestra alma.

Para hacer esto, necesitamos personas con quien podamos hablar y que comprenderán sin invalidar nuestros sentimientos diciendo lo siguiente:

- No se debe sentir de esa manera.
- No es tan malo
- Está sobre reaccionando
- No sea tan sensitivo
- ¿Dónde está su fe?

En lugar, dicen,

- Comprendo
- Qué triste suena eso.
- ¡Qué mal se debe haber sentido!
- Ah, lo siento que tuvo que pasar por eso.

Aunque estas frases suenan como una simple intervención, son poderosas. Nos evalúan como personas, y muestran que tenemos verdaderos sentimientos y sobre todo, que alguien comprende. No tienen nada que ver con qué tan cierta o no es en realidad su experiencia. Lo que sí importa es que tanto los sentimientos como la experiencia son reales para nosotros.

Estructurar

Estructurar nuestros sentimientos ayuda a agregarles realidad. Lo cierto es que, paradójicamente, muchas de las cosas que hacen las personas para invalidar no son más que intentos para estructurar. Pero el verdadero momento de la estructuración se logra después de la validación. En cuanto los sentimientos son validados, los podemos comprender y poner en perspectiva.

A medida que discutimos las cosas con alguien a quien les importe, podemos comenzar a ver el gran panorama; que tendremos otras oportunidades, que nuestros sentimientos pasarán, que Dios está en control y que este suceso no nos define. Recordaremos que poseemos recursos y relaciones que resisten el acontecimiento y que antes hemos podido tolerar situaciones iguales o parecidas. En resumen, nos traen de regreso a la realidad; comprendemos que, aunque importante, nuestros sentimientos son solo eso, después de todo.

También podemos comenzar a pensar en lo que vamos a *hacer*. Cuando formulamos planes con alguien, comenzamos a recobrar algo del sentido de maestría y control. Nos damos cuenta que podemos cambiar el modo de sentirnos y que somos capaces de hacer algo referente a nuestro problema. Desarrollamos planes de acción con lo que otros nos confíen, para darnos la habilidad de estructurar situaciones por las que estamos pasando.

Otro aspecto de estructura es tiempo. Jessica recientemente se separó de su esposo, y no tenía esperanzas de que se reconciliaran. Los sentimientos de una gran pérdida eran mucho soportar para ella. Tenía ratos de llanto durante el día y la noche y comenzaba a sentirse incapaz de trabajar. La crisis tenía mucho que estructurar para ella.

Se unió a un grupo de apoyo con crisis, y se reunían varias veces durante la semana. El equipo se juntaba por hora y media, y durante ese tiempo, las personas compartían. Al comienzo, Jessica no soportaba la limitación del tiempo que su grupo impuso a cada miembro. Quería hablar más. Pero los compañeros la obligaban al límite de tiempo preestablecido. Le decían, «eso es suficiente por un día. Hablaremos más la próxima vez». Y concluían la sesión animándola a llevar a cabo algunas de las otras actividades que necesitaba hacer.

Al principio, «tomar descansos» para el procesamiento le era difícil a Jessica. Pero al mantenerse en la estructura del grupo, sus sentimientos no tomaron tanta posesión de su cabeza, y desarrolló algunos espacios internos para «guardar» el conflicto mientras lidiaba con otras cosas de la vida. La crianza maternal estaba «conteniendo» la estructura que el grupo le ofrecía.

Confrontar

Lo ha visto en las películas: alguien está histérico y el héroe abofetea a la persona volviéndola a la realidad. No recomendamos hacer esto a nadie, pero hay ocasiones cuando los estados de ánimo escalan hasta el punto de estar de veras fuera de alcance. Durante esos tiempos necesitamos oír un «¡Pare! Está descontrolado».

Necesitamos amistades sinceras que nos confrontarán cuando no estamos viendo la realidad. Sus confrontaciones limitan nuestra tendencia de agrandar las cosas fuera de proporción y asustarnos de muerte.

Pensar

En cierto modo, hemos lidiado con secciones de pensar, estructura y confrontación. Los sentimientos e impulsos propios necesitan relacionarse con nuestro pensamiento, pero cuando no hemos tenido contención, estamos separados de nuestro pensar. Hablar abiertamente con otros y comenzar a analizar en lo que estamos sintiendo, empieza a eslabonar ambos procesos.

Necesitamos *pensar en nuestro modo de pensar*. A medida que observamos nuestros sentimientos y los expresamos al grupo de apoyo, amigo, o consejero, entonces comenzamos a observar *cómo* y *qué* estamos pensando. Desarrollamos temas en nuestra mente, y al examinarlos iniciamos el proceso de contenernos. Posiblemente notemos un

- pensar negativo
- pensar pesimista
- pensar paranoico
- pensar extremadamente crítico sobre nosotros y otros
- pensar egocéntrico

La observación de pautas del pensar, demuestra que calma a los individuos, le cambia el punto de vista, lo hace sentir mejor, da mejor control de impulso, y ayuda en muchos otros aspectos de funcionamiento. Esto es lo que una buena crianza maternal hace por nosotros: Las madres nos enseñan lo referente a la realidad y dónde nos encontramos fuera de alcance. La reacción de los grupos de apoyo, consejeros, y amigos nos ayuda a pensar en forma más contenida.

Cuando las personas de nuestra crianza maternal retan nuestro pensar negativo y otras pautas mentales destructivas, y nos enseñan cómo hacerlo, ofrecen un puente hacia la realidad, el cual la madre con contención suponía darnos. Nos pueden asignar tareas para vigilar el análisis negativo, ayudarnos a reponer creencias contrarias con otras correctas, y ayudarnos a analizar con los pies bien puestos en la tierra. Ese apoyo nos ayuda a aprender y pensar en una forma más contenida, internándose como debería ser el de la madre contenida. Ese apoyo nos dice, «no está tan malo. Veamos qué podemos hacer para mejorar. Vamos, usted lo puede hacer, le ayudaré».

NUESTRA REACCIÓN A LA CRIANZA MATERNAL

Como vimos en el primer capítulo, lo importante no es solamente la forma como nos criaron maternalmente, sino también cómo respondemos a la crianza maternal. Si esta fue para usted dificultosa, es posible que creó algunas defensas tales como el retraimiento, control de enojo, y conformidad para resistir el proceso de crianza maternal en general. Después, cuando esta esté disponible, falla al responder.

Tal era el problema de Diane. Su grupo hacía el esfuerzo de «estar allí para ella», así como ella lo estaba para todos los demás. Pero siempre se resistía a los esfuerzos de hacerla hablar sobre los sentimientos que necesitaba contener. Entonces se iba a casa a su vida de soledad y se calmaba con galletas. Ellos continuaban confrontándola, hasta que finalmente comenzó a responder. Antes de asumir la responsabilidad por su reacción hacia la crianza maternal, se mantuvo atascada por falta de contención desde su niñez.

Si toma en serio lo de responder a la crianza maternal disponible en usted, a continuación están las tareas que necesita lograr.

TAREAS

1. Busque un lugar seguro

La primera tarea es salir del mundo en su propia cabeza y experiencia. Usted debe hacer contacto con el mundo externo de la crianza maternal. La Biblia dice «... ¿Qué tienes que no hayas recibido?»5 Apaciguarse uno mismo es el resultado de un buen tranquilizador que viene del exterior.

Por lo anterior, debe encontrar un lugar seguro6. Esto quiere decir buscar uno o más de los siguientes:

- un grupo de apoyo
- un grupo profesional terapéutico
- orientación individual
- una reunión regular con un amigo o dos que sean inteligentes y comprensivos
- un estudio bíblico donde pueda procesar sus sentimientos y experiencias
- una iglesia de ideas amplias y relacionales que aliente el crecimiento personal

2. Arriesgue emociones intensas

No es suficiente el «estar allí». Necesita hablar, franquearse, testificar, y permitir a otros entrar a su experiencia inmediata de estado emocional abrumador. Esas partes suyas necesitan una reacción en el presente, pero con personas. Franquéese y sea vulnerable. Lleve sus sentimientos y confusión a otros para ser calmado, contenido, estructurado y todo lo parecido. Permita a las personas que lo apoyan en su vida penetrar su estado emocional y aprenda a esperar en ellos para que pueda tener la habilidad de contener, usted mismo, esos estados en el futuro. Necesita experimentar crianza maternal para internarla.

3. Reacción a la empatía y validación.

Al franquearse, también necesita responder al cuidado recibido. Pare la devaluación de sus sentimientos y acepte la validación que otros dan. A menudo cuando alguien siente empatía hacia nosotros, lo despachamos diciendo algo como, «vaya, no es tan malo. Estoy de egoísta». Recibir cuidado puede ser humillante y difícil si nunca lo experimentó. Tome el calmante, la empatía, la validación, el pensar y las otras joyas disponibles. Deje de resistir el amor y la gracia cuando se aparecen.

Trate de descubrir las pautas defensivas que lo apartan del recibir. Todos las tenemos, y bastante amor en nuestras vidas se desvaloriza si no aprendemos a franquearnos, recibirlo, y responder.

4. Aprenda a pensar referente a los sentimientos y obsérvese usted mismo

A medida que las personas le están ayudando a pensar y a observar sus sentimientos y otras experiencias, elabore su propio esquema mental referente a ellos inclusive. Quizá llevar un diario lo encuentre útil; anotando información valiosa para estructurar los pensamientos y sentimientos. Encuentre los temas de su pensar negativo, y rételos en la forma que las personas que lo apoyan lo hacen. Júntese a ellos cuando piensen en forma diferente, referente a usted.

Yo (Dr. Cloud), el otro día hablé con alguien al que sus sentimientos negativos estaban escalando. Según relataba, no había un ser en todo el mundo fraterno, y aunque existiera, era tan mala que no existía posibilidad que esta persona la amara.

La detuve y le pedí que mirara a su modo de pensar. Cuando empezó a ver lo destructivo y negativo que era, comenzó a regresar al panorama verdadero; estaba triste por la pérdida de un amigo. Simplemente necesitaba que alguien le ayudara a reestructurar su pensar que se estaba volviendo negativo en una forma creciente.

Posiblemente encontrará útil llevar la cuenta de sus pensamientos negativos involuntarios durante la semana y después desafiarlos. Hablar consigo mismo es una forma importante de contención.

5. Desarrolle un plan de acción

Mientras usted y su equipo de apoyo piensen referente a las cosas con las que están lidiando, desarrolle algunos pasos de acción. Estos pueden incluir crear más apoyo, leer ciertos libros o artículos, asignar tareas, estudiar una porción de la Biblia, o confrontar a alguien. Los planes específicos y metas de posibles logros ayudan a estructurar una personalidad.

6. Ofrezca empatía y valide a otros

Amar y ayudar a otros con experiencias abrumadoras nos sirve a nosotros también. Nos saca del egocentrismo propio en cuanto a un mundo más grande. Al validar al prójimo, somos validados. Vemos lo catastrófico de ellos y cómo piensan negativamente. Y al escuchar acerca de sus experiencias abrumadoras, nos ponemos menos atemorizados de las nuestras. Somos desensibilizados y podemos ver la realidad con más claridad.

LIDIA CON SU MAMÁ MUÑECA DE PORCELANA DEL PASADO

La crianza maternal que recibimos de las buenas personas en nuestras vidas cambia nuestra dirección completamente. Recibir lo que nos faltó en la primera etapa es el fundamento del crecimiento. Pero todavía existe allí un problema ya que *efectivamente* recibimos algo en la primera etapa, y si fue hiriente, necesitamos lidiar con eso. Como vimos anteriormente, usted tiene que lidiar con la madre en su cerebro si quiere relaciones y realidad en el presente.

A pesar de que no creemos que todo el crecimiento personal viene de «desenterrar el pasado», sí creemos que cargamos, en el presente, sentimientos y reacciones de sentimientos sin resolverse de nuestro ayer. En realidad, esto no es el pasado, es el *presente*. Sin embargo, tenemos sentimientos actuales sobre experiencias y personas de ese pasado, que pueden interferir con lo que sentimos actualmente hacia personas del presente.

Como la Biblia enseña, y los estudios validan, si queremos terminar con la madre del pasado, tenemos que pasar por el proceso de *perdón y reconciliación.* Al hacer esto, encontramos increíble libertad y amor. Miremos lo que se toma para perdonar a la mamá muñeca de porcelana.

ENCUENTRE UNA ISLA SEGURA

Terminar con la madre de ayer, requiere soltar los daños y cualquier otra cosa que nos arrastra hacia abajo. Aquellos con quienes hemos tenido algún apego todavía están en nuestros corazones. Y todos nuestros apegos internos tienen una cualidad emocional de ellos, ya sea positiva o negativa.

Por ejemplo, cuando piensa en alguien al que ama, usted siente un apego positivo. Sentimientos de alegría, amor, y bienestar son el resultado de los apegos positivos y se agregan a nuestro bienestar emocional, espiritual y físico. Así como los apegos negativos incuban sentimientos de tristeza, enojo, sospecha y amargura. Estos existen o subyacen interiormente y siempre nos afectan hasta cierto grado. Toda nuestra personalidad puede ser formada por amargura si rehusamos soltar esos apegos negativos.

Es solo cuando perdonamos y lamentamos los problemas con la madre que podemos liberar el espacio y energía para otros apegos, o poder experimentar los buenos aspectos de nuestra relación con ella. Y solamente podemos hacer esto desde una posición fuerte.

Esta posición de fortaleza únicamente puede llegar al poseer lo que sea que requeríamos de ella. No podemos soltar a la madre si todavía estamos necesitándola. Por esto hacemos el énfasis en obtener la contención que requerimos de otros *primero*.

PÓNGASE CONSCIENTE

A menudo nuestras pautas de relacionarnos en la actualidad, verdaderamente le pertenecen a nuestra relación con la madre. Dinámicas y pautas que eran procedimientos normales en la interrelación con ella, así como la forma en que reaccionamos, a menudo todavía están bien vivas cuando somos adultos. Seguramente vio a personas «retirarse sin motivo» o ponerse a la defensiva «sin tener razón». Una motivación pueda que no exista en la actual relación inmediata, pero probablemente subyace no siendo de su conocimiento. Su relación con mamá quizá no ha terminado.

Conocimiento, en un contexto de crianza maternal, es estar consciente de la pauta automática que pertenece específicamente a nuestra relación con mamá. Al recordar interacciones específicas, podemos enterrarlas en el pasado donde pertenecen y dejar de recrear nuestra relación materna con vivencias actuales. Comenzaremos a relacionarnos con otros seres por lo que verdaderamente son y desarrollar intimidades reales con ellos.

Si tuvo una mamá muñeca de porcelana, busque pautas para relacionarse que usted quizá desarrolló en reacción a su fragilidad. ¿Se retira? ¿Niega sentimientos o necesidades por temor de abrumar a otros? Mire algunas de las señales que mencionamos anteriormente y vuélvase consciente de la manera que esa relación antigua todavía está viva. Si trata de recordar las pautas y experiencias, perderá parte de su poder en la actualidad y estas se volverán menos operativas. Recientemente escuché a una mujer decir, «no quiero molestarlos con mis sentimientos». Entonces reconoció que era «la madre en su cabeza» la que se molestaría, y no sus amigos de la actualidad.

¿CÓMO SE SIENTE?

Mientras nos relacionamos y comenzamos a sentirnos seguros, y en tanto miramos con objetividad a la forma como mamá verdaderamente era, nos enteramos de ciertos sentimientos que tenemos hacia ella. Enterarse de eso es el comienzo para resolver el dolor que la fragilidad causó. La labor de lamentar involucra lo siguiente:

- ponerse consciente de sus sentimientos
- expresarlos
- comprenderlos
- permitir que a usted lo tranquilicen
- soltar sus emociones

Enojo, tristeza, y otros sentimientos quizá estén sin resolverse todavía en la relación con su mamá. Recuerde que los sentimientos de Jim de los que su madre no confiaba y más bien pensara que era estúpido, todavía estaban bien vivos y descargándose en su esposa, Debbie. Jim tuvo que comunicarse con esos sentimientos antes de poder pasar por la labor de lamentar la tristeza y el enojo.

La falta de contención crea sentimientos hacia mamá que necesitan ser posesionados y administrados para que no se interpongan con las relaciones actuales. Hable con una persona segura sobre ellos, y procéselos de tal manera que no los cargue en la actualidad.

PERDONAR

Perdonar significa «cancelar una deuda». Esto es lo que quiere decir perdonar a mamá. Tenemos que llegar a un punto de paz con ella, uno donde ya no «nos debe».

Perdonar nos libra de amargura, enojo, furia, odio, y muchas otras emociones destructivas. Odiar a alguien por lo que él o ella hizo o no hizo en el pasado mantiene el daño bien vivo en la actualidad.

Esto no quiere decir que negamos lo que pasó. Un período de «culpabilidad apropiada» es necesario para que podamos ver la realidad. Debemos hacer conciencia de lo que pasó, llegar a comprenderlo, y procesar los sentimientos. Pero eventualmente, debemos soltarlo.

Saque del apuro a mamá, aunque no se «lo merezca». Esto lo liberará para encontrar la calma y la contención que necesita en la actualidad. Le dará a otros el acceso a las partes de usted que necesitan sanar. Mientras todavía esté deseando que la madre lo haga, y culpándola por no haberlo hecho, no estará disponible para calmar a nadie más. Saque del apuro a la madre para que ambos sean libres para algo mejor.

LIDIE HOY CON LA MADRE

¿Qué hay en cuanto a mamá hoy? ¿Qué es lo que va a hacer con ella en el ámbito de la contención? ¿Debería hacerla comprender? ¿Qué debe hacer un hijo, especialmente si tiene más de tres años?

Janet me llamó bien molesta. Acababa de hablar con la madre, y se sentía destrozada. Se encontraba en una crisis y experimentando algunos sentimientos difíciles, pero cuando llamó a su mamá, buscando alguna comprensión emocional, los resultados fueron desastrosos. Ella la regañó y le dijo que «no se debería sentir de esa manera». Quedó devastada.

A medida que hablábamos, recordó los millones de veces que esto había pasado. No era nada nuevo que su progenitora no pudiera manejar emociones complicadas. Lo nuevo era que Janet ya estaba preparada para anticipar la pauta. Podía llamar a su madre cuando necesitaba calma y contención, ser herida, olvidar la pauta, y llamar de nuevo la próxima vez con las mismas expectativas en cuanto a buscar que la tranquilizara o contuviera, y con iguales resultados.

Entonces, desarrolló un nuevo plan. Hizo un pacto con algunas amistades, la próxima vez que necesitara ser calmada los llamaría en lugar de hacerlo con la mamá. Después de ser tranquilizada, llamaba a su madre y hablaba de las cosas con las que ella podía lidiar. La madre de Janet era una buena fuente de información y ayuda en muchos asuntos, pero una «calmante y contenedora» no era. Janet tenía que aprender a no llevar la parte que necesitaba ser tranquilizada o contenida a su mamá muñeca de porcelana. Le podía llevar otras partes, pero no esas.

La esencia de una relación adulta con una mamá frágil es la siguiente: *Si ella no puede contener sentimientos, entonces comuníquese en una forma que pueda manejar. Lleve sus necesidades de ser tranquilizada y validada a otro lado.* No siga esperando lo que ella no le puede dar. Relaciónese con ella en una forma que pueda ser posible. Aquí están algunas sugerencias.

HABLE REFERENTE A LA SITUACIÓN

Deseamos que las madres puedan ser nuestras amigas. Pero si ellas tienen dificultad en relacionarse en un área en particular, necesitará discutirlo en procura de que más adelante se legre. Esto no quiere decir que forzosamente *debe* discutirlo, pero si quiere resolverlo, tiene que hablar de eso. Hay algunas madres que simplemente no comprenden los sentimientos y cómo tener una amistad en tiempos de necesidad. En estas situaciones, relaciónese con ella a un grado que sea factible para ambos.

Quizá quiera decir algo como, «sabes mamá, me gustaría decirte cómo me va, o por lo que estoy pasando de vez en cuando, pero cuando lo intento, el resultado verdaderamente no es muy satisfactorio. A decir verdad, termino sintiéndome más lejos de ti que antes de decírtelo. Si pudieras escucharme solamente y estar disponible para mí cuando comparto lo que me está pasando. No se tiene que sentir como una fracasada, y no espero que arregle alguna cosa. Solamente me gustaría compartirlo. Y quisiera que usted haga lo mismo conmigo. Pero no deseo que se sienta amenazada o responsable por mis sentimientos. Solo ansío dejarle saber cómo me va de vez en cuando».

Muchas mamás responden maravillosamente a un poco de entrenamiento. La suya pueda que nunca supo qué era lo que necesitaba o deseaba, y posiblemente se sorprenda al descubrir que lo único que usted quería era un poco de empatía y no un trabajo de «reparación». A lo mejor se sienta tranquilizada al aprender que no es responsable de «hacer algo», sino que a usted solamente le gustaría que «estuviera allí».

Si comprende eso, podría estar en ruta a una era completamente nueva con su madre. Lo más probable es que ella no pueda sanar su necesidad de contención ahora; sus relaciones de apoyo tendrán que hacer eso. Pero a medida que ambas aprenden nuevas formas de relacionarse, pueden tener un intercambio mutuamente satisfactorio.

SITUACIONES NO TAN ALENTADORAS

Algunas mamás están incapacitadas o indispuestas a responder a su pedido por una relación más profunda. Si esto es cierto en la suya, sugerimos lo siguiente:

1. Obtenga seguridad en alguna parte

Asegúrese de que está consiguiendo la contención en *algún lado*. Su mamá no puede reparar lo que se hizo en la primera vuelta. Deje que su sistema de apoyo satisfaga esta necesidad. ¡Y ya que ella no puede comprender lo que usted necesita, no continúe pidiéndole lo que no puede dar! Asegúrese que está haciendo las cosas que mencionamos antes para conseguir lo que quiere.

2. Fije algunos límites, con usted, y con ella

Si mamá no puede calmar, comprender, dar empatía, y proporcionar todos los otros aspectos de contención, no le demuestre sus partes frágiles. Fije algunos límites para ambos.

Sus propios límites

Si tiene una mamá que no puede hacer nada más que herirlo, limite su vulnerabilidad cuando estén juntos. Si está frágil, no se apoye en ella para las cosas que necesita, ya que únicamente le dará una respuesta endeble. No continuará experimentando de nuevo los dolores viejos si puede limitar sus encuentros con ella. También, fije límites a sus deseos de ser comprendida por ella.

Límites con ella

A veces, aunque planee no acercarse, su madre lo encuentra en un momento vulnerable. O pueda que hable basada en su fragilidad aun cuando usted no se puso vulnerable para ella. Si puede, simplemente ignórela. «El buen juicio hace al hombre paciente; su gloria es pasar por alto la ofensa»7. Trate de no ser inducido a repetir pautas viejas. Si es lo suficientemente fuerte, déjelo pasar y mentalícese, «eso es simplemente mamá».

Si no está al punto de que mamá no le afecta, entonces está todavía muy vulnerable y necesita ser protegido. En lugar de arriesgar «más daño», sálgase de la conversación, diciendo algo como, «si continúa criticándome, entonces tendré que dejar de hablar. ¿Le gustaría hablar de otra cosa?»

Esto es lo que quiere decir fijar un límite con su madre. Si aún sigue siendo frágil para lidiar con ella, está bien. Simplemente termine la conversación, y llame a una amistad que lo apoya para que le ofrezca lo que necesita. No hay valor en ser herido de manera reiterativa.

3. Relaciónese en lo que se pueda con ella

Mi amigo Stan estaba contándome acerca de un viaje reciente para visitar a su madre. Habló y habló referente al tiempo maravilloso que pasó con ella. Refirió cómo habían paseado, tenido charlas maravillosas, y gozado genuinamente uno del otro. Estaba desbordándose en gratitud.

Tenía curiosidad de saber si había oído bien. Conocía a Stan desde hacía tiempo, y sabía que su relación con la madre era cualquier cosa menos amigable. Su padre falleció a temprana edad, y la madre trabajaba como abogada. Se había sentido en total abandono maternal y, además, enojado porque no recibió más nutrición. Cuando creció, descubrió que el padre les dejó suficiente dinero y que la madre no necesitaba laborar.

Expresó un profundo desdén para ella por muchos años, culpándola por todas sus dificultades en la vida. Sus interacciones con la mamá eran frías y distantes. La curiosidad me ganó finalmente. «¿Qué causó el cambio?» Le pregunté. «Creía que odiabas a tu madre. ¿Qué pasó?»

«Muchas cosas», dijo, «pero más que nada creo haber madurado. Finalmente comencé a apreciarla por lo que representa, no por quien quiero que sea. Siempre quise que fuera más maternal, más suave y que me diera más apoyo». Lo que tenía era una abogada de gran empuje. Pero ahora que recibí nutrición de otros lugares, creo que no la necesito de ella, y puedo gozarla por lo que es. Verdaderamente es una persona increíble en muchas formas. Ahora que estoy en el mundo de los negocios y estoy haciendo adquisiciones, tenemos mucho de qué hablar. No puedo creer lo brillante que es, y la riqueza de experiencia que tiene en el lado legal de este mundo. Lo cierto es que quiero que hagamos un arreglo juntos».

Estaba sorprendido. Aquí estaba un hombre de treinta y cinco años que había echado de menos un aspecto significativo de la crianza maternal y había sido un tullido emocional gran parte de su vida. Llegó a odiar a su madre, y como resultado, resentía a todas las mujeres fuertes. Pero, al lograr su necesidad de contención y empatía suplida por otros, estaba libre para tener una relación adulta con su madre. Ya no le pedía lo que no podía dar, pero sí gozar de lo que ella podía brindar. Efectivamente, esta fue la mejor solución posible. Los vi crecer dentro del cariño del uno para el otro, y juntos tienen tiempos maravillosos.

4. Ámela en su mejor forma

Es difícil mantener una relación con una madre que no puede contener emociones. Ella no puede comentar vulnerablemente para promover intimidad; ataca sin necesidad o es destrozada por eso.

Pero, todavía tiene necesidades propias. Añora gustar y ser valorada. Encuentre formas de quererla. Haga la clase de cosas para demostrarle que la valora. Al hacer eso, ganará tanta relación como sea posible, le suavizará su dolor, y aminorará el poder que tiene sobre usted.

CONCLUSIÓN

Si tuvo una madre frágil, usted todavía requiere contención. Necesita que lo calmen y estructuren, y puede obtener esto de otras personas en su vida y de Dios. Ellos están allí para ayudar, pero tiene que pedirlo.

Y también tiene que aprender a recibir lo que le dan. No solamente colóquese en buenas relaciones de crianza maternal, sino que haga uso de ellas. Arriésguese, franquéese, dependa de otros, y reciba el amor y contención que ellos puedan traer. Si responde a la crianza maternal en esta forma, encontrará gran recuperación.

Perdone a su mamá por lo que no pudo hacer, y luego solucione la relación que tiene con ella ahora. En este tipo de amor, pueden los dos encontrar algo muy recompensable. Recuerde, «sobre todo, ámense los unos a los otros profundamente, porque el amor cubre multitud de pecados»[8].

Capítulo Seis

La mamá
controladora

Ali era una niña hiperactiva y siempre involucrada en algo. Cuando tenía tres años, decidió que la cocina necesitaba pintura. Entró al garaje a traer una de color azul y comenzó a remodelar.

Era la primera pequeña de Nancy, y a ella le fascinaba tener su propia niña. Planeaba un futuro maravilloso para la chica; se imaginó clases de música, baile escolar, graduación, universidad, y una boda. Estaba en el paraíso. Por fin tenía la compañera que siempre deseó.

Sin embargo, muy temprano, las dificultades se vuelven aparentes. Un día de Pascua, Nancy le compró un vestido y un sombrero blanco que hacían juego. Ali golpeó el suelo con el pie cuando su mamá sacó el vestido. «Quiero ponerme mi vestido rojo», gritó. «¡Y sombrero no!» Como sabía qué era lo mejor para su hija insistió en hacer lo que ella decía. El padre de la pequeña finalmente intervino y convenció a su esposa para dejarla que fuera sin sombrero esta vez.

Un tema comenzó a desarrollarse en su relación. Las dos estaban cerca, gozando el ser amigas, y luego Ali empujaba a Nancy apartándola. Su madre entonces se sintió herida sobre la interrupción de la cercanía y a menudo hacía muecas cuando parecía que la chica no apreciaba o deseaba la ayuda de la madre. En la niñez del infante, el conflicto se centraba alrededor de su desarrollo individual; la diferencia en cuanto a la

107

ropa continuó, así como de qué color quería ella pintar su cuarto, qué juegos practicar, con cuáles compañeras deseaba ella jugar y cuándo. Las dos tenían un gran antagonismo; el día que Ali quería ir a la casa de una amiga, Nancy quería estar a solas con ella.

Puesto que Nancy amaba tanto a su hija, era especialmente hiriente cuando esta despreciaba su ayuda. La madre simplemente sabía «qué era lo mejor» para la hija, y luchó con la falta de apreciación de la pequeña por todas las formas en que trató de guiar sus elecciones. Después de todo ¿No es eso lo que las madres suponen hacer? Nancy sabía que de tener diferentes experiencias y oportunidades, su propia vida podría ser mejor. Ella solo quería esas cosas «para Ali».

Estaba confusa ya que el infante parecía querer la participación de la mamá la mayoría del tiempo. Parecía disfrutar la amistad de la madre, pero en otras ocasiones rechazaba fuertemente su consejo y ayuda. A través de los años, desarrollaron una relación de «amor y odio».

Ali llegó a la adolescencia, y sus preferencias corrían contra la corriente de los deseos de Nancy para ella. La madre quería que la hija fuera una animadora de deportes y que corriera como candidata para el consejo estudiantil. Pero la joven estaba más interesada en deportes y artes. No era el tipo para reina del baile escolar; le gustaba más contrarrestar las culturas.

Nancy también esta enojada por las preferencias de su hija en amigas y amigos. Le recordaban los hippie de su era. No podía ver valor verdadero en música, arte, asuntos sociales y ambientales, y quería que Ali trabajara más fuerte en esas cosas que contarían más adelante.

La adolescente sufría en la misma forma que su madre. Pensaba que su progenitora no quería que tuviera una vida propia y que nunca ponía atención a sus elecciones y preferencias. Añoraba separarse de la familia y tener su propio espacio. En su corazón, también sabía que había hecho algunas elecciones muy negativas únicamente para apartar a su madre.

Y la historia continuó, hasta llegar a la elección de la universidad que Ali decidió no atender. Quería trabajar por un tiempo y averiguar qué era lo que quería hacer. Nancy pensaba que había fracasado como madre y que la hija le había fallado. Por el otro lado, la joven se sentía perdida, alejada de su propia madre, y desconcertada en cuanto a las opciones y decisiones para el resto de su vida.

LA NECESIDAD DE SER SU PROPIA PERSONA

En los capítulos sobre la mamá fantasma, enfatizamos la absoluta importancia de que una madre provea una relación de nutrición cercana para su hijo. Pero después de que sucede la relación, nos encontramos con la enorme tarea de la crianza maternal: asistiendo al niño a convertirse en un individuo propio.

Estamos diseñados para estar relacionados con otros, para ser un «nosotros». Pero también estamos configurados para ser individuos, para ser un «Yo». Debemos desarrollar nuestra propia identidad y ser dueños de nuestras propias vidas. Mantener relación y promover separación, son las tareas difíciles de la crianza maternal. Para hacer esto, mamá necesita cierta habilidad importante. Ella debe

1. Permitir y promover independencia y afirmación de voluntad, intención, y separación.
2. Permitir y promover la identidad y las diferencias individuales.
3. Disciplinar las elecciones malas, comportamientos y actitudes, y fijar límites.

4. Frustrar los deseos del niño de evitar independencia y separación.

Veamos cada una de estas tareas de la madre.

Permitir y promover independencia y afirmación de voluntad, intención y separación.

En la temprana niñez y luego en la adolescencia, el pequeño comienza a experimentar algo llamado «voluntad». Algunos niños, que parecen tener la afirmación de tres o cuatro personas, son titulados «de voluntad fuerte». Otros son menos afirmados. Pero todos tienen «voluntad». Todos tenemos el ímpetu de afirmarnos y ser una persona aparte, dentro de nuestras relaciones.

Este ímpetu forma nuestra habilidad de auto dirigirnos. Cuando nos afirmamos, desarrollamos *intención*, la habilidad de iniciar y seguir hasta el final las metas y deseos. La definición de la habilidad de intentar, de acuerdo con *Webster*, es «querer ser». Afirmamos nuestro propio ser a través de esa fuerza.

También inherente a este ímpetu es la expresión de separación e independencia del niño. Él se diferencia de esos con los que está relacionado. Se aparta de su madre para estar separado, primero para experimentar su ser, después para irse solo al patio de recreo, más tarde para tener una vida aparte en la escuela y socialmente, y por último (como examinaremos en el capítulo 10) dejar su casa.

En la trayectoria, el niño está aprendiendo a decir que no: «No, no quiero estar cerca en este momento. Quiero hacerlo solo». O, está afirmando deseos de «Quiero eso. Haré esto». Está queriendo alcanzar o agarrar el mundo *afuera del «nosotros» con mamá*. No se trata de «nosotros», sino de «Yo».

Este ímpetu en un niño puede ser bien desconcertante para algunas madres, y en ocasiones lo pueden ver como malo. Oí-

mos tales cosas como «tiene que romper la voluntad de ellos».
Pero como veremos en un momento, la voluntad no debe ser
rota pero sí disciplinada. «En la enfermedad, el ánimo levanta al
enfermo; ¿pero quién podrá levantar al abatido?»[1] La palabra
ánimo en este proverbio quiere decir «suspiro» y «vida». Todos
necesitamos una voluntad; vivir sin ella es no vivir del todo. El
pequeño la necesita para llegar a sus metas y decir no a la mala
voluntad de otros. Si ellos no tienen «voluntad de ser», dejarán
totalmente de ser una persona.

Si una madre no puede dejar que su chico tenga una vida
propia, aparte y distinta a la de ella, separándosele, una de dos
cosas pasará; el pequeño será destrozado, o ambos batallarán
hasta que uno de los dos gane.

Permitir y promover la identidad y las diferencias individuales

A medida que establecemos nuestra identidad, contestamos
la pregunta, «¿Quién soy yo?» Esto quiere decir que somos alguien propio, y por definición, alguien *diferente* a cualquier
otro, incluyendo la madre. Vimos esta dinámica actuando en la
vida de Ali. Sus deseos eran diferentes a los de su madre. Nancy
quería que la hija usara sombrero, ella quería ir sin él. La madre
quería que el cuarto fuera color de rosa; a Ali le gustaba el verde.
Un pequeño expresa sus diferencias a otros en innumerables
formas. Pero si al niño no le es permitido ser diferente o hacer
sus propias selecciones, entonces su identidad estará juzgada
como «no aceptada» Quien ella es, no es aceptada. Y un niño, o
luchará para tener su propia identidad, o se rinde pasivamente a
no tener una del todo.

Algunas diferencias, por supuesto, no son referentes a identidad sino al deseo de estar aparte y ser distinto a lo que es bueno, como valores y moral. Como veremos, estas distinciones ne-

cesitan ser disciplinadas. Pero la expresión identidad requiere libertad y promoción. Ali deseaba que Nancy apreciara su característica individual y que estuviera orgullosa de su manera única de ser.

Un niño necesita su libertad, dentro de cierto parámetro, para hacer sus propias elecciones de cosas como ropa, amistades y comida. Necesita límites en su expresión propia, pero requiere libertad dentro de esos límites. La desnudez no está bien, pero el vestido rojo o azul le viene al pelo, es su elección. No puede usar la sudadera en la confirmación de fe [bar mitzvah] de su amigo, pero tiene la opción de seleccionar cuál vestido usar o peinarse el cabello como le guste. La música rock está bien, pero letras o temas ofensivos no lo son.

El truco es mantener un balance entre las fronteras de la sociedad, la ley, nuestra propia cultura, seguridad, moral, y la libertad de ser un individuo. Aquí, la tarea de crianza maternal es tan difícil porque parte de la labor de la madre es fijar fronteras. Ella impone límites y permite libertad al mismo tiempo. Pero debe resistir el imponer parámetros solo por evitar que su niño sea diferente a ella.

Al fijar límites, discipline elecciones pobres, comportamientos y actitudes

Y ahora estamos al otro lado de la moneda. La libertad e identidad solo tienen significado dentro de fronteras y límites. Un niño es un individuo, pero no es Dios. Un pequeño es una persona, pero otros individuos en el mundo merecen respeto también. El chico es una persona en el hogar, pero también lo son los demás miembros de la familia. Alguna vez el comportamiento de un infante es malo para el resto de la familia o para él. Este niño necesita reglamentos y consecuencias por un mal comportamiento.

La voluntad no debe ser rota, pero requiere ser disciplinada. Disciplina es diferente a castigo, lo que tiene que ver más con el enojo de la persona ofendida. Disciplinar es enseñar límites y valores y luego imponer las consecuencias cuando estos son excedidos.

Cuando este proceso es correctamente acatado, el niño sufre una pérdida, pero también aprende por experiencia. Si incumple un reglamento, él pierde algo. «Ciertamente, ninguna disciplina, en el momento de recibirla, parece agradable, sino más bien penosa; sin embargo, después produce una cosecha de justicia y paz para quienes han sido entrenados por ella»[2]. El propósito de la disciplina es enseñar a un chico que cuando se porta mal o excede un valor, se arrepentirá. Si aprende del dolor, comenzará a actuar correctamente y a tener una vida más pasiva.

Algunas madres encuentran difícil fijar límites, sintiéndose groseras. La incomodidad resultante de ser disciplinantes, la impulsan a abdicar toda disciplina al padre. Pero es muy importante para la madre conducir a su pequeño para que aprenda valores relacionales también. Si puede pisotear a la madre, el niño nunca aprenderá a respetar sus objetos de amor. Mientras Nancy estaba tratando de imponer todos sus deseos personales en su hija, también estaba permitiéndole salirse con las suyas, como no hacer tareas y trabajo de casa.

En resumen, si una madre puede decirle no a su niña, esta aprende a decirse no a ella misma, y desarrolla la habilidad de respetar los límites y fronteras de otros. De esta manera, la pequeña forma el centro de identidad llamado «control propio». Ella puede hacer selecciones en línea con valores y metas, y no será desviada de su ruta por impulsos que no puede controlar.

La madre que encuentra difícil fijar fronteras con su pequeño y permitirle experimentar las consecuencias de su propio comportamiento es una «permitidora». Esta madre espera cierto nivel de actuación, pero cuando este es violado, falla en imponer o dejar sentir los resultados. Es probable que haga las tareas de su niña. También es posible que se deslice en la hora límite para las asignaciones que se deben hacer y permita que la niña asista a la fiesta de todos modos. Quizá pague la multa por la tardanza en la biblioteca en lugar de demandar que el niño se lo gane trabajando. A menudo, esta pauta continúa mucho tiempo después que la niña creció (como veremos).

Los límites y las consecuencias suplen de estructura a nuestra personalidad y seguridad en el mundo que nos rodea. La madre suficientemente buena es aquella que permite libertad, fija límites, e impone los reglamentos de consecuencias. Si, como niños, no tenemos límites, los aprendemos dolorosamente como adultos; por medio del fracaso en lograr metas, problemas legales y financieros, y otras formas de falta de disciplina. Las madres necesitan

- Fijar fronteras claras apropiadas a la edad, reglamentos, y expectativas que son observables y medibles
- Fijar, si es posible con el niño, recompensas y consecuencias apropiadas
- Fijar y llevar a cabo las consecuencias por el comportamiento
- Dejar que el niño experimente esas consecuencias
- Ofrecer más libertad a medida que se desarrolle la responsabilidad
- Poseer fronteras interpersonales claras y amor propio para que el niño aprenda a respetar a los que ama y no los use o pisotee

Si estas cosas son hechas en una forma amable, entonces los hijos aprenden una verdad importante; libertad y responsabilidad van de la mano. A medida que experimentan la libertad de ser ellos mismos, tienen la responsabilidad por el ejercicio de ese derecho. Desarrollan un sentido de su borde de propiedad, y por lo que son y no son responsables. Aprenden la tarea importante de propiedad, lo que significa tener sus propios sentimientos, elecciones, comportamientos, actitudes, y a tomar responsabilidad por ellos. Al hacerlo, aprenden control personal.

Frustre el deseo del niño de evitar independencia y separación

«¡No, no quiero ir a la escuela!» Es el llanto de un niño más a menudo escuchado. La parte que no se mencionó es «quiero permanecer chico y que tú me cuides». De la puerta de la guardería, a la del aula en el primer día de primaria, a las de secundaria, al día cuando el niño sale por la puerta para valerse por sí solo, el deseo de evitar el crecimiento se puede ver. El pequeño quiere independencia y lucha por ella, todo al mismo tiempo. «¡Déjame ir. Por favor cuídame!» Es el llanto doble de todo niño a cada paso en la senda del desarrollo.

Cada paso del crecimiento llega con ansiedades. Cuando el niño se siente seguro con la crianza de una madre, llega el ímpetu natural de separarse. Pero entonces, cuando comienza a tomar el paso de separación, experimenta ansiedades y temores, y lo resiste. El comportamiento de apego puede reaparecer. Este está diseñado a evitar la separación o la responsabilidad; como fingir enfermedad o perder el tiempo. La buena madre comprende el temor y al mismo tiempo dice que no a la dependencia. «Sé que es atemorizante, pero tienes que ir a'la escuela. Cuando regreses a la casa, hablaremos de eso». «Comprendo que sientas temor, pero tienes que dormir en tu cuarto. Si me necesitas, estaré al final del pasillo».

Algunos niños saben cómo desviar la creciente responsabilidad que el crecer ocasiona. Seducen a la madre a limpiar sus cuartos, o se portan de otras formas diseñadas para retener el tener que ser «grande». La buena madre no promueve este retroceso, sino que se interpone en su camino. Rechaza atar a su niño al nido y en lugar los tira afuera. Por «nido» aquí queremos decir comportamiento pasado del tiempo cuando este era apropiado. La madre eficiente entonces se interna como una estructura dentro del niño contra sus propios deseos de retroceso para que lo cuiden, cuando lo que requiere es crecer. Más adelante en la vida, cuando la persona quiere librarse de responsabilidades adultas, una voz interior le dice que no.

Algunos conflictos surgen cuando una mamá controladora tiene dificultad en decir que no al ímpetu regresivo. A veces la madre cree que es cruel hacerlo. Otras, simplemente disfrutan de la dependencia del niño; le contrarresta el estar sola. Esto a menudo pasa cuando ella se siente sola en su matrimonio. Usa al niño para llenar el espacio. Este tipo de madre tiene ante sí, dependencias que no han sido colmadas de satisfacción y las proyecta en su niño cuando este es de veras independiente y capaz.

Como el pájaro madre que dice «ya basta de estar en el nido», la buena madre dice «ya basta» a cada etapa de desarrollo y así ayuda a su hijo a moverse a la siguiente.

Si estos aspectos de separación y voluntad son desarrollados por medio de la madre al estructurar los límites y la disciplina, los niños pueden educarse en algunas realidades importantes. Aprenden que tienen una vida y que es el diseño dado por Dios para expresar esa vida afirmativamente. Aprenden a tomar una posición ante lo que es bueno y párársele firme a lo malo. Tienen la habilidad de «perseguir»; empujan hacia delante a su asignado propósito.

Tienen un sentido fuerte de quiénes son y de todo lo que esto significa; lo que quieren o no, lo que les gusta o disgusta, y cualquier otra cosa que los hace diferentes de los que aman. Ellos aprenden que estas diferencias no son una amenaza a otros, y que pueden también mejorar relaciones. Y a medida que profundizan en estas diferenciaciones, desarrollan un buen sentido de identidad.

Se hacen conscientes de que están en control de sus propias vidas y que la calidad de ellas es su responsabilidad, no la de alguien más. Ciertas elecciones los llevan en una dirección, y otras los conducen en sentido diferente. Cosechamos lo que sembramos, y esto puede ser una experiencia positiva o negativa, depende de nuestras elecciones.

¿QUÉ ES LO QUE INTERFIERE?

Jeri quería participar en un viaje durante las vacaciones de primavera con su grupo de jóvenes. Cuando le pidió permiso a su madre, entró en problemas.

«¿Qué? ¿Y dejar a la familia por todo ese tiempo? Dijo la mamá quedándose sin aire». «Creía que yo te importaba».

«Pero, mamá solo es por una semana», imploró Jeri. «Verdaderamente quiero ir. Todos los otros chicos van, y de veras estuve esperando por esto».

«No me importa lo que los otros chicos están haciendo. Es la responsabilidad de sus padres si les permiten correr por todo el reino venidero. Después de todo lo que hago por ti, por lo menos podrías demostrar un poco de apreciación quedándote por aquí cuando finalmente tenemos algún tiempo para pasarlo juntas. Como están las cosas, estás afuera todo el tiempo. Con lo del coro, grupo juvenil y deportes, yo nunca te miro. Y ahora esto. Ya es mucho». Su madre comenzó a llorar y salió del cuarto.

Jeri se hundió en su almohada y lloró. Pensó en las palabras de su madre. No era cierto que «estaba afuera todo el tiempo». Pensaba que estaba allí siempre, porque cuando quería ir a algún lugar con los otros niños de la escuela o la iglesia, ella y su madre tenían esta misma conversación. Solo podía tener fantasías referente al día que se iría para siempre.

La historia de Jeri no es única. Si mamá tiene un problema con su hijo armando independencia, separarse puede ser un proceso para ambos. Las progenitoras pueden atacar la independencia de sus pequeños de muchas maneras. Aquí están unas de las más comunes:

Culpabilidad

La madre de Jeri usaba la culpabilidad para controlarla. Cuando la pequeña hacía o planeaba algo que la separaba de mamá, el mensaje era claro: «Me estás destruyendo al ser independiente». Un hijo no puede arreglárselas con el hecho de que está hiriendo al ser más querido.

Una mamá controladora puede usar este recurso para atacar cualquier movimiento de propiedad que vimos anteriormente. Es uno de los ataques más poderosos a la libertad. Y esta se queda con el hijo aun después de haber dejado a la madre. Ellas suponen ser internadas, pero en este caso, es la culpabilidad la que se interna cada vez que el hijo adulto comienza a tomar posesión de su vida. Efectivamente, la culpabilidad es «el regalo que sigue dando».

Abandono y retraimiento amoroso

Algunos hijos pierden el amor de sus madres cuando tratan de separarse de ella. En lugar de mensajes de culpabilidad, se dan mensajes silenciosos. Estos verdaderamente hablan bien fuerte. Dicen, «no te amaré si te separas».

Jason experimentó esta dinámica en su relación con la mamá. Cuando ya contaba con suficiente edad para separarse y tener una vida más independiente, básicamente perdió a su madre. El rompimiento final llegó cuando decidió ir a la universidad de su elección en lugar de la que habían escogido para él. Rehusó hablarle por un año. Había utilizado el recurso del silencio muchas veces durante los años cuando él trataba de diferenciarse de ella. Cuando le decía que no a su madre o al no escoger lo que ella quería, no le hablaba por períodos largos de tiempo.

Algunos padres castigan a los vástagos quitándoles el apoyo financiero, atención, ánimo y una multitud de otros «regalos» paternales. Los métodos pueden ser muy diferentes, pero el mensaje está claro: «Te amaré cuando seas una extensión mía y de mis deseos, y no cuando te rebeles».

Ataque y enojo

Las maestras de Susan notaron su rápida tendencia a decir, «lo siento, lo siento» en una manera bien repetitiva después de expresar cualquier clase de antipatía hacia algo. Por ejemplo, cuando decía «no quiero ese color», instantáneamente empezaba con la rutina de «lo siento».

Sus maestras la refirieron al consejero de la escuela, y el problema primordial que él vio fue el temor. Susan tenía temor de afirmarse en alguna forma. Un examen de la familia reveló a una madre que se ponía furiosa cada vez que la pequeña se manifestaba en desacuerdo con ella o se afirmaba. La «posesión» de la niña estaba bajo constante ataque.

Una hija no puede tolerar el enojo de una madre. Se marcha de la relación o se aterroriza. Ninguna alternativa promueve libertad e individualidad. La independencia, tal como lo mencionamos anteriormente, necesita ser fomentada, y no atacada por la madre. Ella tiene el poder de mandar uno de dos mensajes: «Su individualidad es amada», o «su individualidad es mi enemiga, y la destruiré». Ningún ser humano puede enfrentarse a esta clase de ataque y desarrollarse en la forma que necesita.

Falta de estructura

El último enemigo del proceso de separación no es activo sino más bien pasivo: la falta de estructura. Si un hijo se va a independizar, o separar, necesita dos cosas: primero, la propia estructura y fronteras para internarse, y segundo, estar relacionado mientras se está interiorizando.

Los hijos con crianzas ausentes o flojas, no reciben el amor y estructura que necesitan mientras desarrollan su independencia. El amor da «algo de donde separarse» y la estructura llega a ser «algo para moverse en contra de». Es únicamente por medio de ambos, amor y estructura que una anatomía segura se puede formar.

Los niños necesitan ambientes estructurados. Cuando tienen tiempos previsibles para sus actividades, días estructurados en alguna forma, reglamentos y horarios, pueden empezar a desarrollarse en las áreas que mencionamos anteriormente.

Nuestros enemigos, mientras descubrimos nuestra verdadera identidad, son culpabilidad, enojo, abandono, y falta de estructura. Nuestros amigos son, libertad, amor, y responsabilidad.

LOS RESULTADOS DE UNA MAMÁ CONTROLADORA

En la misma forma que una crianza maternal frágil y desprendida deja al hijo con problemas más adelante en la vida, también sucede con una crianza maternal que no fomenta posesión, responsabilidad, e identidad. Miremos algunos de estos problemas:

Problemas relacionales

Inhabilidad de decir no

Si usted tuvo una mamá controladora, pueda que tenga dificultad en decir que no. Ya que experimentó el conflicto cuando se lo dijo a su madre, teme consecuencias negativas en las relaciones si le dice que no a alguien que ama. Así como Susan y Jeri, usted experimenta temor y culpabilidad cuando trata de practicar la libertad en las relaciones.

Asuntos de control

Si usted tuvo una mamá controladora, no aprendió a tener libertad en las relaciones. Fue educado para controlarlas. Así es que, como su madre, posiblemente use el enojo, la culpabilidad, la manipulación, y el retraimiento del amor para controlar a las personas. Como resultado, las personas que le aman se cansan de ser controladas y gradualmente resienten la relación.

Temor de intimidad y compromiso

Randy tenía treinta y cuatro años, y se quería casar. Se había enamorado de varias mujeres maravillosas, pero cuando la relación se profundizaba, «perdía el sentimiento de amar».

Su historia revelaba a una mamá controladora que no lo dejaba ser él mismo. Siempre se sintió controlado por ella. Por lo tanto, como adulto, no era una persona aparte y libre. En sus relaciones con las mujeres, comenzaba a sentirse asfixiado y sofocado, hasta el punto de perder el amor, y luego rompía el vínculo, dejando a la pareja con las dudas de lo que pasó. «Las cosas iban tan bien», decían inevitablemente. Cuando usted crece sintiéndose controlado por su madre, aprende a temer la intimidad y el compromiso.

Codependencia

Si tuvo una mamá controladora, posiblemente usted sea co-dependiente.

Codependencia es básicamente un problema de fronteras. Si así es, no permite que los que ama sean responsables por sus propios problemas. No puede imponer las consecuencias necesarias en una relación. Por lo tanto, siempre está cargando responsabilidades de alguien más, siendo herido en el proceso. Usted es un permitidor. Así como su mamá controladora le permitió permanecer en sus problemas, sin darle las consecuencias que necesitaba para crecer, igualmente usted hace lo mismo por otros en sus relaciones adultas. Y es atraído hacia gente irresponsable.

Las madres que forman a sus hijos responsables por sus acciones y les permiten experimentar las consecuencias, los están enseñando a «que cada uno cargue con su propia responsabilidad»[3]. En una relación saludable, cada miembro es responsable por sus propios sentimientos, actitud, comportamientos y elecciones. Y cada miembro hace al otro responsable por esas cosas.

El codependiente no ha tenido este entrenamiento de relación. A menudo fue codependiente con su madre, o su madre fue codependiente con usted, y ninguno permitía al otro tener su propio sufrimiento. Como un adulto, usted repite la pauta.

Problemas funcionales

Para funcionar en el mundo de las metas y los logros, necesita ser responsable. Es imperativo que tome posesión de su propia vida, tareas, talentos, y consecuencias. Como vimos anteriormente, requiere poder enfocar su atención, escoger metas, decir que no a distracciones, y perseverar contra los problemas y obstáculos en el camino. Todo esto necesita autonomía y estructura a su personalidad y carácter. Desdichadamente, aquí es donde la mamá controladora le falla al hijo. Siguen, algunos de los problemas que resultan en:

Desorganización

Dé un vistazo a cualquier cuarto de juegos para niños y podrá notar que la habilidad para organizar nuestros alrededores no es algo con lo que nacimos. Nuestras personalidades necesitan organización, aún más que el mundo externo de los juguetes y la administración. Para ser individuos con propósitos que pueden lograr que las cosas se hagan, requerimos organizar nuestros deseos, metas, tiempo y esfuerzos. Esto es un aspecto importante del funcionamiento.

La crianza maternal es muy importante aquí. La estructura, de la que hablamos anteriormente, la contención que vimos en capítulos anteriores, y las consecuencias y límites de la disciplina; todos juntos, desempeñan un papel importante para que alguien sea capaz de organizar su vida y funcionar bien. Las madres que no tallan una buena conducta e invocan estructura y consecuencias, producen personalidades bien desorganizadas.

Las mamás controladoras dicen, «te limpiaré y te organizaré». Si creció creyendo que alguien estaría siempre allí para organizar su vida, posiblemente ahora tenga dificultad en las partes para lograr metas, identidad, dirección, y seguir hasta el final.

Identidad y talentos

La mamá controladora no le da a su hijo un sentido de posesión.

Si este es su antecedente, probablemente no tenga el conocimiento de lo que quiere hacer, lo que le gusta y no le gusta, y lo que sus talentos y habilidades son. Con el síndrome de «no puedo encontrar mi nicho», la persona va de una cosa a la otra, y es el resultado de la falta de desarrollo en este aspecto.

La posesión incluye ser dueño de sus talentos y habilidades, conociendo cuáles son sus pasiones, y cómo se siente referente a ciertas cosas. Si usted posee ese sentido, tiene dirección en la vida; sabe para qué fue llamado. Sin posesión, se desvía.

Retraso de gratificación

Para funcionar bien en el mundo laboral, tenemos que saber decirle no a las cosas que queremos en ciertos momentos, para lograr recompensas más grandes en el futuro. Si anhelamos alcanzar una meta en particular, debemos decir no a esas cosas que nos distraen, o que recompensan más en el momento, en lugar del trabajo duro que está por delante de nosotros.

Los niños prefieren jugar en lugar de terminar la limpieza de sus cuartos, o ir a ver el partido en vez de completar sus labores o tareas. Ellos aprenden a trabajar por compensaciones, comienzan a comprender la importante tarea del retraso, de dejar para más tarde lo que se siente bien, hasta tanto lo que no se siente bien, esté concluido.

Si usted tuvo una mamá controladora que no disciplinó sus elecciones pobres, comportamiento, actitudes y fijó límites sobre ellos, posiblemente no aprendió a retrasar la gratificación. Quizá tampoco aprendió a tener perseverancia, lo cual también es importante para lograrla. Perseverar quiere decir, seguir adelante aun cuando no se sienta bien o cuando tomará un largo tiempo antes de lograr la meta.

Irresponsabilidad

Una mamá controladora no le da a su hijo estructura, o no impone consecuencias por su comportamiento. Los pequeños toman posesión solo hasta el punto donde les costará si no lo hacen. Si su mamá controladora lo liberó de sus obligaciones, le enseñó que esas cosas realmente no eran su competencia sino de ella. Aprendió que mamá lo hará «si no lo hago. De veras no me tengo que preocupar». Nunca aprendió a tomar la responsabilidad por sí mismo.

La madre que disciplina y que no toma lo que corresponde a su pequeño, le enseña a tomar posesión y responsabilidad. Las buenas madres enseñan a sus niños a preocuparse en una forma provechosa, a ser útiles tanto para la familia como para el prójimo.

Problemas emocionales

Alguien con los problemas relacionales y funcionales mencionados arriba y como consecuencia de una mamá controladora, no se sentirá a gusto. Hay mucho dolor asociado con los síntomas anteriores cuando la vida no está funcionando. Veamos algunos de estos.

Depresión

Cuando a usted le hace falta estructura en su personalidad, posiblemente lucha con la clase de depresión que viene de sentirse sin poder en las relaciones, el trabajo, y la existencia en general. Si no tiene sentido de posesión en la vida, experimenta pérdida perpetua; los sueños, deseos y necesidades no logrados, y falta de dirección y control sobre su ser. A menudo, como mencionamos anteriormente, lucha con la incapacidad de decirle no a cosas destructivas en las relaciones, y puede ser herido estando en manos de personas abusivas.

Sentimientos de ineficiencia y desesperación

El síndrome llamado «inhabilidad aprendida» afecta a todo aquel que no tiene un sentido claro de posesión. No sienten que están en control de sus vidas; y vida es algo que «le sucede a usted». Si nunca se siente que está en control de sí mismo, tiene muy poco sentido de esperanza para el futuro. «Pase lo que me pase» se vuelve el futuro en lugar de «haré lo que sea». Este es el aspecto de la voluntad que discutimos previamente.

Muchas personas experimentan sentimientos de ineficiencia y desesperación cuando son atrapados en relaciones dentro de pautas destructivas. Se sienten así porque les hace falta la voluntad interpersonal que las madres con buenas fronteras imparten a sus hijos. No pueden imponer requerimientos en sus relaciones, y sufren perennemente porque se sienten impotentes para cambiar las cosas.

Adicciones y problemas de impulsos

Las adicciones tienen muchos componentes implícitos, pero un aspecto común es sentirse fuera de control e incapaz de decir que no al fundamento del comportamiento. El abuso de sustancias, fingimiento sexual, y sobrealimentación o falta de ella, revelan la falta de estructura en la personalidad. Una buena madre puede hacer mucho para prevenir las tendencias de sus hijos de volverse adictos, al ayudarles a aprender disciplina y la habilidad de decir que no a los impulsos, y cuando ella niega excusar el comportamiento no apropiado.

La Biblia nos dice que el «dominio de sí mismo» es un aspecto de carácter importante. La habilidad de practicar el autocontrol sobre nuestros impulsos arreglaría muchos de los problemas que hemos discutido en este capítulo. Este proceso comienza temprano en la vida cuando su madre dice que no a ciertos comportamientos. Esa negación es interiorizada volviéndose un no interno propio.

Aislamiento

Las personas se apartan por muchas razones, algunas de las cuales las analizamos en otros capítulos. Pero algunas veces, se debe a la inhabilidad de sentir que tienen posesión de su vida. Si se sienten controlados por otros, el aislamiento se vuelve la opción más segura. Si es incapaz de tener relaciones íntimas sin perder su sentido fuerte del «yo», puede exteriorizar tendencias de aislarse para poder estar seguro. Sin embargo, ese aislamiento puede llevarlo a la depresión y algunos otros problemas.

Estados de ansiedad y ataques de pánico

La ansiedad es a menudo el resultado de una vida fuera de control, o cuando usted no puede percibir un sentido de posesión. Es atemorizante cuando no se siente en control de sus relaciones o cuando es incapaz de funcionar en alguna forma. Las personas con un sentido fuerte de posesión enfrentan el futuro y las relaciones con la seguridad de que podrán resolver problemas que encuentren a su paso. Se sienten seguros en lugar de ansiosos.

Culpar

Tomar posesión y pasar culpabilidad son opuestos. Ya sean sentimientos, actitudes, comportamientos, o luchas en su carrera, la posesión dice, «es mi problema y lo atenderé». «Es mi vida, y es de mi incumbencia», expresa el que está en control de sí mismo. El que no tiene ese sentido tan arraigado tiende a proyectar: «Me haces sentir...» o «no logré hacerlo porque...» u otra exteriorización de control y responsabilidad.

Una gran tarea de la madre es fijar límites acerca de pasar la culpa y exteriorizar, así como requerir que el hijo posea cualquier cosa que se esté discutiendo. Se mantiene firme a «no me importa lo que Joey hizo primero, su responsabilidad es comportarse no importa lo que hizo». O, «no importa si estaba lloviendo, pudiste conseguir una sombrilla y devolver tu libro a la biblioteca como prometiste». Desde Adán y Eva, hemos sido reprochadores de corazón, pero las buenas madres nos lo quitan con disciplina, en lugar de sumarse a la culpa. De esta forma, se aseguran que el hijo no crezca con una mentalidad de víctima, en cambio se vuelve una persona responsable.

LA FORMA EN QUE SE VE AHORA

Vimos cómo la mamá controladora afecta el crecimiento de su pequeño. La triste realidad es que estas pautas a menudo continúan cuando el niño adulto se vale por sí solo. También vemos muchas personas de los veinte a los setenta años, todavía luchando por tomar posesión de sus vidas, labor que se suponía terminada muchos años antes. Veamos algunas de las formas como los adultos continúan la pauta, después que se van de su casa.

Ella no me deja

Yo (Dr. Cloud) recibí el otro día una llamada en mi programa de radio de una mujer de cuarenta y un años quejándose que su madre no la dejaba escoger su propia carrera. Cuando le pregunté cómo era eso posible, siendo ella una adulta, contestó:

—Bueno, directamente no lo hace. Pero cada vez que le digo lo que planeo hacer, echa toda esta culpabilidad sobre mí y no puedo hacer lo que quiero.

—Así es que escoge tratar de mantenerla feliz, en lugar de elegir lo que cree correcto para usted, —dije.

—Bueno, tengo que hacerlo, —dijo, o se enojará conmigo.

—No, no lo tiene que hacer, —repliqué. Lo elige así porque quiere que ella sea feliz. Su madre no la controla. El deseo de complacerla la está controlando. Puede hacer lo que quiera y dejarla reaccionar, no obstante eso no lo prefiere. Quiere que sea feliz, y hacer usted lo que desea con su carrera pero no puede tener las dos. La lucha no es con su madre, sino con sus propios planes. Tiene dos deseos incompatibles, y ese es problema suyo, de nadie más.

Al final de nuestra conversación, pareció comprenderlo. Se estaba controlando, no su madre. Afrontaba dificultad en separarse y diferir con ella, aunque se sentía bien al respecto. En el caso de esta mujer, la mamá nunca había apoyado la identidad aparte de su hija, y esta todavía estaba determinada a tratar de conseguir su aceptación en cuanto a su separación.

Estas situaciones pueden ser experimentadas a través de toda una vida cuando un hijo adulto elige permanecer sin ser diferenciado de otro. Vemos personas controladas por teléfono o cartas desde más de cinco mil kilómetros de distancia. Todavía no han logrado un sentido de separación.

Solo un poco para poder llegar al final del mes

Cuando Joe tenía doce años, solicitó un libro prestado para una investigación. El plazo de entrega venció a las nueve de la noche del día anterior. Como era habitual, Joe iría donde su madre a pedirle «ayuda». ¿Leyó el libro? No, pero sabía que los detalles no eran importantes, ya que la mamá ayudaría. Juntos lo resolverían antes que llegara la mañana.

A los cuarenta, era la hipoteca. En alguna forma, el cheque del salario no era lo suficiente cada mes. Estaba bien, mamá ayudaba. Después de todo, y para empezar, ella fue la que le ayudó a comprar la casa. Todavía no había encontrado su «nicho», eso era todo. Y a sus hijos nunca les hizo falta nada; la abuela siempre estaba allí para respaldar. La pauta establecida temprano en la vida de Joe continuó: La madre colaboró para que le fuera un poco mejor de lo que él podía por sí solo.

Un ejemplo más severo de la misma pauta es Steve, a quien encarcelaron de nuevo por manejar intoxicado. Solo un poco de ayuda de mamá lo sacaría de este enredo, y esta vez verdaderamente «sentaría cabeza» y ordenaría sus acciones. Su pauta de abuso con las drogas y el alcohol le costó muchos empleos, encuentros con la ley, y dos matrimonios. Pero su madre siempre estaba allí para sacarlo del problema.

Joe y Steve son ejemplos de la pauta conocida de adultos «apoyándose en mamá». Esta madre habilitadora no puede dejar que su hijo experimente consecuencias en la vida. Las mismas que le permitirían al hijo crecer y hacerse responsable, son bloqueadas por la madre cariñosa que no puede verlo sufrir.

Podemos ver cómo estas pautas destructivas no ofrecen una relación segura en el amor. Buena crianza maternal en este aspecto sí anticipa una relación segura, así como un paso cierto en el empuje hacia la independencia y la responsabilidad. Esto finalmente se manifiesta en un hijo a través de la habilidad de tomar posesión de su vida. Esta persona puede convertirse en la clase «yo» que no desbarata la experiencia del «nosotros». Tiene una identidad fuerte, y puede relacionarse en una forma productiva y recompensable para otros.

En el siguiente capítulo veremos cómo reparar los problemas que su mamá controladora le pueda haber causado y cómo lidiar con ella responsablemente, ahora que es adulto.

Capítulo Siete

Conviértase en su propia persona

Quizá usted compró este libro solamente por este capítulo, porque ofrece los pasos para reparar el fracaso en los propósitos de la crianza maternal: *volviéndose independiente de mamá*. Si tuvo una mamá controladora, lo más probable es que experimentó problemas en separación, autonomía, e individualidad, al convertirse en su propia persona. Si en el capítulo anterior encontró a ambos, usted y su mamá, aquí encontrará las maneras de volverse ese usted que Dios intentó que fuera. Pasaremos por los pasos necesarios para repararlo, pero primero, aclaremos el problema verdadero.

¿QUÉ Y QUIÉN ES EL PROBLEMA, DE NUEVO?

La mamá controladora puede ser la clase de ser más duro de percibir con certeza y de manera realista. Las cuestiones y dinámicas, en resumidas cuentas, son a menudo difíciles de identificar. Esto se debe a las dos siguientes tendencias:

Ver a la mamá como la solución. Mientras la mamá controladora puede que esté controlando y desengranando, también puede ser cariñosa y dar apoyo. Su cuido y preocupación son a menudo genuinos. Puede estar bien involucrada en la vida de su hijo en formas positivas. Por eso, los síntomas depresión, conflictos, relacionales, y fracasos de independencia, no necesariamente

131

conduce a dudas sobre los asuntos de mamá. Por cierto que, usted puede regresar donde ella una y otra vez para apoyo con el mismo problema que comenzó en su seno.

Amy, por ejemplo, era una esposa y madre devota en los tempranos treinta años; amaba a su mamá y se mantuvo en contacto con ella casi diariamente. Según su versión, la propia crianza maternal era ideal; quería que su vida de familia fuera «tan buena como en la que yo fui criada».

Ted, el esposo de Amy, con frecuencia discutía con ella y le gritaba enojado, como consecuencia su cónyuge se retiraba presa de pánico. No tenía la habilidad relacional para confrontarlo y fijar límites en su comportamiento. No sabía qué hacer con el enojo de su esposo.

Llamaba a la madre llorando, y esta la calmaba y consolaba, luego sugería que simplemente tratara de ser mejor con su yerno: «Se atraen más moscas con miel que con vinagre», le aconsejaba. Aunque armada, volvía a entrar en conflicto con el compañero. De la mejor manera posible, pedía disculpas, apaciguaba, cumplía y trataba de complacer. Así fue entrenada.

Ted temporalmente se apaciguaba pero atacaba de nuevo más adelante. Y, aunque las cosas no se mejoraban en su matrimonio, Amy estaba agradecida por el apoyo de su mamá. Le parecía que su madre era la única persona en el mundo que comprendía. «¿Dónde estaría en este matrimonio sin mi madre?» Se preguntaba.

Cuando comenzó su orientación, pidió mi ayuda sobre su matrimonio y la depresión. Ambas eran cuestiones verdaderas. Pero ninguna era «el verdadero problema». La independencia sin desarrollarse de Amy, era el verdadero problema.

«Ver a mamá como el problema». La segunda dificultad sucede cuando usted de veras sabe que tiene «problemas de mamá». Se puede sentir culpable cuando su madre lo acusa de no llamarla lo suficiente. O puede sentirse que está controlando y mane-

jando su vida. A lo mejor se sienta sofocado por su constante entremetimiento y participación. Pero nada de esto es el verdadero problema. No es solo que tiene una mamá que no lo deja irse, o que lo hace sentirse culpable. El meollo del asunto es que tiene un problema de carácter personal. Necesita desarrollar su identidad y anatomía, así como fijar fronteras.

Préstele atención a sus síntomas relacionales, funcionales, emocionales y espirituales; posiblemente hay alguna relación entre su mamá controladora y las luchas actuales. Tan pronto como sea dueño de su problema, está listo a desarrollar relaciones nuevas de una crianza maternal. Ciertas características son esenciales en las personas a las cuales recurrirá en busca de apoyo.

PERSONAS QUE AYUDAN A CONVERTIR EN «YO»

Encontrará que se toma una persona exclusiva para ayudarle a formar su identidad separada; no todos son los correctos para esta tarea. El esfuerzo que despliegue tiene mucho que ver con el asunto de «yo no»; o sea, que su necesidad de convertirse en su propia persona está vinculado con el requerimiento de diferenciarse de otros. Le hará falta muchas experiencias de decir que no, estar en desacuerdo con la opinión de otros individuos, y confrontándolos.

Las personas de su apoyo, necesitan comprometèrse con usted en este proceso. ¡Porque aunque muchas de estas pueden asemejarse emocionalmente con la necesidad y debilidades, pueden tener dificultad al lidiar con un niño contradictorio de dos años en un cuerpo de treinta y tres! Así es que, a pesar de la voluntad de comprometerse con su causa, ¿qué otras cualidades deben tener aquellos involucrados en la nueva crianza maternal para poder ayudarle? Aquí están algunas.

Íntimo

Las personas que lo apoyan necesitan la viabilidad de estar emocionalmente cerca. Deben también poseer las facultades para relatar y enfatizar con todas las partes suyas: triste, mala, alegre y brava. Deben reunir las habilidades relacionales que les permitirá discutir asuntos dolorosos, hablar de sus propios sentimientos, y lo más trascendente, *permanecer relacionado a usted aun en conflictos*. Ellas tienen que comprender que necesita diferenciar, volverse sincero, y definirse, también tienen que estar dispuestos a seguir hacia delante en lugar de apartarse de estas dinámicas.

Sincero

Busque seres que le puedan dar reacción sincera, especialmente referente a sus tendencias de cumplir o de retirarse de una confrontación. El trabajo de ellos no es colaborar para que sea más sensitivo o hacerlo un mejor lector de mentes en cuanto a las necesidades de los otros, sino el de ayudarlo a desarrollar sus propios requerimientos, valores, y fronteras. Adicionalmente, su red de apoyo necesita alentarlo a tomar riesgos en afirmarse usted mismo, aunque cometa errores de apreciación. Estar equivocado en un argumento indica buen progreso, en lugar de permanecer siempre evadiéndolo.

Orientado al proceso

Finalmente, usted necesita personas que le faciliten *tiempo para crecer*. Convertirse en un individuo distinto es trabajo duro y se requieren varios fracasos. Por ejemplo, cuando está en los inicios aprendiendo, es probable que fije un límite con alguien, luego volver y pedir disculpas inmediatas por ser muy «egoísta y cruel». Este aspecto se relaciona con el proceso de diferenciar. Como toma riesgos en honestidad y responsabilidad, a menudo sentirá pánico por su separación de otros. Como un hijo que gatea hacia el peligro al extremo de una rama de un árbol alto, usted teme haber ido muy lejos, y como consecuencia será abandonado, u odiado por ser sincero. Así es que regresa a su papel de complaciente.

Todos los que le apoyen necesitan comprender que no se despertará en una semana o dos, siendo completamente una nueva persona. Requiere que lo ayuden, no que lo critiquen durante su lucha de crecimiento. Ellos deberían ser orientados hacia el proceso; esperar ya que la evolución tomará tiempo y va a involucrar repetidos fracasos. «...quien nos consuela en todas nuestras tribulaciones para que con el mismo consuelo que de Dios hemos recibido, también nosotros podamos consolar a todos los que sufren»[1].

LA NECESIDAD DE LLEGAR A SER SU PROPIA PERSONA

Necesita completar ciertas tareas básicas con la ayuda de las personas de su nueva crianza maternal para que «usted mismo crezca». Se analizan bajo varias categorías:

Desarrolle una voluntad separada

En la mayoría de los niños adultos que tienen mamás controladoras, la voluntad de dirigirse uno mismo y separarse no está desarrollada. Todos necesitamos la habilidad de decidir lo que amamos y deseamos y lo que no. Sin embargo, los hijos con estas características a menudo no pueden separar sus sentimientos y valores de las personas importantes en sus vidas: mamá, esposo, o amigos, por ejemplo. Se les dificulta el ser distinto en sus relaciones.

El proceso comienza primeramente apoderándose de su «muslo que dice no». *No podemos en verdad saber quiénes somos hasta que sepamos quiénes no somos.* Por esa razón es que los bebés pasan por el primer estado del «no». Deben primero llegar a tener el conocimiento de sus diferencias con mamá antes de poder explorar los propios rasgos y características. En la misma forma, usted y las personas de su nueva crianza maternal necesitan permitir, alentar, y promover su distinción.

Esto es difícil, ya que probablemente tiene el temor de no estar de acuerdo o expresar una opinión diferente. Es posible también que sea a la inversa y que sí lo esté para ser aceptado, o simplemente se retirará cuando tenga una voluntad aparte. Sin embargo, es obligación de su entorno indicarle que no está de veras «presente» cuando no puede llevar sus diferencias a la relación. Esta parte es la que lo hace a usted valioso. Como dice el refrán «si tú y yo estamos de acuerdo todo el tiempo, no se necesita a uno de los dos».

Corinne de veintiocho años de edad, era lo último en «persona sí». Tenía muchas amistades y era genuinamente cariñosa. Pero era tan fácil llevarse bien con ella que en las relaciones, sus necesidades, a menudo, se apartaban hacia un lado. Cuando se integró a un grupo de apoyo para tratar asuntos de carácter de crecimiento, pronto se hizo evidente que Corinne tenía pocos deseos de ser diferente a otros. Con su autorización, el grupo comenzó ayudándola en este aspecto.

Una noche se presentó una oportunidad. Trent, un miembro bastante directo del grupo, se pasó al contradecir a Phil, otro miembro, y se volvió hostil e hiriente. Corinne estaba visiblemente molesta por las agresiones de Trent hacia su amigo. A pesar de ello, no dijo nada. Otro miembro, sin embargo, notó su molestia. «Corinne», dijo ella, «parece que usted tiene algunos sentimientos referente a cómo Trent le acaba de hablar a Phil. ¿Le importaría compartirlos?»

Se quedó atónita. Sabía que estaba enojada con Trent, y a pesar de eso nunca podría haberlo dicho. «Bueno, las personas tienen diferentes modos de discutir asuntos, me imagino», respondió diplomáticamente.

«Miren, me enojé con Trent hace poco», dijo otra persona. «Él estaba fuera de línea e hiriente. A mí verdaderamente me gustaría escuchar sus pensamientos».

Ella seguía dudosa hasta que aun Trent interpeló. «Corinne, aun yo comprendo que cometí una falta. Verdaderamente me gustaría su reacción». Vaciló, y luego dijo, «Trent, quizá no me gustó lo que le dijo a Phil. A mí me pareció grosero».

Ese tipo de cotejo fue recibido por todos con afecto, incluyendo a Trent. Todos estaban tan contentos por el gran paso que dio, tanto como de la situación entre Trent y Phil. Corinne estaba asombrada. Había confrontado a alguien, y su mundo no se había caído. Ninguno la avergonzó, incluido Trent, y ni siquiera se habían herido los sentimientos mutuamente. Este era el primer paso de tantos para ella. Había comenzado a comprender la realidad del proverbio: «Más vale ser reprendido con franqueza que ser amado en secreto»[2].

Forme una identidad

Usted necesita un sentido de «¿Quién soy yo?» No solo como distinta de otros, sino también como única para usted. Requiere oportunidades para hacer sus propias elecciones, para así descubrir cuáles definen su única personalidad y carácter. A medida que hace la escogencia, se da cuenta cuáles rasgos, estilos, y aspectos de la vida le «calzan». Es como si estuviera armando un rompecabezas; prueba y rechaza diferentes piezas hasta que las correctas forman su verdadero ser.

Sus nuevas relaciones de crianza maternal son cruciales en el desarrollo de esta necesidad. Lo apoyarán en su búsqueda y alentarán su libertad para encontrar qué es lo que le gusta y lo que no, qué es lo que le atrae y repela. La actitud de ellos es bastante parecida a la del viejo adagio de la marina: «Una mala decisión es mejor que ninguna». Prefieren verlo hacer una mala elección y aprender de ella, a no ensayar en ninguna.

Jeffrey era de una familia intelectual y algo introvertida. Su mamá lo había alentado a especializarse en búsquedas académicas, y lo estaba haciendo muy bien. Pero como adulto, comenzó a sentir que estaba errado en otras partes de él mismo. Su esposa estaba de acuerdo y lo apoyaba mientras trataba con otras experiencias que a su mamá le darían un ataque al corazón. Encontraron un grupo en una iglesia que alentaba esta clase de exploración, y al año siguiente Jeffrey había subido montañas en bicicleta, practicado paracaidismo, y guió a un grupo juvenil en una expedición de balsas en el río. Hasta acortó su nombre a Jeff, cuando se dio cuenta que nunca le gustó el nombre más formal. Él, su esposa, y sus amistades trabajaron todos juntos para desarrollar esas partes interiores que estaban adormecidas por tanto tiempo.

Viva dentro de límites

No todas las elecciones son buenas, y necesitamos asumir la responsabilidad por las consecuencias de nuestras acciones, ya sean no muy sabias, inmorales, o ilegales. Debemos honrar las fronteras y límites de la vida.

Sus nuevos amigos de crianza maternal requieren seguir ambas sendas, la libertad y la responsabilidad. Necesitan apoyar los riesgos tomados por usted y al mismo tiempo, permitirle experimentar las consecuencias de malas elecciones. De esta manera, le ayudan a reparar el daño de la madre habilitadora, que protege al hijo de aprender a controlar sus impulsos, retardar la gratificación, o pensar en lo que está haciendo.

Danielle tenía un problema de tardanza. Ella creía que el tiempo era como un acordeón; entre más eventos se empacaban en él, más fácilmente se estiraría para acomodar las actividades. Como resultado, siempre planeaba muchas cosas para un período de tiempo en particular, pensando que tenía oportunidad para hacerlas, terminando media hora tarde con la última. Esto no solo la mantenía apresurada e incapaz de relajarse y gozar de la vida, sino también causaba inconveniencias a sus amistades que habían apartado tiempo para estar con ella.

Cuando se unió a un grupo de apoyo, inmediatamente se convirtió en un miembro activo y de participación. Era una persona cariñosa y muy acogida que cuando sus rasgos de tardanza emergían, el grupo rápidamente la perdonaba. Ciertamente esperaban a que llegara apresurada antes de comenzar a discutir los asuntos. Finalmente vieron que el problema no se mejoraba, entonces le dijeron, «Danielle, la estimamos, pero nos preocupa su tardanza. No es bueno ni para usted ni para nosotros. Así es que, de ahora en adelante, empezaremos a tiempo, esté o no aquí. Y no solo eso, sino que para varias de las siguientes reuniones, asignaremos los primeros quince minutos del grupo como 'tiempo de Danielle'. Puede hablar de todos sus asuntos durante ese tiempo, pero no después».

Danielle estuvo de acuerdo con el plan. La siguiente semana llegó puntualmente. Posteriormente, en pocas ocasiones llegó tarde de nuevo. Al principio tenía diez, luego cinco, después solo dos minutos para hablar. Pero se las arreglaba. Finalmente, una noche ella y su hija adolescente tuvieron un gran pleito que la contrarió mucho, y verdaderamente necesitaba la reacción y apoyo del grupo. Pero de nuevo había planeado muchas cosas, y entró apresuradamente, quince minutos tarde. Le pidió al grupo tiempo extra, ya que era muy importante. «Estamos bien interesados en escuchar lo de tu lucha», le dijeron, «la próxima semana».

Al principio, Danielle estaba herida y enojada, pensando que sus amistades eran muy duras. Se mantuvieron firmes en sus límites, aunque, de una forma afectuosa. Y esa semana, Danielle dio una vuelta completa. Llegaba temprano a las sesiones, y su pauta comenzó a cambiar. Cuando el grupo la felicitó y le preguntó cómo lo hizo, ella respondió, «cuando me levanté esta mañana, en lo primero que pensé fue en lo mucho que me hacía falta compartir con ustedes, y me ayudó a ser realista referente a mi horario de hoy». Gracias a su nuevo grupo de crianza maternal, Danielle estaba cambiando.

Lidie con la dependencia

Todos tenemos un deseo y un anhelo de que nos cuiden. A medida que crecemos, nuestros padres cargan con la mayoría de la responsabilidad por nuestras vidas. Pero cuando nos hacemos adultos, nos encontramos con la realidad de que no hay nadie allí que nos libere y resuelva nuestros problemas. Mucha gente tiene dificultad para distinguir entre amor y cuidado. Creen que «si a usted le importo, usted me cuidará». Por lo que, cuando alguien falla en rescatarlos de sus responsabilidades, se sienten no amados.

Su red de apoyo le ayudará a crecer a través de este asunto. Ellos están allí para frustrar su deseo de ser criado y para ayudarle a aprender a decir que no a ese deseo subyacente. Le ayudarán a aguantar sus propias cargas, «que cada uno cargue con su propia responsabilidad»[3].

Cuando Burt se unió al grupo de apoyo Desayuno del Viernes, de los hombres, llegó con una historia de problemas del trabajo. No era haragán, y quería ser exitoso. Pero su pauta era querer más apoyo de sus jefes de lo que ellos tenían para dar. Quería que le dieran ideas, motivación, y parámetros. Después, cuando el jefe requería que él tomara alguna responsabilidad, culpaba a la compañía y renunciaba. Brincaba de puesto en puesto, con muchas promesas pero sin resultados. El grupo era ideal para Burt, ya que muchos de los miembros eran hombres de negocios prósperos que estaban interesados en los asuntos del crecimiento personal.

Como los participantes se volvieron vulnerables con él, se sentía seguro franqueándose con ellos. Eran comprensivos ante los sueños y lucha de su carrera. Pero un par de sucesos retaron su idea de «apoyo». Primeramente, cuando Burt relató al grupo las frustraciones en su carrera, los miembros no respondieron en la forma que esperaba. Aunque lo apoyaron, algunos de los participantes comenzaron a interrogarlo indicándole su pauta de no llevar hasta el final las peticiones del trabajo. «Podemos ver porqué su jefe piensa que usted está más interesado en su propia agenda que en la de él», le dijeron.

Luego, cuando observó los éxitos en el grupo, intentó sacar provecho. Les pidió que le ayudaran a obtener una posición en sus empresas. Pero los integrantes se quedaron firmes. «Lo apoyamos y le ayudaremos a ser la clase de hombre que puede obtener un trabajo por sí solo, pero no será dentro de nuestros rangos».

Burt fue lo suficientemente sabio para evaluar esta reacción, y empezó a desarrollar sus propias pistas para empleos. Cuando obtuvo uno que consideró valioso, ya estaba más maduro para tomar responsabilidad por sí mismo sin que los deseos de que lo cuidaran, interfirieran.

HABILIDADES PARA CONVERTIRSE EN USTED MISMO

Si en serio quiere desarrollar su identidad separada de la que fue creado a ser, debe tomar la responsabilidad por ese proceso. Los siguientes pasos le ayudarán:

Conozca los rasgos que lo definen

Un componente importante para ser una persona autónoma dispuesta, es la habilidad de saber quién es, y quién no. Tome posesión de esta parte haciéndose consciente de los aspectos y partes de su propia individualidad. Si lo logra, le ayudará a desarrollarse a sí mismo aparte no solamente de mamá, sino también de las otras personas importantes en su vida. Hágase las siguientes preguntas:

- ¿Soy más extravertido o introvertido?
- ¿Soy más inclinado a la labor que a la relación?
- ¿Soy más activo o pasivo?
- ¿Con qué aspectos del origen de mi familia estoy de acuerdo?
- ¿Cuáles aspectos no son Yo?
- ¿Qué es lo que me gusta de mis mejores amigos?
- ¿Qué es lo que no me gusta de mis mejores amigos?
- ¿Cuáles son mis fuerzas?
- ¿Cuáles son mis debilidades?
- ¿Qué situaciones me enojan?

Obtenga reacciones de su grupo de nueva crianza materno. Pregúnteles cuáles rasgos de carácter parecen definirlo a usted, y cuáles no. Vea cómo corresponden con su propio punto de vista acerca de usted mismo.

Desarrolle su músculo que dice no

Si usted tuvo una mamá controladora, probablemente encontrará que su fuerza para decir sí, está muy desarrollada; trabaja aun cuando en sus adentros sea un verdadero disidente. Pero es importante expresar su manifiesta desaprobación, con-

frontar, rehusar la maldad y estar en contra de ella. Puede aprender a cambiar su no silencioso a uno audible.

En ocasiones sugerimos a las personas que lleven a un amigo
a un lote de venta de carros usados para practicar. Si puede mantenerse firme contra un vendedor que está entrenado a convertir
su rechazo en un consentimiento, usted logró bastante. Con el
apoyo de esa amistad, puede aprender cómo no estar de acuerdo
en modelos, estilos, opciones, precios y financiamiento. ¡Solo
asegúrese, que su acompañante no le permita comprar un auto
mientras usted practica!

Lidie con el papel de víctima

Muchas personas indefinidas se consideran inútiles y sin poder conducir sus vidas. Se sienten controlados por el poder y
amenazas de otros. Esto se llama una mentalidad de víctima; estas personas se resignan a que los demás le tomen ventaja.

Las víctimas verdaderas son esas que han sufrido en manos
de otros en situaciones donde no tenían control. Los niños, por
ejemplo, tienen poco que decir en sus vidas y son fácilmente hechas víctimas. Aún, muchas víctimas en la niñez crecen fuera de
su inutilidad para tomar control de sus vidas como adultos.
*Tenga cuidado con la tendencia de definirse usted de esa manera,
para crear una identidad de un evento.* Usted es mucho más que
eso. Usted es una persona con muchas experiencias y partes,
dentro de las cuales quizá esta sea una situación que fácilmente
lo convierte en víctima.

Los que tienen mentalidad de víctimas no ven alternativas a
su problema. La realidad es que la mayoría del tiempo tenemos
opciones. A menudo son dolorosas y pueda que requieran involucrar tanto la desilusión como el enojo para otros. Pero pueden
ser las mejores opciones a su propio bienestar y administración
de su vida. Permitir a otras personas que entren en sus secretos,

fijando límites con los individuos, y comenzando a perdonar, son alternativas que puede hacer.

Una amiga mía sufrió un abuso catastrófico cuando niña. Experimentó la clase de horror del que la mayoría de la gente nunca sueña en el transcurso de su vida. Como fue herida por personas que la controlaban, fácilmente creería que ese era su papel y destino apegándose a seres controladores por el resto de su existencia. A pesar de eso, hoy día es una persona independiente. Cuando le pregunté respecto a su actitud, debido al antecedente, me dijo, «No puedo cambiar mi pasado. Es parte mía. Pero no quiero que mi pasado determine mi futuro. Si lo hago, las personas que me hirieron estarán a cargo de nuevo».

Desarrolle proactividad

Las personas sin definirse a menudo son «reactivas». Se refrenan al tomar una decisión hasta que alguien más lo haga, y entonces reaccionan hacia esa persona. En sentido contrario, aquellos que son proactivos toman la iniciativa.

La proactividad es especialmente importante cuando se trata de un conflicto. Usted probablemente está más acostumbrado a ser un vigilante extremo y a leer ansiosamente los humores de otras personas antes de responder. Esto le impide tomar posesión del problema. Cuando vea asomarse el conflicto en una relación, tome el primer paso. Puede significar algo tan sencillo como decir: «Me molestó que no me halla regresado la llamada por teléfono». No significa una acusación, es una forma de relacionarse con la otra persona y resolver la diferencia.

La pro-actividad también juega un gran papel en aprender a satisfacer sus necesidades. No espere que alguien sugiera una película o un restaurante, hágalo usted con sus amigos seguros. Ellos comprenderán. A un nivel más personal, tome acción para conseguir que las necesidades de su relación sean satisfechas.

Muchos individuos pasan solos y aislados por un término de tiempo injustificado porque esperan que otros noten que están tristes o luchando. Haga de la lucha su problema, y comuníquese con su red de apoyo.

Fije fronteras

Las fronteras son las líneas de su propiedad personal. Ellas definen dónde usted termina y los otros comienzan. Sea claro en cuanto a sus límites, después exponga y retenga las consecuencias en caso de que alguien continúe violando sus limites. Marcar su territorio le ayudará a proteger sus propias partes de carácter y sentimientos, y finalmente servirá como base sobre la cual puede amar y compartir con otros.

El acercamiento de Alicia y su novio, Stuart, crecía, y ella creía que posiblemente él era el que Dios había destinado para que ella se casara. Pero la agresividad sexual de él la influyó a ir más adelante de lo que pensaba debería ser lo procedente. No le dijo nada a Stuart, ya que no lo quería perder. Pero el conflicto moral interno le causó mucha angustia.

Alicia confesó su preocupación a las amigas de apoyo. No la juzgaron, y le ofrecieron un lugar de afecto, que ella guardó internamente, en caso de que Stuart la abandonara. Subsecuentemente, le ayudaron a formular las frases para hablarle a su novio. Por último, se acercó a su novio y le dijo: «No he sido sincera con usted referente a nuestra intimidad sexual. Me siento incómoda con lo avanzado que hemos permitido que lleguen las cosas y deseo aplicar los frenos».

Stuart estaba sorprendido y resistente al cambio; no quería dar por terminado el sexo. «Si no está de acuerdo con este valor», le dijo ella, «tendré que dejar de verlo». Él asintió que Alicia hablaba en serio. El hecho que ella arriesgara toda la relación lo hizo que confrontara su propio problema moral. Le pidió disculpas a Alicia, y su apoyo, luego fue donde sus amigos responsables por ayuda sobre límites sexuales. Las amigas de Alicia no solo le ayudaron a fijar límites, sino también a establecer consecuencias sanas con su novio[4].

Respete las fronteras de otros

En el crecimiento personal no existe lo de, una comida regalada. Si queremos que otros respeten nuestros límites, debemos respetar los suyos. La Biblia enseña que si resentimos y juzgamos las fronteras de otros, también juzgamos las nuestras. «Porque tal como juzguen se les juzgará... »[5] Aprenda a amar y apoyar el no de otros, aunque usted esté desilusionado o entristecido por ello.

Blair estaba contrariado porque su mejor amigo, Chase, canceló un viaje de cacería y pesca de cuatro días. Él vivía y soñaba con este evento. Pero el amigo tenía una buena razón; necesitaba prepararse para su primer día en un nuevo empleo. Aún así, tomó la decisión personalmente, y le dijo que no era un amigo leal.

La respuesta de Chase fue extremadamente útil para Blair; «no estoy haciendo esto *en contra tuya*», le dijo a su amigo. «Lo hago *por mí*». La frontera de Chase no era una transgresión para su amigo, era algo que él necesitaba para sí mismo. Blair comenzó a comprender que había percibido la situación desde su punto de vista únicamente.

RELACIÓNESE DE NUEVO CON MAMÁ

A medida que se vuelve más definido, apartado, e independiente, necesitará configurar de nuevo su relación con mamá. Usted quiere hacer todo lo posible, para traer su «yo» al «nosotros» de la relación. Aquí están algunas de las cosas que puede hacer para adelantar este proceso.

Hágase conocedor de la lucha de mamá

Mientras que es fácil resentir el control de la madre, es más difícil verla como alguien que también fue herida en referencia a las fronteras. La mayoría de las mamás que engranan fueron abandonadas o controladas. Algunas tienen que tomar el papel de madre con sus padres o hermanos. Adopte un poco de comprensión y compasión hacia la senda de su madre. Usted hasta puede dialogar con ella en referencia a este ámbito en su pasado. Muchas madres se emocionan cuando sus hijos se interesan en sus luchas.

Introduzca a mamá al nuevo «usted»

Si su identidad siempre fue definida por mamá, usted es una persona diferente ahora. Es más su propia persona con rasgos, características, y marcas distinguidas, únicas. Esto puede ser una parte válida de la nueva relación con ella.

En lugar de esperar por una crisis o un argumento, tome la iniciativa para decirle a mamá todo lo relacionado a usted. Puede decirle algo como, «estoy en el proceso de crecimiento personal, y llegué a desarrollar algunos cambios. Nuestra relación es muy importante para mí, por lo que quiero compartirla contigo». Entonces dígale lo que descubrió referente a los rasgos de su carácter, atributos, lo que le gusta y lo que no. Cuando convierte a su mamá en un aliado de su proceso de crecimiento, ella se puede sentir más parte de su vida.

Fije límites necesarios

Es posible que deba establecer nuevos reglamentos básicos para usted y su mamá. Esto quizá signifique tener que decirle:

- Que se irá de la casa cuando grite o cuando no esté de acuerdo con ella.
- Que colgará el teléfono si ella no puede dejar de quejarse porque no la visitó lo suficiente la semana pasada.
- Que es el padre de sus hijos, por lo tanto quiere que ella actúe con los nietos en la forma que usted le pide.
- Que le escuche lo que está diciendo, en lugar de decirle ella lo que usted está pensando.

Sin embargo, déjele saber a mamá que desea que le advierta cuando usted está cruzando sus fronteras, y que anhela que tome parte en este proceso mutuo de aprender a respetarse entre los dos.

Confronte situaciones de principios, y no se preocupe tanto de los detalles. Usted ya no ve a mamá todos los días, y puede tolerar las cosas sin importancia. Por ejemplo, si habla y habla referente al vestido que usó su amiga para el casamiento, escuche hasta donde pueda, luego cambie el tema hacia algo que les interesa a los dos.

Algunas mamás controlan dominando. Otras lo hacen no escuchando. Aún otras, controlan por medio de mensajes de culpa o retiro. Fijar límites necesarios es una cuestión más grande al lidiar con su mamá hoy. Además, es un asunto más sensitivo, ya que está no solo confrontando su dolor, sino también cómo ella hiere a otros. Preste atención a los amigos de su nueva crianza maternal en cuanto a tacto, así como para determinar si está mentalmente desarrollado para esto.

Quizá sea prudente decirle: «Me gustaría una relación más estrecha con usted, pero sé que tenemos problemas y conflictos cuando de vez en cuando nos distanciamos el uno del otro. Cuando esto sucede con mis amistades, hablamos de ello, lo resolvemos, y nos volvemos aún más fraternales. Me gustaría tener esa clase de relación con usted. ¿Que cree?» Si mamá está de acuerdo en los principios, déjele saber lo difícil que es no estar de acuerdo con ella a veces, y cómo eso aleja la relación. Luego pregúntele si pueden los dos sentirse libres de ser como realmente son, igual a como los buenos amigos lo hacen.

En gran parte, todo ello dependerá de la voluntad de mamá de mirarse a ella misma. Si lo puede hacer, de seguro usted ganó a una amiga. Si no, reaccionará defensivamente. De cualquier manera, usted hizo su parte para mejorar la relación, y posiblemente tenga que dejarlo así. Esto no quiere decir que le permitirá controlarlo de nuevo. Significa mantener sus límites sin fastidiarla referente al mismo asunto.

Ayude a mamá con sus propios límites

Quizá mamá tenga dificultades en ser un individuo en su propia vida. Aunque no es usted su consejero, apóyela en este ámbito. Le puede ayudar a ver las ventajas de estar en control de su vida y de no tener a personas que la eviten o resientan por ser ella una controladora.

Muchas mamás pasan un mal rato en ejecutar lo relacionado a las fronteras y las consecuencias. Por ejemplo, quizá deje que papá tome las decisiones con toda la fuerza de su voluntad o fuerte tono de voz. Menciónele que usted sabe lo que esto le debe herir, y luego dígale lo que aprendió referente a las fronteras. Guíela en dirección a donde usted fue por ayuda; grupos de apoyo, una buena iglesia, terapeutas, libros y cintas. Pero resista la tentación de arreglar su matrimonio. Cuando los hijos tratan de ser padres para los padres, las líneas ligeramente se confunden, y los problemas surgen.

COMO PODRÍA SER

Al continuar como una persona aparte en sus propias relaciones, también verá cambios positivos en su apego con mamá.

Julia estaba en sus tempranos treinta años, cuando comenzó a discutir las ideas de separación, diferencias, y fronteras con su madre. No fue fácil al principio: Su mamá creyó que la hija la estaba rechazando como persona. Pero las dos perseveraron en la relación. Acordó con la hija responder a su verdad y trató de no oírlo como un empuje para apartarla.

Julia le dijo: «Mamá, cuando digo que no puedo traer a visitar a los niños, en lugar de retraerte y sentirte herida, ¿me podría decir que por eso está triste. Y yo podría tratar de comprender?» Su mamá aprendió que las diferencias de su hija eran *para* su hija, y no *contra* ella. Y comenzó a respetar, no a resentir, la independencia de Julia.

Por cierto que, la mamá le brindó aún más apoyo. Cuando Julia llegó a visitarla, su madre la sorprendió diciendo, «déjame cuidar a los niños mientras tú y Rich se van por unas horas. Ustedes probablemente no tienen suficiente tiempo juntos». Muy agradecidos aceptaron. Después, cuando la familia se movió más lejos de la residencia de la madre, ella lo aceptó. Le dijo a su hija que tenía su propia vida, iglesia, y actividades y que a pesar de que le harían falta, parecía ser lo mejor para ellos.

Sin embargo, mamá siempre era mamá. Constantemente tenía dificultad en discutir diferencias directamente, y a veces, seguía pasando por encima de los no de Julia. Pero su hija aprendió a tolerar estas debilidades; no necesitaba que su madre fuera perfecta. La labor sobre su propio carácter la detenía en juzgarla y sus conexiones con las personas de la nueva crianza maternal la hacían no necesitar que mamá fuera una parte de sus padres.

Sin embargo, lo más extraño para Julia, era el cambio interior que sentía hacia mamá. Cuando niña, siempre sintió una ansiedad persistente alrededor de su madre, como una reacción al ser sofocada. Pero ahora que las dos mujeres se convirtieron en amigas, verdaderamente, a veces la echaba de menos y quería pasar tiempo con ella. Por primera vez, hija y madre estaban permitiendo un buen espacio para existir entre ellas. *Cuando dos personas logran este tipo de espacio, también hacen lugar para amar y tener sentimientos íntimos.*

Los ojos de Julia se comenzaron a abrir a las buenas cualidades de su madre. Notaba y apreciaba todos los cuidados y dádivas de su mamá, su amabilidad en la casa, y su afecto y aceptación para otros. Ambas mujeres están ahora gozando su relación en una forma que ninguna soñó posible. No es fácil, pero cuando la madre y su niña adulta pueden obtener apreciación independiente una de la otra, pueden encontrar ese acercamiento que ansiaron mutuamente.

Capítulo Ocho

La mamá trofeo

Hasta donde podía recordar, Dan pensaba que su madre, Liz, estaba orgullosa de él. Cuando los amigos con los que compartía se quejaban de sus propias mamás, no podía comprenderlo. La suya siempre estaba allí para él, aclamándolo en cada esfuerzo. Y también mostraba el mismo entusiasmo, referente a sus éxitos. «¡Eres Número Uno!» Le decía antes de sus partidas de baloncesto. Y con esa clase de apoyo, sobresalía en todo, desde atletismo, pasando por lo académico hasta el liderazgo como estudiante.

Se sentía amado y alentado mientras crecía. Pero después, en sus años adultos, recordaba otra clase de reacciones de su madre en las que lo opuesto era cierto. Por ejemplo, en segundo grado, cuando perdió el papel principal en la obra de teatro de la escuela, Dan vio un lado diferente de su progenitora. Liz estaba desilusionada de él. «Eres un Johnson», le dijo, «y nosotros los Johnsons no somos perdedores. No me falles en esta forma». Después ella entró en acción contra la escuela, pidiendo reuniones explosivas con los maestros para investigar el porqué no le habían hecho una prueba justa a Dan. Esto era particularmente confuso para él. ¿El fracaso era suyo o de la escuela? Liz parecía haber apuntado sus cañones en ambas direcciones, esperando conseguir puntos en algún lado.

Adicionalmente, Dan pensaba que la madre tuvo un interés adquirido en educar a sus amistades referente a su último logro.

153

Temía las veces que ella atendía al club de *bridge* en su casa. Trataba de pasar desapercibido por la sala para llegar afuera e irse en bicicleta con sus amistades, pero ella siempre lo esperaba para saltar sobre él. «Cuéntales a las jóvenes acerca de tu proyecto de ciencias», susurraba ella y luego con una sonrisa radiante se apartaba mientras él entretenía al club.

Algunas veces Dan vislumbraba a su mamá mientras le hablaba a las mujeres. Se involucraba tanto en su actuación que hacía la mímica de pronunciar las palabras al mismo tiempo que él hablaba. *¿Cómo sabe qué es lo que voy a decir?* Dudaba él. Era como si la madre estuviera haciendo la presentación.

Liz parecía vacilar en su necesidad de «ser especial». A veces estaba contenta con participar en el brillo de los logros de su hijo, sabiendo que Dan se reflejaba en ella. Sin embargo, en otras, necesitaba los elogios directamente para ella. Encontraba una audiencia, usualmente a Dan y su hermano y hermana, entreteniéndolos con historias de hazañas de su pasado y del presente. Su lista de tópicos no tenía fin; su apariencia, actividades, amistades, espiritualidad, éxitos de escuela secundaria, y los hombres que la cortejaban; para mencionar algunos. Entraba en grandes detalles en cuanto a ella con completas pausas de adorno y drama.

La necesidad de Liz por admiración parecía suceder más a la hora de la comida cuando tenía una audiencia obligada a escuchar. Pero ya cuando monopolizaba la conversación, nadie más tenía oportunidad de hablar de su día. Así es que Dan, su papá, y hermanos desarrollaron la estrategia de «Persona Asignada».

Un miembro comenzaba a actuar fingiendo estar interesado en las historias de Liz. Se le denominaba Persona Asignada #1. Liz, halagada, trataba frente a frente con el designado. Entonces, cuando el primer individuo estaba ocupado con mamá, los otros hijos y papá se contactaban y hablaban. Cuando la Persona Asignada #1 llegaba a su límite de escucharla atentamente, le daba un puntapié a la siguiente persona en la pierna por debajo de la mesa. La persona Asignada #2 relevaba, enérgicamente tentando a su mamá: «Dígame más de cómo a todos les gustó su vestido». Liz automáticamente se volvía hacia el que seguía con el turno. El que era relevado se retiraba, bajando el contacto de los ojos y amablemente entraba en la verdadera conversación con el resto de la familia. Ella nunca supo lo de la estrategia, ya que sus seres queridos la amaban y no querían herir sus sentimientos. Pero tenían que encontrar una manera de sobrevivir durante la comida.

Por lo tanto, Dan vacilaba en sus sentimientos hacia la madre. Parte de él necesitaba su admiración; le ayudaba a pasar por tiempos malos. Durante sus años de universidad, cuando sacaba una mala nota o perdía una novia, la llamaba para charlar, y ella entraba al drama de culpar a los profesores o esa novia que «sencillamente no lo comprendió». Le aseguraba que él era el muchacho más brillante y mejor parecido en el campus y que solo tenía que encontrar las personas que reconocieran eso. Tal como ella dijo, «va en camino de hacerse una estrella. Lléname de orgullo». Dan se agarraba de ese pronóstico, por lo menos hasta el próximo examen o el siguiente problema de noviazgo.

NUESTRA NECESIDAD DE ACEPTACIÓN

La relación de Dan con Liz demuestra la necesidad humana básica de ser *aceptado en todas nuestras partes*. Necesitamos todos nuestros «verdaderos» rasgos y características para estar relacionados al mismo hogar relacional. Necesitamos a una persona donde todas estas partes puedan estar en un solo lugar y al mismo tiempo. Necesitamos un lugar donde podamos ser nosotros, tal como somos. Como el tema musical, del programa de televisión *Cheers*, que en parte dice «quieres ir donde todos saben tu nombre», usted también necesita un lugar donde alguien «conoce sus partes».

Necesitamos esta aceptación para nuestro «verdadero ser» por muchas razones. Cuando nos sentimos amados por lo que somos, estamos mejor equipados a lidiar con los problemas de vivir en un mundo perdido. Los niños no están naturalmente preparados para lidiar con las realidades dolorosas de lo pecaminoso, fracasos, pérdidas, debilidades y maldades. Son sorprendidos y abrumados por fracasos propios y de otros. No poseen armas para manejar estos temas.

Sin embargo, cuando somos aceptados, aprendemos una realidad importante: *El amor es el antídoto de la maldad.* Aunque la imperfección siempre existirá en el mundo y dentro de nuestro propio ser, no puede removernos de la relación y la conexión. Somos «aceptables» en nuestra maldad. Podemos tolerar y aceptar las cosas malas en nosotros y en otros sin temor a la pérdida del amor: «Por lo tanto, ya no hay ninguna condenación para los que están unidos a Cristo Jesús,... »[1]. Cuando ya no tenemos que luchar con vergüenza tóxica, escondiendo nuestro ser verdadero, o el perfeccionado, entonces podemos concentrarnos en madurar nuestro ser que fracasa. El ser que está fracasando ya no está muriéndose de hambre ocasionado por la negación y el juzgamiento, sino que recibe la gracia y necesidades para crecer.

La buena crianza maternal propicia un ambiente de aceptación que nos prepara para entrar al mundo verdadero. «... acéptense mutuamente, así como Cristo los aceptó a ustedes para gloria de Dios»[2].

Esta es una de las realidades lindas de la relación con Cristo; él acepta todas nuestras debilidades y manías. No tenemos que limpiar nuestros actos y ser perfectos para que él nos ame. Por cierto que, lo contrario es la realidad. Primeramente él nos ama y acepta, y luego podemos cambiar y desistir de nuestros modos infantiles. Después de eso, estamos listos para dar esa misma gracia a los que le haga falta. Cuando aceptamos los sentimientos de uno hacia el otro, alabamos a Dios que goza perdonando.

La palabra *aceptar* en la Biblia también quiere decir *recibir*. Cuando una madre acepta a su hijo, realmente recibe en ella todas las partes de su vástago. No niega, se retira, o condena los errores de su hijo. Carga lo que el hijo todavía no puede cargar.

La aceptación de la madre también ayuda al hijo a aceptar la realidad. Los bebés nacen con una percepción de ellos mismos, parecida a la de Dios. Como cualquier madre puede testificar, no solo los infantes son mimosos, cariñosos, y adorables, son también grandiosos, egocéntricos y omnipotentes. Esperan un ambiente que responda perfectamente para suplir sus necesidades.

Las madres tienen una labor difícil en esto. Tienen que atender las verdaderas necesidades para la seguridad del niño, amarlo y estructurarlo, al mismo tiempo, gradualmente enseñarle humildad para que aprenda a desistir de sus deseos como si fuera Dios, lamentar su perfeccionamiento, y aceptar sus limitaciones y las del mundo. Pueda que dé puntapiés y grite, pero finalmente aprenderá a decir, «hice algo malo».

Aceptación y aprobación son dos cosas diferentes. *Aprobar* quiere decir «considerar bueno». No debemos aprobar maldades. La madre *acepta* los egoísmos, demandas y fallas de su hijo; los ve como realidades e interactúa con ellos. Sin embargo, quizá no los *apruebe*. Aprobar crearía más confusión al hijo sobre lo bueno y lo malo, en lo correcto e incorrecto.

Así es que, aceptación quiere decir dos cosas: Primero, la madre se relaciona con el verdadero ser del hijo, y le da vida a sus dos partes internas, buenas y malas. Segundo, limita el ser grandioso y ayuda al pequeño a desistir de demandas idealistas sobre él mismo y otros. Este proceso prepara al muchacho para entrar en su vida adulta con juzgamiento sano en cuanto a lo que son sus fuerzas y debilidades, positivas y negativas, buenas y malas. En lugar de quedarse atrapado en ideales de perfección, se libera para lidiar con las realidades referente a él mismo y el mundo.

PARTES QUE NECESITAN ACEPTACIÓN

¿Qué partes del niño necesitan aceptación? Son muchas.

Las partes débiles. Una de nuestras realidades es que somos personas «incapaces». Aunque tratemos, no podemos siempre ser o hacer lo que nos gusta. Ninguna cantidad de buenas intenciones, poder de voluntad, o disciplina nos puede hacer seres que «tenemos todo bajo control». Por cierto que, son nuestras debilidades las que nos impulsan a relaciones que apoyan. Jesús le llamó a esto ser «... pobres en espíritu,...»[3]. Pero esta pobreza es verdaderamente una forma de riqueza. Nos hace encararnos con nosotros mismos tal como somos, a renunciar a nuestro orgullo, y humildemente buscar apoyo. La debilidad nos ayuda a permanecer relacionados a Dios y el prójimo.

En un sentido muy real, los niños son *debilidad*. Son más pequeños que adultos, no pueden cuidarse ellos mismos, y dependen mayormente de otros para sobrevivir. Los infantes todos los días se encuentran con problemas, necesidades enormes y tienen que descansar en otros para satisfacer esas necesidades. La buena madre bautiza las debilidades de sus hijos. Ella recibe esas necesidades, tiene compasión para las fragilidades y se relaciona con ellos emocionalmente. Convierte el ser débil, en aceptable. Por eso, y a medida que los niños experimentan que sus debilidades están bien para mamá, pueden responder y madurar en fortaleza.

Las partes negativas. A medida que los niños crecen, comienzan a hacer distinciones entre los aspectos positivos y los negativos de la vida. Aprenden a odiar cosas, a no estar de acuerdo, y a veces ser opositores. Esto es una señal que están aprendiendo a percibir, clarificar valores, estar en contra de la maldad y «a favor» de lo correcto. Al aprender, son a menudo negativos en cuanto a todo en la vida, desde brócoli a irse a la cama.

Las partes mediocres. Muchos hijos se sienten amados solo cuando son «trofeos». O sea, que la madre parece volver a la vida cuando ellos están de lo mejor. Sus ojos relumbran, se pone más animada, y aparece más cerca e interesada. El hijo se siente extasiado y feliz. Pero entonces, cuando la mediocridad aflora en otra situación, es difícil obtener la atención de mamá.

Los hijos necesitan saber que son especiales aun cuando no lo sean. Todos fallan o sencillamente no sobresalen a muchas cosas. Esto puede ser por falta de esfuerzo, habilidad, oportunidad o una combinación de las tres cosas. Requieren saber que la madre está contenta con ellos cuando brillan, pero que su amor y orgullo por ellos son constantes, brillen o no.

Las partes que a mamá no le gustan. ¡Créanlo o no, los niños tienen aspectos que simplemente a la madre no le atraen! (Son bromas, es verdaderamente fácil de creer). A veces, debido a los propios problemas de mamá, los del chico, o el gusto y estilo particular de ella, puede que el niño haga o no, las cosas que a su progenitora no le gustan.

Por ejemplo, una madre callada, e introspectiva, puede estar criando a un niño agresivo, quizá el niño prefiere jugar manos arriba que leer un libro sentado en las piernas de ella. Esto no es una parte buena o mala del niño, es solamente que «no es mamá». La tarea de la madre es aceptar estas partes del niño, para relacionarse con ellos de la mejor forma posible, y de amarlos y limitarlos, en lugar de retirarse o condenarlos porque no son de su estilo.

Las partes malas. Algunas de las partes de un niño no son solo negativas sino pecaminosas, codiciosas, y egocéntricas. Estos rasgos de carácter son destructivos en lo pequeños, y el chico necesita ayuda para lidiar con ellos.

Como con cualquiera otra, nuestras partes malas necesitan relación. Mientras la madre todavía llame «bueno» a lo bueno y «malo» a lo malo, hace bien el tener maldad, y lidia con eso. Aunque mamá no presuma que las partes malas no están allí, no condena al niño. Y le ayuda a su pequeño a traer las partes malas

a ella, a lugares y personas seguras, y a la cruz de Cristo, donde
son perdonadas.

NUESTRA NECESIDAD DE INTEGRACIÓN

Los hijos necesitan a alguien que se pueda relacionar con sus
sentimientos de amor y odio referente a sí mismos y el mundo.
Ya que el trabajo primordial de mamá es amar, le es difícil tolerar el odio intenso que su hijo siente por ella a veces. Pero aún
así, los hijos buscan desesperadamente que mamá se relacione a
sus sentimientos de odio o de amor.

Cuando la madre puede lidiar con las dos clases de sentimientos de su niño, ambas partes comienzan a *integrarse*. El
amor de un pequeño es acondicionado con la realidad, y el odio
materno con acercamiento. Las madres desarrollan la habilidad
de ser ambivalentes, para percibir ambos sentimientos, amor y
odio, en sus relaciones. Esto profundiza y enriquece su capaci-
dad para un amor maduro y buenas relaciones.

Pero cuando la madre insiste que su niño sea siempre «positivo y cariñoso», el amor y el odio se mantienen divididos para
él. No puede desarrollar relaciones completas para ella y los demás; los seres son tipos buenos o malos, con ningún término
medio.

«Deja de ser negativo», me reprimió mi amiga Jean. «Necesitas ser más positivo».

«Jean, he tenido resfriado y dolores en el cuerpo por tres
días», le dije. «Aunque sea esto negativo, también es la realidad.
¿De qué manera prefieres que te diga, referente a un "negativo
cierto" o a un "positivo falso"?»

Jean pensó por un segundo. «Un positivo falso», dijo «es
menos deprimente». Aunque Jean simplemente pueda haberse
cansado de oírme hablar del resfriado, necesitaba reconocer los
«altibajos» del mundo. Dejamos de hablar referente a mi resfria-

do, y traté de estornudar más suavemente, para no molestar sus pensamientos positivos.

NUESTRA NECESIDAD DE PERDÓN

Muchas de las partes de un niño necesitan el perdón de la mamá. Los pequeños no tienen la habilidad de lidiar con sus imperfecciones o las de alguien más. Su tendencia es la de negar la imperfección, juzgarla, o tratar de ganarse de regreso amor como penitencia por haberse portado mal. Los niños no pueden comprender cómo pueden herir a otros y todavía estar relacionados.

La madre se vuelve un modelo para el proceso de perdonar. Confronta a su niño en cuanto a su comportamiento destructivo, pero se mantiene cerca. No lo hace trabajar para poder regresar a su relación. Ella «cancela la deuda», tal como perdonar dicta: «... sean bondadosos y compasivos unos con otros, y perdónense mutuamente, así como Dios los perdonó a ustedes en Cristo»[4.] Jimmy tendrá que pagar por la ventana quebrada, pero siempre estará relacionado al amor con clemencia de mamá.

De la misma forma, mamá ayuda a su hijo a aprender y perdonar a otros por sus transgresiones. Le enseña a renunciar a sus deseos de venganza cuando las amistades le fallan, y le ayuda a aprender a lidiar con ellos como personas verdaderas e imperfectas.

NUESTRA NECESIDAD DE APRENDER A LAMENTAR

Cuando afrontamos nuestros fallos, o los de otros para con nosotros, la primera tendencia es tratar de solucionar las cosas. Nos enojamos, ocupamos o demandamos. A veces las cosas se mejoran, y otras no. Cuando estamos ante el segundo caso, somos confrontados con la realidad de una *pérdida*. Las personas nos dejan, perdemos oportunidades, y le fallamos a nuestros propios ideales en cuanto a lo que pensábamos que éramos.

Para poder lidiar con y resolver una pérdida, maldad, y fracasos, los niños necesitan aprender a *lamentar*. El lamento es el proceso de soltar lo que no podemos retener. Al final nos permite recibir lo que no podemos perder; relaciones consoladoras que nos sustentan y apoyan en nuestras tristezas. La buena madre ayuda a su hijo a aprender a llorar, recibir apoyo, y decirle adiós a sus pérdidas. No devalúa esta diciendo. «Mira el lado bueno», o «la elección no era tan importante de todos modos». Ella llora y lamenta con sus hijos cuando ellos lo hacen también. Y su niño aprende a ceder y seguir adelante en la vida.

EL YO REAL Y EL YO IDEAL

Todos tenemos dos «yo», o autorretratos emocionales en nuestras mentes. Uno es el *yo real*, el ser que verdaderamente es. Este *ser* está compuesto de nuestros rasgos, características, fuerzas, y debilidades; lo que verdaderamente somos. El otro es el *yo ideal*. Esta es la persona que nos gustaría ser. El ser ideal se compone de todos nuestros sueños, aspiraciones, y metas; lo que queremos ser. Esto puede incluir carácter, relaciones, e ideales educativos y profesionales.

La madre aceptadora está enterada de estas dos partes de su hijo. Ella ama y nutre las dos, y guía al pequeño a vivir en el «yo verdadero» usando el «yo ideal» como una meta. Ese es el propósito de los ideales, darnos algo bueno a qué aspirar. Pero le deja saber a su niño que ella ama más al ser verdadero que al ideal.

Cuando una madre comete el error fatal de amar al ideal sobre el real, de preferir al hijo que «debería ser», él también hace lo mismo. Trata de ser perfecto y de «tenerlo todo en orden» para mantener a mamá cerca e involucrada. Ser ideal se vuelve el «requerimiento mínimo a diario» para él, una demanda en lugar de una meta.

SER «SUFICIENTEMENTE BUENO»

No es suficiente para un niño estar enterado de su propio ser. Podemos saber de nosotros y aún sentir desesperación por la parte dolorosa de esas realidades. Nuestro ser real necesita también constituirse en un *ser suficientemente bueno*. Esto no quiere decir que lo seamos en el sentido de nuestras acciones para recibir amor. Más bien quiere decir lo contrario: A medida que respondemos a la aceptación de mamá a todas nuestras partes, desarrollamos una perspectiva que, por ese amor, nos sentimos «suficientemente buenos». Más que eso, el amor de nuestra madre pone a descansar enteramente la cuestión de «¿Soy bueno o malo?». No somos buenos o malos, somos amados.

BUENA VERGÜENZA

Todos necesitamos un sentido de pudor en particular que nos pone al tanto de nuestros fracasos para ser la clase de persona que nos gustaría ser. A esto lo llamamos «buena vergüenza». Nos ayuda a ver dónde y cuándo nos quedamos cortos para llegar a la marca, y que todavía no nos condena. Las personas que están conscientes de hacer lo correcto experimentan buena vergüenza. En el sentido contrario, la falta de conciencia en otros les impide experimentarla. «...pero el inicuo no conoce la vergüenza»[5]. Esta clase de vergüenza es diferente de la llamada tóxica, o destructiva. Una tóxica es la clase que experimentamos cuando sentimos que nuestra maldad es *muy mala* para ser amado. La buena vergüenza preserva el estado de nuestro amor, mientras que la tóxica lo destruye. Con buena vergüenza, ser amado no es ni siquiera una consecuencia o el resultado; es un obsequio. Es además una señal que nos alerta diciéndonos que veamos cómo hemos fracasado en amar o cómo nos hemos comportado irresponsablemente. Nos alerta a que veamos nuestras acciones y actitudes destructivas y nos empuja a lidiar con ellas redimiéndonos.

La buena madre ayuda a su niño a desintoxicar la vergüenza mala y le enseña cómo experimentar los efectos de la buena. Le enseña «la persona que puede ser», «la que es», y la distancia entre esas dos posiciones. Deja al chico experimentar la vergüenza desde esa distancia sin pérdida de amor. La buena vergüenza motiva al niño a alcanzar más de su potencial.

ADMIRACIÓN CONTRA AMOR

Los niños necesitan aprender a distinguir entre admiración y amor. Aunque pueden parecer lo mismo, son bien diferentes. Cuando admiramos a alguien, estamos impresionados por la fortaleza y buenos puntos de esa persona. La admiración coloca a otros en un pedestal. Pero, al hacer eso, también pone distancia entre las dos personas. Usted no se puede acercar a una persona que admira.

Sin embargo, cuando ama a alguien, ama a la persona entera, sus puntos buenos y malos. Amor es un movimiento hacia el alma entera del amado. *Aunque no puede admirar los fracasos de alguien, los puede amar.*

La mamá aceptadora ama a todo el hijo y destaca las cualidades admirables. Ella tiene un cuadro real de sus rasgos positivos y negativos, y le ayuda a mantener sus pies firmemente plantados en el suelo alrededor de él mismo. «...piense de sí mismo con moderación... »[6] . Ella se restringe en ver a su hijo como una súper estrella en todo lo que hace. De este modo, lo protege de la adicción a los elogios y caricias que él a menudo fracasa en ganarse en el mundo verdadero. Lo motiva por medio del amor y las consecuencias, y con esto se vuelve inmune a las seducciones de halagos.

LOS DOS ROMPIMIENTOS EN ACEPTACIÓN

Cuando mamá no puede aceptar y lidiar con las partes «malas» del niño, tiende a usar uno de los dos diferentes enfoques, los cuales rompen la habilidad del pequeño para lidiar con; perdonar e integrar las buenas y malas partes juntas.

Negar. Algunas madres tienen dificultad en admitir que estas partes malas existen. Preferirían pretender que Junior no tiene problemas o partes negativas. Pueda que hagan esto activa o pasivamente.

La mamá que activamente niega, dice con detalle: «No está realmente triste (o enojada o mal)», o «sus malas notas no son su falta, es esa escuela horrible». Ella niega ya sea los aspectos negativos o la responsabilidad del niño por las cosas negativas. La madre que niega pasivamente, aminora las cosas malas y desvía la atención lejos de ellos. Quizá haga comentarios como, «este problema pasará si simplemente lo ignoras», o «piensa en buenas cosas». De cualquier manera, Junior está forzado a negar algunas realidades de él mismo o llevarlas a otras personas fuera de mamá.

Juzgamiento. El segundo planteamiento destructivo que las mamás llevan a las partes malas de sus hijos es el juzgamiento. Este término equivale a una actitud de condena. No hace otra cosa más que mencionar que algo está «mal». Eso no es juzgamiento, es evaluación. Juzgamiento, en el sentido que lo estoy usando retira relaciones de, y agrega odio a las partes condenadas. Dice: «Esta parte suya es muy mala para ser amada. No la relacionaré con mi amor, sino con mi cólera». El niño entonces interioriza esta cólera y se siente condenado cada vez que le aflora esta parte.

Por eso es que mucha gente se siente culpable y odia cada vez que no están de acuerdo, aseveran, o cometen errores. Estas partes tienen un «recuerdo de mamá» intensamente crítico pegado a ellos. No pueden experimentar estos aspectos propios sin que sientan odio por ellos mismos

RESULTADOS DE LA CRIANZA MATERNAL «TROFEO»

Si usted tuvo una mamá trofeo, puede estar experimentando algunos de los siguientes síntomas:

Señales Relacionales

Actuando para otros

Los hijos adultos de las mamás trofeo a menudo son empujados a mantener su mejor pie adelante en sus relaciones. A propósito, ese pie es el único. Trabajan duro para mantener a la otra persona contenta y no desilusionada con ellos. Están constantemente alertas a no cometer errores en sus relaciones y de no exponer sus imperfecciones.

Aunque el esforzarnos para no herir a nuestras amistades es una causa meritoria, el individuo actuando no está tan preocupado en no herir a otros, como está en que le guste, evitándole enojos a otros, y que lo vean como una persona buena. Estos individuos están intensamente propensos a tener vergüenza (la clase tóxica) y viven con temor de que otros descubran su ser verdadero.

Los que resisten el «buen ser» como el único que poseen, a menudo tienen un lado tenebroso en su ser relacional. Son «buenos» con sus «buenos» amigos, pero también tienen un grupo de «malos» amigos con los que pueden ser imperfectos y reales. Estos actores sienten terror al día que estos dos grupos de amigos se conozcan: «Pastor Smith, me gustaría presentarle a Hell's Angel Jones» (Ángel Jones del Infierno)», es su peor pesadilla.

«Aprécieme ahora y evite la carrera»

Cuando la madre ignora lo malo y falla en limitar lo grandioso, su niño puede desarrollar lo que se llama *narcisismo*. Los narcisistas son egocéntricos y necesitan ser tratados como especiales, en lugar de simplemente únicos, como Dios nos creó. «¡Te alabo porque soy una creación admirable!...»[7]. Es el reconocimiento del salmista por la forma minuciosa e individualmente como Dios, el Maestro de Artesanía, nos diseñó a cada uno de nosotros. Pero no dice que estamos libres de la obligación de tener que pararnos al final de la fila en el teatro o el cine.

La niña narcisista es demandante y busca ser especial en todas las situaciones y relaciones. Ser común, mediocre y de promedio medio es intolerable para ella. Se convierte en un tipo de adulto adicto a los elogios y halagos de una multitudinaria audiencia.

Esta dinámica es especialmente destructiva en los matrimonios, ya que el individuo narcisista espera que su pareja aplauda sus especialidades en la misma forma adorable como mamá lo hizo. El esposo hace un gran esfuerzo para apreciar los otros logros y esfuerzos, pero nunca es lo suficiente. El narcisista es insaciable, un «hoyo negro» con necesidades de afirmaciones que ninguna cantidad de validación puede saciar. Es como que si este necesita que su esposa se convierta en su espejo, reflejando su gloria para que todos la vean.

La esposa del narcisista, a menudo busca terapia antes que el propio afectado lo haga. El esposo se quema en su papel de admirador y se vuelve deprimido y retraído. Se da por vencido, mientras que el narcisista continúa sintiéndose merecedor de un trato especial y se convence que el problema es el resultado de que «mi esposa simplemente no me comprende». La realidad es que probablemente la esposa comprende muy bien y se cansó de ser la nueva, mamá trofeo mejorada.

«El espejo humano»

Los niños de mamá trofeo no solamente necesitan constantes reflexiones de otros, sino también dispensarles crianza maternal constantemente. Estas personas están atrapadas en unas pautas en curso, tales como los halagos, elogios, y la necesidad de sacar lo «bueno» en ellos. Y tienden a ser atraídos a la clase narcisista de la sección anterior.

«¿Qué es lo malo al ser afirmativo y positivo?» Probablemente se haga esta pregunta. Absolutamente nada. Por cierto que, debemos pensar en «... todo lo que sea excelente o merezca elogio»[8]. Sin embargo, el espejo humano hace dos cosas: Primero, afirma el ser grandioso; y segundo, niega el ser imperfecto. Bajo el disfraz de ser «alentador», una persona en tales condiciones previene a otros de la realidad que necesitan confrontar para poder cambiar y crecer.

El espejo humano sufre de una forma distinguida de narcisismo. Necesita súper estrellas y especialidades, pero no directamente. Lo adquiere en las personas que él o ella reflejan. La esperanza es que su gloria se reflejará de vuelta en ella. Por eso sus amistades, compañeros de trabajo y familiares son las «mejores personas del mundo». Esta persona dirige de nuevo su propio derecho hacia otros sin tener que poseerlo.

Señales funcionales

Perfeccionismo

Las tendencias de perfeccionismo brotan en los hijos adultos de la mamá trofeo. Por la demanda interna de ser bueno y perfecto, y el miedo de ser malo, estas personas tienden a funcionar con poco o ningún lugar para errores. A veces funcionan a un nivel alto, volviéndose cirujanos, líderes de negocios o abogados. Otras veces, están tan paralizados por el temor de hacer un error que no pueden lograr cualquier meta en una carrera. El círculo de aprendizaje que viene de tomar riesgos es muy doloroso para tolerar. El brillante y enérgico medio fracasado que no puede terminar proyectos creativos, es un buen ejemplo de cómo es un hijo de Mamá Trofeo.

Cuando el trabajo no es una etapa

El hijo adulto de una mamá trofeo llevará sus expectativas de alabanzas y reflejos de espejo al lugar de trabajo. Porque mamá alabó y admiró todos sus logros, la vida real en el trabajo, es a menudo una mayor desilusión.

Dan, al comienzo del capítulo, es un ejemplo. Su vida profesional no resultó como su mamá o él habían esperado. Él es una de esas personas que tienen ocho cilindros pero solo corren con dos. Aunque era un prospecto para la escuela de leyes, nunca pasó de su grado de bachiller. Tuvo que trabajar en ventas. Era bueno con la gente, pero experimentado desilusiones laborales.

Cuando cerraba una venta, se apresuraba para llevarle las cifras a su jefe, esperando celebración. Pero este solo se quedaba viéndolo curiosamente, luego le decía: «Buen trabajo, creo. Salga y hágalo de nuevo». Dan se sentía aplastado y desilusionado. No estaba mamá que se tornara escandalosa sobre su aparente marca.

Esconder fracasos

Cuando Dan perdía a un cliente, surgía una dinámica diferente. Primero, trataba de tapar sus errores. Después, cuando era descubierto, los encubría diciendo, «no es problema, solo es un malentendido». A medida que las cosas progresaban, se aclaraba que Dan en la realidad había fracasado. Cuando lo confrontaban, estallaba gritando que el cliente, su jefe, o los dos no lo comprendían a pesar de lo duro que trabajaba. Él no podía confesar un fracaso, aprender de las consecuencias, y seguir adelante en su carrera.

Señales emocionales

Depresión

Es común para los hijos adultos de una mamá trofeo estar deprimidos. A medida que se enfrentan con los fracasos en sus vidas personal y de trabajo, la realidad comienza a despertar ya que no estarán viviendo la vida ideal que esperaban. Matrimonios que no son felices, divorcios, problemas con los hijos, y molestias en la carrera pasan a primera vista en sus sueños. No tienen la habilidad de arreglárselas para lidiar con el fracaso, así es que a la depresión le sigue un síntoma de desesperación en cuanto a cómo resultaron ser: «La esperanza frustrada aflige al corazón;... »[9]. Sus expectativas grandiosas fueron diferidas una vez más, y enfermaron del corazón.

Ansiedad, vergüenza, y culpabilidad

No es un paseo cargar con la culpa de este modelo. La hija de la mamá trofeo está constantemente ansiosa porque le vaya a fallar a mamá, a los demás y a ella misma. Piensa que las expectativas de todos son su carga, y está llena de vergüenza y culpa por tratar desesperadamente de ser perfecta. En su corazón sabe que mucho de su vida es fraudulenta; nadie en realidad conoce su verdadero ser enterrado. Es continuamente atormentado con lo auto engañoso en que se convirtió.

Compulsiones y adicciones

Como mencionamos anteriormente, el comportamiento compulsivo y adictivo puede temporalmente anestesiar realidades dolorosas. El niño trofeo adulto tendrá tendencia a depender de las drogas, sexo, o cualquier otra sustancia o actividad, por dos razones. Primero, no lo deja ver quién realmente es y todo lo malo y errático que no puede perdonarse a sí mismo. Segundo, sus problemas de comportamiento le sirven como el único modelo con el que pueden decir que son seres «reales». Muchos adictos reportan durante el tratamiento, que la única vez que se sienten bien sin tener que ser perfectos, es cuando consumen el calmante de una sustancia. Es como si finalmente están recibiendo la aceptación y misericordia que mamá no le pudo dar, pero en una forma impersonal.

Señales espirituales

La hija adulta de una mamá trofeo a menudo encuentra difícil sentirse cerca y segura con Dios. Por ejemplo, no se puede imaginar un Creador que la conoce y ama, al mismo tiempo. Si la ama, no debe saber lo mala que de veras es. Y si la conoce, la debe odiar.

El sentido de maldad abrumador de esta persona la mantiene ciega a la luz del perdón y la gracia de Dios. Está siempre escondiéndose con vergüenza de su ira, tratando de ser buena para apaciguarlo, o dudando de si está de veras allí. Ella no puede ver al que la ama «... con amor eterno...»[10] y acepta sus imperfecciones sin juzgamiento o negación. Esta clase de amor solo toma su maldad en una forma cruda y sin refinamiento pero suavemente los coloca al pie de una cruz manchada de sangre.

Hoy día con Mamá

A medida que el niño de la mamá trofeo crece, algunas cosas cambian, pero otras no. La madre posiblemente todavía espera que su pequeño la «llene de orgullo» y aunque él ya no está en la velada de la escuela, su hijo adulto todavía procura satisfacerla.

Estos hijos adultos todavía traen a la casa trofeos para mamá, aunque ella viva a miles de millas de distancia. Por ejemplo, un esposo puede recibir una promoción de trabajo, pero está más ansioso de comentar la noticia con su mamá que con su esposa.

O durante el conflicto matrimonial, corre donde su madre por afirmación de sus bondades: «¿Sue dijo eso de ti? ¡Ella simplemente no sabe lo especial que eres!» Cree que está ganando «apoyo»; pero no se da cuenta que está dejando a la persona que ama al *verdadero él*, por alguien que admira al *falso él*.

Algunos niños de mamá trofeo se sienten traicionados por ellas. «Lléname de orgullo» se deteriora dando paso a «Yo creía conocerte». Los fracasos y luchas de la vida real del hijo adulto, son ahora aparentes y mamá no puede negarlos ni excusarlos. En su lugar, ella está profundamente desilusionada porque la meta en la vida de su hijo, de darle estimación personal positiva no ha sido cumplida. Los intentos de relacionarse con mamá se vuelven recordatorios penosos de cómo el divorcio, su suspensión del programa de Maestría de Administración de Negocios, o perder el trabajo, la hirieron. Así es que el hijo adulto sigue siendo el hijo «malo» para siempre, hasta su tarde adultez. Se vuelve imposible reconciliarse con el que mamá intentaba que fuera.

PARA TODOS LOS NIÑOS TROFEOS

Si usted, o alguien a quien usted ama, tiene una mamá trofeo, el siguiente capítulo le enseñará los pasos para reparar los problemas, así como completar lo que quedó sin terminarse en su propia crianza maternal. Todos necesitamos madurar hacia adultos reales, buenos y malos, amados y reconciliados, para que entonces den esta reconciliación a otros.

Capítulo Nueve

Vuélvase real

Fue un momento de cambio para Cliff, alguien que Yo (Dr. Cloud), como un observador, nunca olvidaré. Su mirada fija se dirigía al suelo; por su vergüenza, no podía ver a los miembros del grupo. Como su terapeuta, ya conocía las luchas, y ahora estaba esperando que él les contara a los otros.

Mantuvo la vista hacia abajo, pero finalmente empezó a hablar. «No sé cómo decir esto, pero hay algo que necesito confesar», dijo. «Soy adicto a la pornografía».

Observé al grupo. Estaban quietos y callados.

«Sé que no esperaban esto de mí», continuó, «y me siento horrible por ello, pero tenía que decirlo a alguien». Comenzó a llorar, y se hundió más abajo en su asiento al continuar relatando su historia.

Vi alrededor del cuarto todas las expresiones de compasión y cariño. Algunos de los miembros hasta tenían lágrimas en sus ojos. La confesión de su larga lucha, de la incapacidad por romper el hábito, de la forma en que se sentía después, los acercaba más a él, y pude notar un sentido fuerte de empatía en el cuarto.

Pero Cliff no podía sentir la empatía o compasión de ellos, ni verlo, ya que permanecía mirando hacia abajo, envuelto en su propia culpabilidad y vergüenza. Decidí que siendo el cuidado del grupo lo que necesitaba, debía intervenir. «Cliff», dije, «quiero que mires a tu alrededor».

173

«No puedo», dijo, «no puedo». Su vergüenza era abrumadora. Resistió con todas sus fuerzas mirar a los demás, pero me mantuve detrás de él, sabiendo que únicamente encontraría compasión si lo hacía. Muy despacio levantó su cabeza y revisó a los miembros del grupo uno por uno. Sus ojos se movieron de persona a persona, y observé una transformación tomar forma adentro de él. Se relacionó más al ver la compasión de ellos y la ausencia de condena.

Comenzó a llorar, pero era un llanto de diferente clase. Estaba desbordándose verdaderamente, soltando todo el dolor y vergüenza que le estaba molestando por tanto tiempo.

Cuando lentamente dejó de llorar, presentí como que había salido de la prisión. Como pastor, para Cliff era particularmente difícil admitir y hablar de su actuación sexual; se lo había guardado por mucho tiempo. Lo que pasó aquí, fue que todas las partes por las que él se había sentido tan mal, fueron aceptadas por los otros. El poder de aislamiento se había roto. Y acababa de descubrir algo más que era crucial para su futuro: *No tenía que ser perfecto para ser amado.*

Era una experiencia totalmente nueva para Cliff. Toda su vida había trabajado duro para ser perfecto, para así ganarse el amor que necesitaba. Como vimos en el capítulo pasado, los que poseían mamás trofeos tienen una grieta dentro de sus personalidades. El «ser bueno» en las afueras trata de vivir con los requerimientos de ser un «trofeo», y el «ser malo» en los adentros trata de esconderse o encuentra maneras de salirse.

Pero al confesar al grupo, Cliff estaba dándole vuelta a todo eso. Estaba comenzando a traer su «maldad hacia la luz», y se comprobó que el efecto fue bien poderoso en su vida. Muy pronto después de esto, su compulsión empezó a perder su control sobre él. Encontró algo en el grupo que a su crianza maternal le hizo falta. Logró aceptación por sus partes no tan perfectas, así es que ahora podía empezar a tener mucha más asimilación de sus insuficiencias, y al mismo tiempo encontrar más respuestas para ellas. En el proceso, él se mejoraba.

En este capítulo, veremos cómo se repara la crianza maternal trofeo. Y en el trayecto, encontrará un crecimiento maravilloso.

LA MUERTE QUE NADIE QUIERE EXPERIMENTAR

«Y dijo: "El ser humano ha llegado a ser como uno de nosotros, pues tiene conocimiento del bien y el mal. No vaya a ser que extienda su mano y también tome del fruto del árbol de la vida, y lo coma y viva para siempre". Entonces Dios el SEÑOR expulsó al ser humano del jardín del Edén, para que trabajara la tierra de la cual había sido hecho. Luego de expulsarlo, puso al oriente del jardín del Edén a los querubines, y una espada ardiente que se movía para todos lados, para custodiar el camino que lleva al árbol de la vida»[1].

En esta historia, encontramos una triste verdad; hemos perdido el paraíso, y la puerta hacia el jardín, donde las cosas son perfectas, está vigilada. No podemos entrar a la perfección. Tampoco ser perfectos, de tener personas perfectas en nuestras vidas, y experimentar un mundo perfecto. Si tratamos de saltar dentro del Edén, nos encontraríamos con querubines, que harán señales con las espadas de fuego como un aviso de que cualquier intento de entrar será desbaratado

¡Ah, pero cómo tratamos! Maquillaje, cirugía plástica, pequeñas mentiras, administración de imagen, posesión de material, logro, ser miembro del grupo correcto, clubes, o iglesias, todos estos pueden ser nuestro intento de ser perfectos. Pero realmente todos están condenados a fracasar. El querubín agitará la espada. Y si persistimos, nos quebrará.

A medida que tratemos de regresar al Edén, ¿Cómo serán los golpes del querubín? ¿Cómo se sienten? ¿Qué nos pasará cuan-

176 • El Factor Mamá

do tratamos de lograr perfección, para ser el trofeo de la madre? Recibiremos un severo golpe con la espada.

Vimos los golpes de la espada en el capítulo anterior; depresión, incapacidad de funcionar bajo las demandas del perfeccionismo, y problemas de relaciones. Cada hijo de una mamá trofeo de alguna manera se encuentra con la espada y experimenta muerte. Pero la pregunta que todavía requiere solución es esta: *¿Hemos emitido un certificado de muerte?* La interrogante de lograr el yo ideal, es un asunto muerto. Pero el funeral todavía está más adelante.

Hablé a un grupo de profesionales jóvenes hace poco, y les hice esta pregunta: «¿Qué es lo que encuentran más difícil de aceptar referente a su persona?» Algunos se franquearon referente a fracasos repetidos, malos temperamentos, demostraciones de impaciencia, dilación, la incapacidad de amar bien a otros y ser la persona que cada uno quiere que sea. Uno por uno estos quince hombres y mujeres se volvieron vulnerables. Después de escuchar por un rato, les pedí que me dijeran cómo se sentían el contestar estas preguntas. Me respondieron que sintieron dos emociones: tristeza y alivio.

Lo triste fue el funeral. Por un breve momento, todos habían abandonado la búsqueda de la gloria para reconocer que sus intentos individuales a la perfección, no estaban resultando; se encararon con la realidad de quiénes eran. Una pesadez penetró el cuarto cuando individualmente confesaron cómo se sentía el reconocer esa realidad. Una persona lo dijo bien: «Esto deprimente».

La parte deprimente era reconocer que no podían aspirar a lo que su ser ideal les estaba pidiendo que fueran. Estaban perdiendo la batalla. No importaba lo grande que fueran sus esfuerzos, no podían ser perfectos. A veces el cuarto se volvía silencioso, al estar sentados con esa realización.

Pero uno por uno todos cayeron en otra realización: No estaban solos en sus luchas. Se sintieron aliviados al encontrar comunidad en la compañía de otras personas imperfectas, descubriendo que cada uno tiene aspectos que no son tan grandes. Comenzaron a reírse de ellos mismos y entre ellos, porque llegaron a pensar que sus fracasos revestían una importancia monumental. Y se dieron cuenta que la unión era más importante que la perfección, una imagen falsa que habían proyectado entre cada uno de ellos.

Así es como se debe ver un buen funeral. Cuando uno muere o perdemos algo, las personas que asisten al funeral se unen y se consuelan unos a los otros. Encuentran un sentido de apoyo más profundo en su dolor. Como dijo Jesús, «Dichosos los que lloran, porque serán consolados»[2].

Esta muerte es la llave para vencer los efectos de la mamá trofeo. El primer paso es ver que nuestros síntomas son causados por tratar de cumplir con las demandas del trofeo. En un momento dado, debemos hacer lo que este grupo hizo: Enfrentar la realidad. Apoderarnos de nuestra imperfección, dolor, y fracaso. Este lazo común nos traerá juntos para encontrar algo mejor que ser ideal, ser amados como lo somos. Pero para llegar allí, primero tenemos que reconocer la muerte del ideal, y firmar el certificado de defunción.

Una vez que nos demos cuenta que no llegaremos de regreso al Edén, debemos encontrar una comunidad segura que nos apoyará hasta el funeral. Necesitamos la clase de crianza maternal de la que se habló en el capítulo anterior, personas que *aceptarán* y *corregirán*. Necesitamos personas que acepten quiénes somos y nos amen haciéndonos quiénes queremos ser.

Aquí estamos diciendo de nuevo que necesitamos de otros para superar el problema de crianza maternal inadecuada. Esto será cierto para resolver todos los problemas que tenemos con la madre. Si no recibimos buena crianza maternal de su parte, debemos obtenerla de otros.

¿Cómo son estas amistades verdaderas? Busque los siguientes rasgos en ellas o en su grupo de apoyo:

- Humildad; ellos han reconocido sus propias imperfecciones y ya no demandan perfección de ellos mismos

- Ausencia de condena; ellos son capaces de evitar hacerlo sentirse peor o inaceptable por lo que es
- Ausencia de negación; ellos pueden enfrentar la realidad de la maldad, debilidades, e imperfecciones suyas
- Habilidad de confrontar; ellos tienen el valor de decirle lo que ven
- Aceptación; ellos lo abrazan y lo aman donde esté

Al escoger nuestras personas de apoyo, generalmente incurrimos en dos clases de errores. Primero, las encontramos con las mismas demandas de perfección que nuestra madre tuvo, por lo tanto repetimos el mismo tema de tratar de ser un trofeo. O segundo, seleccionamos las que están *muy* confortables con sus imperfecciones y que no pueden confrontarnos con los problemas que necesitamos revisar. Una buena madre no demanda perfección, pero tampoco deja pasar faltas inadvertidas.

Estas son generalmente las clases de malas interpretaciones que tenemos sobre Dios, también. O lo miramos como un maestro de labores duro que demanda perfección, o lo vemos como la abuela amorosa que no ve ningún mal. En realidad, Dios es un Dios de ambos, gracia y verdad. Nos acepta como somos pero quiere que mejoremos. Una relación con Dios sanará los efectos de una mamá trofeo.

Nuestras amistades de crianza maternal también requieren tener los dos componentes. Necesitan aceptar quiénes somos, y, al mismo tiempo, confrontarnos con lo que deseamos cambiar. Necesitamos amistades de crianza maternal con gracia y verdad.

Nuestra respuesta a la crianza maternal

La historia de Cliff tuvo un final feliz porque reaccionó bien a su gente de apoyo. Algunos niños adultos de mamá trofeo tienen buena crianza maternal disponible para ellos, y continúan desbaratándola.

Piense por un momento en la compasión que los miembros de grupo de Cliff le demostraron. O en la aceptación que vi en el grupo de profesionales jóvenes. La buena crianza maternal solo «funcionó» en estos núcleos, porque Cliff y los otros se aprovecharon franqueándose y permitiendo que otros los conocieran. Esta buena crianza maternal solo operará para nosotros si podemos buscarla y recibirla.

NUESTRA PARTE PARA VENCER SER UN TROFEO

1. Únase

Debemos encontrar un individuo o un grupo, donde están presentes los rasgos de una crianza maternal lo suficientemente buena. La muerte de un trofeo no ocurre en un vacío.

2. Confiese

«...confiésense unos a otros sus pecados, y oren unos por otros, para que sean sanados... »[3]. La palabra griega que es traducida «faltas» aquí en el libro de Santiago, es aquella que abarca nuestras transgresiones voluntarias y las no intencionales. En otras palabras, «lo que hace falta». Necesitamos que otros nos conozcan. Necesitamos aceptación. Necesitamos perdón. Necesitamos amor. Pero estas cosas pueden «llegar» a nuestras almas, únicamente si confesamos.

¿Confesar qué? El término griego lo define como «concordar». Simplemente necesitamos estar de acuerdo con la realidad y la verdad de quién de veras somos. Al estar de acuerdo con las verdades referentes a nosotros, que otros nos traen, nuestra de-

manda para perfección baja. Y entonces la curación puede comenzar. La confesión es buena para el alma. Es la forma en que
Dios, con la lanza, abre las heridas e infecciones que llevemos
adentro.

3. Procese sentimientos negativos y pér-
didas

Con frecuencia, la mamá trofeo rehúsa permitir a su niño
tener sentimientos negativos y admitir pérdidas y fracasos. Culpabilidad, vergüenza, fracaso, y dolor son emociones que la persona «ideal» no supone sentir. La mamá trofeo quiere que su
niño se sienta bien, positivo, y sobre todas las cosas, libre de dolor y desilusión.

Pero si queremos ser todo lo que podemos en este lado del
Edén, debemos abrazar la tristeza del ideal perdido, el dolor de
los daños que hemos experimentado, y el enojo por las demandas en la función trofeo. Para juntar el ser real y el ideal, debemos procesar sentimientos de todas las clases.

En algún punto determinado, debe comunicarse con el dolor de su ser real perdido, esa parte de usted que estuvo aislada
por tanto tiempo, con el resultado de enojo y tristeza. A medida
que le hace disponible a las personas de su grupo la entidad
completa de su ser, puede abrazar y sentir estos sentimientos, y
cuando ellos son percibidos y correspondidos por otros, su ser
real se integrará por completo.

4. Vuelva a trabajar con el ideal.

Los niños adultos de las mamás trofeos tienen una imagen
de su ser ideal que ni siquiera es humana. Este ideal no es sensible a los sentimientos normales del prójimo como debilidades,
temor, insuficiencias, sexualidad, o ira. Así es que el problema

no es solo que se sienten incapaces de cumplir con su persona ideal. Es que esa personalidad, en varias formas, está construida equivocadamente.

En la presencia de las personas seguras que nos rodean, podemos descubrir, cuan realmente hemos construido nuestra humanidad e ideales. Hasta podemos comenzar a evaluar nuestras debilidades e inutilidad. Comenzamos a entender que los sentimientos de falta de autoridad son parte de la condición humana normal. Vemos que es común luchar con tentaciones, actos pecaminosos, y vulnerabilidad. Así es que volvemos a elaborar nuestro ideal; integramos nuestro ser real en nuestro ser ideal para volvernos una persona de integridad. Podemos ser quien verdaderamente somos mientras nos esforzamos a convertirnos en una mejor persona real, no esa persona que la mamá trofeo trató de criar.

5. Aprenda a amar a menos de lo ideal

Los niños adultos de las mamás trofeos pueden tener un desdeño profundo por la imperfección en otros, y esto lo aprendieron de sus madres. Actúan agradables y complacientes por fuera, pero su profundo desprecio por las imperfecciones del prójimo puede bloquear la verdadera intimidad y comunión. Sin embargo, en el contexto de gente real y de buena crianza maternal, ellos no pueden aprender a aceptar a los demás tan bien como a ellos mismos. El crecimiento en la habilidad de amar y aceptar tal como son, toma bastante parte en volcar las demandas internas y filosóficas de la mamá trofeo. Y luego la habilidad de amar a otros se traduce en la habilidad de aceptarse uno mismo.

6. Desafíe pensamientos distorsionados

Si tuvo una mamá trofeo, pueda que tenga distorsiones en su pensar; pautas de pensamientos negativos, evaluación crítica de usted y de otros y pesimismo en su punto de vista acerca del futuro, para mencionar algunos. Manténgase al tanto de cómo piensa. Su pauta automática de pensamiento lo mantiene en una crítica relación interna con su mamá; ellos necesitan ser desafiados y ajustados de tal manera que sus evaluaciones correspondan más con la realidad. La crianza maternal que recibimos de otros puede ayudar en este proceso.

7. Acepte el fracaso

A nadie le gusta el fracaso, pero las personas trofeos no lo pueden soportar. Para vencer la demanda de la mamá trofeo y cambiar su actitud hacia el fracaso, debe comenzar a verlo como una parte normal de la experiencia humana y aceptarla cuando ocurre. Para arreglárselas con los desaciertos del pasado, pudo utilizar un sinnúmero de mecanismos; dando excusas, culpando a otros, negando, o cualquier otra cosa para mantener intacto su equilibrio interno.

Su gente de crianza maternal puede ayudarle a confrontar tanto su negación como los sentimientos de rechazo que el fracaso trae y por lo tanto reducir su temor a ello. Cuando esté confrontado con sus tendencias para excusarse y culpar a otros, puede comenzar a lidiar directamente con los sentimientos que el fracaso remueve. Y usted puede recoger la buena crianza maternal hasta que se vuelva un aspecto de su persona.

8. Siga de cerca la relación emocional entre lo real y lo ideal

El tono emocional de la relación entre nuestro ser ideal y el real, es interiorizado desde la crianza maternal original. Fijamos el enojo y condena de nuestra mamá trofeo en nuestro ser real, y se convierte en la forma en que nos sentimos con respecto a ese ser.

Escuche el tono emocional de su evaluación personal. Está ¿avergonzando? ¿Enojado? ¿Condenando? ¿Atacando? El proceso de cambiar estas reacciones emocionales es de dos puntas: Verificar las respuestas negativas e identificarse con las positivas que está ahora recibiendo de su gente de crianza maternal. No puede llegar solo de usted mismo; debe llegar primero de otros, y luego se vuelve una parte propia. Una auto conversación positiva, es verdaderamente «otra charla» que se vuelve nuestra.

No rechace esta gracia. Escuche y observe en la forma que su gente de crianza maternal se relaciona con su ser real y la forma como Dios lo hace. Esas actitudes hacia usted necesitan volverse las propias:

El SEÑOR es clemente y compasivo,
lento para la ira y grande en amor.
No sostiene para siempre su querella
Ni guarda rencor eternamente.
No nos trata conforme a nuestros pecados
ni nos paga según nuestras maldades.
Tan grande es su amor por los que le temen
como alto es el cielo sobre la tierra.
Tan lejos de nosotros echó nuestras transgresiones
como lejos del oriente está el occidente.
Tan compasivo es el SEÑOR con los que le temen
como lo es un padre con sus hijos.
Él conoce nuestra condición;
sabe que somos de barro[4].

9. Arrepiéntase

Cuando las personas en las que confiamos nos dan reacciones negativas, necesitamos tomar posesión de nuestra maldad.

184 • El Factor Mamá

Esa «maldad» se vuelve menos poderosa cuando dejamos de negarla o huimos de ella, y la enfrentamos directamente. Si usted es confrontado con una de sus faltas, confiésela, pero también trabaje para cambiarla y en volverse la mejor persona que puede.

10. Ore

La búsqueda del ser real es a fin de cuentas una espiritual. El apóstol Pablo nos dice «Por la gracia que se me ha dado, les digo a todos ustedes: Nadie tenga un concepto de sí más alto que el que debe tener, sino más bien piense de sí mismo con moderación, según la medida de fe que Dios le haya dado»[5]. Las mamás trofeos le enseñan a sus hijos a pensar y demandar por ellos mismos mucho más de lo que Dios lo hace y más de lo que la realidad dicta. Dios nos dice que pensemos en nosotros con «juzgamiento moderado». Esto quiere decir ser realista en la forma que pensamos de nosotros, ni tan alto ni tan bajo.

En las oraciones, podemos pedirle a Dios que nos revele nuestros seres reales y que nos dé el valor de abrazar lo que somos y la fuerza de vivir fuera de esos seres. Esto es una parte imprescindible para el arte de convertirse. «...él nos hizo, y no nosotros»[6]. Necesitamos estar en oración, pidiéndole que nos enseñe ambos, el «...mal camino...»[7] así como nuestros verdaderos dones[8].

11. Reaccione al amor

Necesitamos recibir el amor que Dios y otros nos ofrecen. Algunas veces devaluamos el amor y la buena crianza maternal que otros nos muestran. Deje lo de «usted solo lo está diciendo» como respuesta al amor y aceptación de ellos, o el «si verdaderamente me conocieras», como un tipo de comentarios. Tome el amor por su valor, y déjelo penetrar. Pronto experimentará una gratificación profunda por la aceptación de quien usted realmente es.

12. Esté al tanto de temores y resistencias

Al ser amado y tratar de responder, sentirá temor y resistencia. El ser real estuvo solo y despreciado por un largo tiempo, y no saldrá de su escondite antes de luchar. Acuérdese que se siente como si el mundo verdaderamente no lo quiere. Vuélvase consciente de su resistencia a la gracia y aceptación. Entonces, abrace el temor y confiéselo a Dios y a otros, permitiendo que ellos le ayuden a pasar sobre su resistencia.

LIDIE CON SU VERDADERA MAMÁ DE AYER

Después de haber respondido a alguna buena crianza proveniente de alguien en su comunidad de apoyo, tiene que mirar a la mamá real del pasado. El proceso de lidiar con la mamá trofeo es similar al de lidiar con los otros tipos de mamá. Requiere conciencia, sentimientos, perdón y reconciliación. (Vea el capítulo 5 para la descripción de la necesidad del perdón).

Sea consciente

¿Qué clase de interacción tuvo con su madre que causó que se sintiera como un trofeo?

Encuentre a alguien que comprenda y le pueda dar reacción sobre estas pautas. Después aprenda las pautas de relacionarse que pertenecen a esa relación para que usted las pueda dejar atrás. Si no es así, dominarán sus interacciones actuales.

Hablé el otro día con un amigo, que estaba en el proceso de aprender referente a algunas actitudes de la madre sobre sus im-

186 • El Factor Mamá

perfecciones. Se encontraba en un nuevo arreglo profesional y temía no caer simpático. *Creerán que soy estúpido por no saberlo todo,* se dijo. Pero luego se pescó él mismo. *Creo que esto es solo mi madre hablándome,* recapacitó. *No son ellos.* Había aprendido a distinguir entre las voces en su cabeza y el mundo verdadero «allí afuera». En los días de antaño él únicamente evitaría cualquier interacción retrayéndose. Pero recordó los intercambios reales que tuvo con su madre y ahora podía mirarlas con objetividad. No le permitía que ocuparan lugar en las interacciones actuales. Sencillamente estaba consciente.

Procese los sentimientos de dolor

Definió los sentimientos sobre su mamá trofeo y las experiencias que tuvo con ella. A veces siente gran dolor y daño porque su ser verdadero fue rechazado. Debe aprender a abrazar el dolor y la tristeza, y lamentar su deseo de que ella lo acepte como verdaderamente es usted. Debe procesar los sentimientos de dolor para que no los experimente de alguna otra forma en la actualidad, transfiriéndolos a otras personas importantes ahora, y convirtiéndolos en problemas clínicos como depresión o ansiedad. Sienta y lamente sus sentimientos aún sin resolverse. Exprese su enojo y tristeza a alguien que le importa, y su angustia en el corazón se puede curar. El lamento es el camino a la solución.

Bajo ella

Probablemente mamá no era una malvada. Quizá no rechazaba su ser real porque quería. A lo mejor estaba bajo las demandas de su propio ser ideal, de su madre o alguien que fue importante para ella. Por la razón que fuera, no lo hizo o no pudo resolver esos asuntos como usted está haciéndolo ahora.

Continuó con esas pautas negativas en sus interacciones hacia su persona, haciendo las mismas demandas que elaboró bajo ella misma.

Recordar y tratar de comprender las fragilidades de mamá y aceptarlas es comenzar a amarla tal como ella es. Esto es lo que espera de otros y lo que es requerido que haga para su madre también, si es que se va a curar. Si puede comprender de dónde ella vino, con lo que estaba luchando, qué clase de demandas había sobre ella, encontrará más fácil aceptarla.

Perdone

Una última paradoja existe en el perdonar a la mamá trofeo. Perdonarla es lo mismo que curarla, y no hacerlo equivale a enfermarla.

—No puedo perdonarla —contó Regina. Mire lo que me hizo.

—¿Qué fue lo que hizo? —pregunté.

—Nunca me aceptó por lo que era. No podía estar bien con ella, solamente siendo «yo» como soy.

—Y ahora lo que dice es que no está bien con usted, solamente siendo «ella» como es, —seguí. Así es que le está haciendo lo mismo que ella le hizo a usted, por lo que no la puede perdonar. Eso me suena como que quiere librarse de ella, volviéndose igual.

El silencio se podía cortar con un cuchillo. Acusarla de ser igual a la madre que odiaba era lo último que Regina esperaba oír. Su mamá trofeo no podía aceptar las imperfecciones de la hija, y ahora esta no aceptaba las de ella, específicamente la de ser una mamá trofeo. Le dije que se había transformado en una «hija trofeo», demandando una madre perfecta. Viendo esto, se convirtió en la llave que la capacitó para finalmente soltar y perdonarla.

Recuerde que el perdón no es negar lo que pasó o sus sentimientos. Para perdonar verdaderamente, no puede obviar o tratar de pasar por alto lo que sucedió. Usted debe reconocer la ofensa para lograr ser libre. Y solo porque perdona no quiere decir que los sentimientos desaparecerán automáticamente. Cuando hace todo lo posible para perdonar, no se sienta molesto si todavía experimenta enojo o tristeza cuando se recuerde de algo. No significa que no perdonó sinceramente.

Si llega hasta querer castigar al que lo ofendió, o hacerlos pagar, entonces quizá necesite examinar su nivel de perdón. Pero manteniéndose en contacto con el dolor es normal. Si me hirieras con un cuchillo hoy, probablemente podría perdonarte pronto, sacándote del apuro, pero la herida estaría sensitiva por un tiempo.

Así es que si está soltando daños pasados que está sintiendo en relación con mamá y haciéndose de una crianza maternal fuerte actualmente, está listo a lidiar con mamá hoy.

SU RELACIÓN CON MAMÁ HOY

Valoramos las relaciones de por vida con los padres. Las relaciones de generaciones múltiples con familiares lejanos son la base de la cultura, moralidad y sociedad. Padres, hijos, y nietos son criados para una comunicación entre ellos. Proverbios 1:22 nos amonesta «Óyele a tu padre que te engendró, y no desprecies a tu madre cuando se ponga vieja». Hay gran sabiduría en eso. De manera que con ello en mente, ¿qué tan buena puede llegar a ser la relación con una mamá trofeo? ¿Qué puede esperar?

Deje de desear aceptación

Lamentó su añoranza porque ella lo aceptara como es, lo bueno y malo. Probablemente nunca lo amará incondicionalmente, y si todavía busca en ella lo que no le puede dar, entonces aún está en la cárcel.

Ella tiene poder sobre su persona actualmente al grado de que usted sigue necesitando su aceptación. Pero cuando lamente ese deseo por su aceptación y obtenga de sus personas seguras esa crianza maternal, puede comenzar a amarla mejor porque ya no requiere nada de ella.

Háblelo

La mejor opción sería que usted hablara del asunto con su mamá. Este enfoque lleva a gran intimidad, cuando se pueden comprender el uno al otro en los niveles más profundos. Pregúntese si esto es una posibilidad con ella. Algunas madres pueden hablar las cosas, otras no. Algunas rehusarán tomar parte de la situación y luego los hijos adultos tienen que relacionarse con ese ser tan amado a un nivel más superficial, tal como veremos.

Si escoge acercársele a su madre en un nivel más profundo, le puede decir algo así como: «Mamá, quiero hablar sobre algunas cosas que sentí por mucho tiempo, quiero una buena relación con usted, pero a veces mis sentimientos se interponen en el camino de sentirme mas a su lado». Acérquesele en una forma cariñosa, y para el bien de la relación, sin herirla. Hay posibilidades que si ella es una mamá trofeo, tendrá dificultad en escuchar cualquier cosa negativa.

Exprésele cómo se siente. Explíquele que tiene temor a no ser perfecto o exactamente como ella quisiera. Dígale de la presión que siente por ser «ideal» y que a veces lo que ella le exige o impone no es lo que desea para usted mismo, pero que siempre la quiere. Siga y mencione las dinámicas específicas de perfeccionismo o demandas ideales que dañan su relación con ella.

Dígale que quiere que sean amigos, y así cuando esta dinámica comienza a tomar parte, usted se lo indicará para que los dos puedan hablar sobre el asunto. Reafirme su amor por ella y agradézcale por haber escuchado.

MADRES QUE REHÚSAN LIDIAR CON EL PROBLEMA

Fije límites

Al comenzar a fijar límites con su mamá, tiene dos personas en quien pensar, usted y ella. ¿Cuánto desembozo de sus demandas trofeo puede aguantar? En el principio, posiblemente tendrá que limitar su descubrimiento; es muy doloroso e hiriente.

Solo usted sabe cuándo la relación es demasiada. Vi niños adultos en muy malas situaciones, que no podían hablarle del todo a sus madres por un tiempo. Otros no se pierden ni un latido mientras están analizando estos problemas. De veras que todo depende de dos cosas: Cómo se siente de frágil y cómo su mamá se está relacionando en el momento. La combinación determina lo que puede o no hacer.

Si está en un estado frágil, pida apoyo emocional en su comunidad segura para ayudarlo en las interacciones con mamá. Si tiene que estar en una situación particularmente hiriente con ella, donde usted se siente bien vulnerable, haga un emparedado del tiempo. A un lado de la interacción, hable o reúnase con una buena amistad que lo pueda preparar. Después de esto, llame al amigo o alguien más para armarse de nuevo.

Primero, fije límites en usted mismo; conozca lo que puede manejar y lo que no. Para algunas personas esto le puede sonar muy extremado, pero algunas madres son tan hirientes y el hijo adulto está tan herido, que el solo hacer una llamada por teléfono puede causarle una crisis suicida.

Segundo, fije límites con mamá que aún siendo hiriente. Con algunas de ellas que se resisten a cambiar en cierta parte, usted necesita dejar que simplemente las cosas pasen y decir, «Esa es mi mamá». «El buen juicio hace al hombre paciente; su gloria es pasar por alto la ofensa»[9].

Si no puede dejarlo pasar, fije algún límite en lo que esté pasando: «Mamá, no estamos aquí para evaluar tu actuación como una madre. No estoy pidiendo tu reacción en este momento. Hagamos otra cosa», o «Mamá, francamente no estoy para criticarte ahora, cambiemos de tema» o, «Mamá, si no dejas de criticarme por no llamarte a menudo o suficiente, entonces me iré y regresaré otro día».

Es triste tener que imponer límites, pero a veces hay que hacerlo para el bienestar de los nietos, el matrimonio, o su cordura. En ocasiones fijar límites puede ayudarle a su madre ver cómo lo está hiriendo.

Relaciónese con ella en lo que la madre pueda

Diviértase y goce a su madre en las formas con que ella puede relacionarse. Mantenga sus interacciones con su mamá trofeo en asuntos seguros. Hable de temas que están fuera del ámbito de «viéndose bien» o «siendo ideal». Esto puede ser difícil porque algunas mamás trofeos pueden convertir una gira de compras al mercado, en un espectáculo. Pero si ella sale haciendo tal cosa, deje que ese sea su problema; usted no tiene que ir allí. Haga lo posible para gozarla en la parte que se pueda.

Ámela hasta donde usted pueda

El amor cubre multitud de pecados. Cada situación es diferente y la cantidad de relación que puede tener con su madre variará. Pero la podrá amar en alguna forma. Ame a su mamá trofeo lo mejor que pueda, pero no en la forma que el trofeo demanda, ya terminó con eso. En estos momentos no está tratando de conseguir algo de ella. Usted está recibiendo su aceptación de otro lado. Ahora se encuentra en una situación de dar y amar, no en la de recibir. Y la posición de dar es mucho más poderosa.

CONCLUSIÓN

Necesita buena crianza maternal de algún lado para ser la persona que Dios creó para que fuera. Si su anterior crianza maternal le enseñó que no puede ser quien es y aún ser amado, entonces usted adoptó algunas dinámicas de actuación horribles y escondidas para ayudar a arreglárselas. Su tarea es vencer la demanda de ser perfecto o ideal, dejar de esconderse de las partes imperfectas. Si quiere sanarse de esta dinámica, debe traer estas pautas a la relación con Dios y otras personas.

Encuentre la crianza maternal que necesita. Camine con personas que no le exijan que sea usted un trofeo. Franquéese y deje que lo conozcan. Y en el contexto de esa seguridad, reúna todas sus partes, y trabaje en las que no estén bien. Acepte todo su ser, y al mismo tiempo, trate de mejorar.

Trate con su madre del pasado así como con la persona que es hoy. Lamente, perdone, y suelte el pasado, y forme la mejor clase de relación posible con su madre en este instante. En esta combinación de libertad y amor, el trofeo se puede apartar de una vez y para siempre.

Capítulo Diez

La mamá aún jefa

Brad y su madre, Sharon, siempre fueron apegados. En el transcurso de la niñez de su hijo, Sharon fue una mamá cariñosa e involucrada. Tomada seriamente su responsabilidad como madre, y más que nada, quería instruir a su «... niño en el camino correcto... »[1]. Trabajó duro para criar un ambiente en el hogar, en el que Brad aprendiera los valores y actitudes correctas, y a hacer elecciones precisas. Ella quería impartir buenos y firmes principios y maneras de pensar a su hijo. Era un mundo temeroso allá afuera, y él necesitaba estar armado y listo para enfrentarlo.

Sharon tenía principios, opiniones y valores definitivos y fijos en su mente. Tenía un panorama del mundo referente a muchos temas: escuela, amistad, carrera, sexualidad, finanzas y demás. Leyó extensivamente y llegó a conclusiones en estos asuntos. Sharon no era una de esas personas sin carácter que no están seguras en lo que creen. Sabía, se mantenía firme, y «hacía lo que decía».

Brad fue su estudiante de nivel primario en «La Escuela de Pensar Sharon». Temprano en la vida, por ejemplo, le enseñó que podía juzgar el carácter de las personas por su ropa y gusto hacia la música. Entre más conservador el estilo, mejor su carácter. Otro principio tenía que ver con valores espirituales: Existía una denominación «correcta», una traducción «correcta» de la Biblia, y un estilo «verdadero» de oración.

Mientras Brad estaba de acuerdo con esos valores, las cosas estaban bien. Una vez, hace siete años, él le mencionó a su madre los sueños de ser un piloto o astronauta. Ella lo despidió con una tajante expresión: «Qué tontería. Tu padre tiene un buen negocio de familia, y tendrás mucho éxito en eso cuando estés grande. Ya verás». Aparentemente, Sharon no captó el significado verdadero del verso de la Sagrada Escritura antes mencionado referente a «... en el camino correcto»: Se refiere a la senda de Dios que el niño debe descubrir por sí solo, no el plan predestinado por los padres para su vida.

Las miras de Sharon sobre obediencia a la autoridad formaron la crianza. Era de la creencia que la vida tiene orden y que todos tenemos jefes. La llave para el éxito es averiguar los reglamentos y luego obedecerlos. No toleraba que Brad retara su autoridad o la de sus maestras, entrenadores e instructores de catequesis. Su posición era: «Obedecer sin preguntar. La autoridad está allí para su bien».

Durante las pocas veces que Brad intentó retar la autoridad escolar, las maestras fueron de veras más comprensivas que su propia madre. Parecían comprender que él estaba intentando, en su propia forma torpe de adolescente, entrar en el mundo adulto, y le dieron un poco de espacio. Sin embargo, Sharon aplastaba su «espíritu rebelde» en todas sus manifestaciones.

Se volvía crítica y no apoyaba cuando su hijo retaba su opinión. Los problemas surgieron entre ellos cuando él interrogaba algunas de las conclusiones de su madre. Una vez le preguntó a su mamá. «Pero ¿qué pasa si no estoy de acuerdo con el candidato de nuestro partido político?»

«¿Qué sabe un niño de doce años referente a la política?» Le contestó. «Escúchame. Pasé tiempo investigando estos asuntos complicados».

Brad desistió murmurando. «Esa es mi mamá». Pero no tan fuerte para impedir que le escuchara. No tenía sentido contrariarla.

A medida que Brad creció, fue donde otros con su pregunta «tabú». Por ejemplo, él sabía que ella creía que el sexo era simplemente una necesidad mala: «Los hombres lo desean más que las mujeres, y las esposas tienen que soportarlo como parte de su obligación hacia sus esposos». Los adolescentes y los adultos solteros deberían ducharse con agua fría y mantenerse productivos para no tener pensamientos y sentimientos lujuriosos». Sharon nunca entendió grandes cosas respecto al sexo. Para ella era simplemente parte de nuestro instinto animal ante el cual no debemos de sucumbir.

Brad no estuvo satisfecho con la respuesta de su madre, así es que habló con sus contemporáneos y descubrió más de lo que quería saber. Se volvió sexualmente activo durante la escuela secundaria; sin embargo, sufrió muchos conflictos internos debido a esto. Experimentó sentimientos intensos de culpabilidad por la forma en que estaba hiriendo a la madre con su «rebelión». No podía gozar el sexo en la forma que sus amigos parecían hacerlo. «Sexo libre» para Brad, tenía un precio alto.

Sharon era una buena persona y una madre bien intencionada. Pero cada enfoque que hacía hacia Brad llevaba un mensaje: «No importa lo viejo que te pongas, siempre seré tu madre. Y tú siempre serás mi hijo». Y aunque él ya medía más de seis pies de alto, cuando tenía dieciséis años, sentía que su madre y sus miras constantemente se destacaban sobre su cabeza inmadura, y que ella todavía era la jefa.

PREPARARSE PARA LA IGUALDAD

Una buena madre hace más que nutrir a su hijo. También lo ve a través de los lentes del futuro. O sea que, constantemente *ve el adulto potencial en este hijo* y se comporta en una forma que sonsaca ese adulto en detrimento del niño. Con emociones mixtas, la progenitora observa a su pequeño que duerme en la noche, especialmente cuando tiene entre cinco y once años. Siente el gozo de la estrecha dependencia que su chico tiene en ella. Al mismo tiempo, siente punzadas de tristeza; si hace su trabajo bien, su niño se volverá un adulto como ella y ya no necesitará su cuidado y administración. Sabe que este proceso, aunque doloroso, es correcto y bueno, que es la esencia del amor.

El énfasis de este capítulo, está basado en la responsabilidad de la madre para desarrollar las funciones y habilidades adultas del niño que están surgiendo, y que lo prepararán para la vida en el mundo adulto. La buena mamá quiere ver a su hijo o hija como igual a ella, o cualquier otro adulto. Desea ayudar a desarrollar a un compañero y un amigo, no un niño crecido. La Biblia nos dice «... creceremos hasta ser en todo como aquel que es la cabeza, es decir, Cristo»[2]. Crecer quiere decir convertirse en una persona madura, quien en esa forma se relaciona a Dios, su propio ser, y otros en todos los aspectos.

Estas necesidades están relacionadas con, pero distintas de otras, de las que mencionamos en segmentos anteriores. Por ejemplo, los problemas de la mamá controladora del capítulo 6, lidiando con nuestras necesidades de separación de mamá y establecer la propia identidad. Los asuntos de igualdad en este capítulo lidian con nuestra introducción al mundo como adultos maduros que funcionan eficientemente. En otras palabras, la mamá controladora daña la esencia de la personalidad del niño, mientras que la aún jefa daña su habilidad para volverse un adulto que funciona como un autónoma.

Esta necesidad también es diferente de los problemas de la mamá «American Express» en el capítulo 12. Ese tópico lidia con la verdadera salida física del adulto joven. En la sección actual, discutiremos problemas del desarrollo del carácter del chico que llevan a esta «salida» en el futuro. Abajo están algunas de las necesidades del hijo.

Autoridad

Sharon, la madre de Brad, estaba en lo correcto al pensar que hay un orden en la vida. Solo que había sobre estimado su papel. Dios diseñó una estructura de autoridad desde Él, hacia abajo. *Autoridad* quiere decir «pericia» o «poder». Su propósito es ayudar a gobernar, manejar y seguir adelante con el negocio de vivir y funcionar. Desde presidentes a agentes del Departamento de Impuestos sobre la Renta, a médicos de la familia y maestras de escuelas, todos tenemos nuestras autoridades en la vida, así como nuestros propios papeles que desempeñar. Generalmente, alguien está arriba de nosotros y alguien más abajo en esta jerarquía.

Sin embargo, los niños empiezan con poca autoridad y responsabilidad y deben aprender gradualmente a aceptar más. Son físicamente más pequeños que mamá, y ella les dice lo que deben hacer. Pero también necesita ayudarles a medida que se colocan en su lugar en el mundo de autoridad. En este proceso, las siguientes dos tareas son necesarias:

Reto

Mamá necesita promover a su hijo a que investigue sus decisiones y valores. Usted solo será un compañero con otros adultos, si puede aprender a retar el pensar de sus personajes de autoridad. Es en el proceso de pensarlo bien, y luchar con los valores de sus padres y otros individuos con poder, que llega al punto de saber cuáles son sus propios valores.

Cuando yo era un adolescente en catequesis, un amigo mío que estaba dudando de todas sus creencias, se enojó conmigo porque de mí parecía siempre brotar la contestación «correcta» referente a Dios y la Biblia. «Usted es un loro de sus padres», me dijo. Lo consideré y tuve que estar de acuerdo. Nunca dudé de las enseñanzas espirituales de mis padres. Mi amigo ayudó a que comenzara a retar lo que me enseñaron y a pensar estos asuntos hasta el final por mí mismo. ¡Era una conversación interesante alrededor de la mesa a la hora de la comida!

Retar también involucra rebelarse contra autoridades incorrectas. Por ejemplo; el jefe en el trabajo estará encargado de la jornada laboral, pero nuestra moralidad y éticas no están bajo su control. Así es que, si él nos pide que hagamos algo ilegal, necesitamos repudiar su autoridad y obedecer una ley más alta. La buena madre no se siente amenazada por los retos y preguntas de su hijo, más bien los espera. Ella sabe que su hijo está tratando de resolver su buena disposición para la vida adulta. La pregunta constante de las madres debe ser, *¿Está esto ayudando a mi niño a hacer decisiones cuando yo no estoy cerca?*

Sumisión

Recíprocamente, nos debemos mover más allá del escenario de retos perpetuos y protestar para una aceptación de nuestro lugar en el mundo de la autoridad. Significa esto ceder el deseo de ser nuestro mismo ídolo y someterse a los supervisores de la vida. Quiere decir, darse cuenta, así como lo expresa la canción de Bob Dylan: «Tiene que servirle a alguien». Probablemente se trate de una agencia del gobierno, o la cabeza de una iglesia, un supervisor, o una patrulla de la carretera que nos detiene, para darnos un tiquete por ir a alta velocidad.

Las madres enseñan a su niño obediencia a la autoridad por medio de su propia sumisión a los reglamentos de la vida. Ella rehúsa quejarse constantemente de su jefe injusto. Paga sus impuestos y se apega a las estructuras de la iglesia que escogió por su propia voluntad. Además, siempre afirma su propia autoridad. Fija reglamentos en casa y espera que los obedezcan. Al mismo tiempo, la buena madre gradual y progresivamente permite a su niño más y más autoridad y responsabilidad. «Porque yo soy la mamá» puede que funcione para un niño de dos años de edad, pero no le ayuda a uno de catorce años prepararse para los dilemas de universidad.

Valores

Los niños necesitan aprender lo bueno y lo malo; lo correcto y lo incorrecto. Enseñar valores centrados es una responsabilidad mayor de los padres: «Grábate en el corazón estas palabras que hoy te mando. Incúlcaselas continuamente a tus hijos. Háblales de ellas cuando estés en tu casa y cuando vayas por el camino, cuando te acuestes y cuando te levantes»[3]. Los niños son una «esponja de información». Son curiosos en cuanto al mundo y quieren aprender referente a él. Se sienten seguros y en control con la información y miran a mamá como una fuente central de sabiduría. La madre que se fija, enseña todo directamente a su hijo, desde arte a zoología.

Pensar. La mamá debe educar a su pequeño para pensar por sí solo. Aunque, enseñarle el contexto es importante, puede que lo sea más inculcarle a un niño *cómo* pensar. Por cierto que, cuando es posible, una madre debe frustrar el deseo del niño de recibir una contestación directa a todas las preguntas y ayudarle a que lo piense hasta el final, dentro de su habilidad para obtener información. Un chico de nueve años que quiere saber la diferencia entre arañas y hormigas puede ser enseñado cómo obtenerla.

Adicionalmente, una madre ayuda a su niño a *pensar críticamente.* Lo anima a ser inquisidor y le ayuda a desarrollar el músculo del «porqué». La crianza maternal nunca puede cubrir exhaustivamente todos los tópicos de información, valores, y crecimiento. Ni lo debe. El niño necesita aprender cómo observar, verificar información nueva contra la que ya sabe, y recha-

zarla o incorporarla. Por ejemplo, su hijo quizá necesita aprender cómo evaluar si sus amigos son o no buenos para con él o
son groseros, y cómo decidir lo que un amigo es. Para mamá,
esto quiere decir que una respuesta «incorrecta» con la que el
chico ha luchado y le pertenece, puede ser preferible a una contestación «correcta» que le dio por medio de una lección. En
nuestro trabajo con estudiantes de universidad, repetidas veces
vemos qué clase de respuesta tarda hasta la temprana adultez.

Esto es especialmente cierto en el campo espiritual. Dios no
tiene nietos. Mamá puede enseñar, entrenar, y modelar su relación con Dios, pero no puede hacer que su hijo también la tenga
con Él. Esto es entre Dios y el hijo, ya que cada uno de nosotros
tiene que tomar su propio viaje hacia el Supremo. *Dios en última instancia será el único padre del hijo.* La madre que puede
ejercer ambos roles, apoyar el proceso así como enseñar los temas espirituales, está preparando a su hijo para esa jornada. Muchas enseñanzas destructivas en el mundo hoy día se disfrazan
de lecciones espirituales. Los hijos necesitan sus propias herra-
mientas para distinguir las doctrinas e ideas que son verdaderas
y las que no[4].

Talentos

Para prepararse hacia el mundo adulto, los hijos necesitan
estar al tanto y desarrollar sus dotes únicos, talentos y habilidades: «Cada uno ponga al servicio de los demás el don que haya
recibido, administrando fielmente la gracia de Dios en sus diversas formas»[5]. Todos tenemos dones valiosos que ofrecer.
Cuando sabemos lo que ellos representan, tenemos una forma
de cómo darle algo al mundo, y entonces podemos encontrar
nuestro lugar en la sociedad.

Es fácil menospreciar el papel de la madre en este proceso.
Creemos que si uno de los padres simplemente le da al hijo

oportunidades para muchas cosas, eventualmente captará para lo que él es bueno. Por ejemplo, dele una clase de arte, métalo a deportes, y anímelo en los tópicos en los cuales sobresale. En realidad es mucho más complejo que eso.

Cuando la madre brinda estas oportunidades, tiene también que ayudar al hijo a evitar sus tendencias naturales de buscar intereses que la satisfacen o interesan a ella. El muchacho quiere hacer feliz a la mamá. Pero lo que él de veras necesita es una madre que esté contenta cuando su hijo está desarrollando talentos que él valora. Ella quizá prefiere que su chico sea un cantante de ópera, pero él fue dotado para la enseñanza. Los talentos del hijo son los que hay que promover.

Un hijo quizá resista la disciplina que un talento requiere. Tal como Thomas Edison dijo, «genio es uno por ciento inspiración y noventa y nueve por ciento sudor». La mayoría de los niños de cinco años de edad prefieren dibujar con pinturas de agua a resolver problemas de matemática. Pueden tener talento para esa materia pero simplemente no quieren hacer el trabajo que se requiere para desarrollar esa habilidad. Las madres necesitan trazar una línea fina aquí. Deben promover los verdaderos talentos innatos del niño, y al mismo tiempo no desanimarlo forzándolo a que dé su vida por algo para lo cual todavía no ha desarrollado los dones. Ellas tienen la obligación de ayudar al hijo a estructurarse, practicar, y trabajar duro en las cosas que él valora y sobresale. El fruto de este trabajo es un adulto experto, disciplinado, y agradecido por su contribución al mundo. Esta es la llave de una ética de trabajo, objetivos de carrera, y muchas otras habilidades laborales.

Papeles del género

Los hijos preadolescentes están desarrollando sus papeles de sexo. La hija se vuelve competitiva con su madre, al probar su propio poder y control. Tendrá tendencias de ponerse celosa ante el acercamiento de sus progenitores y querrá ser su niña especial. Mamá necesita ayudar con delicadeza a su hija para que comprenda que papá y mamá se pertenecen, pero que un mundo de jóvenes en algún lugar espera por ella. La joven aprende a triunfar, no ganándole a mamá por papá, sino que identificándose con las cualidades femeninas de su progenitora.

El hijo, por el otro lado, se disputa la atención de mamá, compitiendo con papá. Ahora es la responsabilidad de su progenitor ayudarle al hijo a ceder esta batalla y dirigir su atención a las jóvenes en su grupo de edad. La tarea de mamá aquí es resistir la tentación de hacer al hijo más especial que su esposo. Le puede dejar saber al joven que aunque ella lo ama, que está enamorada de papá. De esta forma, en lugar de competir con otros hombres, su hijo aprende a identificarse con papeles y cualidades masculinos.

La responsabilidad de mamá avanza a medida que sus hijos continúan desarrollando sus papeles de género. Las niñas pequeñas se identifican con la madre como mujer; quieren criar y ser afectuosas pero siempre fuertes y definidas. La madre puede aceptar los deseos de su hija de ser como ella y modelar feminidad sana. Los niños pequeños necesitan aprender que son diferentes a mamá. Ella puede ayudarle a su hijo guiándolo suave y gradualmente en mayor y profunda relación con papá. Las madres también acogen las «chiquilladas» que separa los géneros.

Amistades

Para poder entrar al mundo adulto, los hijos tienen que aprender a relacionarse con personas distintas a mamá. Necesitan saber cómo relacionarse con ambos sexos, personas de diferentes edades, y diversas clases de individuos. La realidad es que ellos pasarán la mayoría de sus vidas lidiando con individuos de su misma edad. Necesitan comenzar a recibir los dividendos de las inversiones emocionales que hicieron en su relación con los padres y ponerlas en lo que un día será su propia familia, amistades, relaciones con la iglesia, y redes de apoyo. La madre debe ayudar activamente a su hijo a hacer amistades, aunque sean las mismas que él usará para eventualmente dejarla.

Esto me recordó lo que pasó en casa recientemente cuando yo (Dr. Townsend) estaba cenando con mi esposa y mis dos hijos. Ricky, entonces de cinco años de edad, y Benny de tres. Mientras discutíamos la jornada preescolar de los muchachos, Ricky tenía mucho que hablar de sus amigos y sus hazañas. Pero cuando Barbi le preguntó a Benny referente a Steven, un compañero de su clase, preguntó, «¿Él me habla a mí?» Benny ni siquiera se dio cuenta que Steven era su amigo. A los tres años, mamá era el centro de su universo, pero no tardaba mucho más que eso. Los hermanos y amigos de papá empiezan a ser importantes para el hijo a medida que forman el trampolín de relaciones que eventualmente lo empujarán dentro del mundo de los grandes.

Adolescencia

Cuando el final de la niñez termina, comienzan los años de la adolescencia, y el hijo está prensado entre dos islas de la vida muy difíciles: *la niñez*, cuando el hijo siente necesidad enorme de, a quién volver a ver hacia arriba, y se identifica con mamá; y *adultez*, donde el niño que fue, es ahora un igual con mamá. La adolescencia es un período transicional; el hijo está dejando el primero y moviéndose al segundo. Como es de definición transicional, es también tumultuoso y confuso tanto para el adolescente como para mamá.

Lidiaremos con las tareas físicas específicas de prepararse para la adultez en el capítulo 12, como moverse al mundo exterior de la familia, límites de realidad contra límites paternales, y asuntos de finanzas. Por ahora, sin embargo, nuestro enfoque es en los aspectos evolutivos de dejar la niñez. La niña está comenzando el cambio de la relación, de una más baja, a una igual. Como adolescente es de más edad que una niña, así como también es más grande, enterada, educada, y voluntariosa. Se siente inquieta; está por dejar la seguridad protectora del «mamá sabe más», para irse al mundo verdadero.

Sin embargo, ya que ella no es ni niña ni adulta, lucha con sentimientos tremendamente conflictivos. Dependerá de mamá un minuto, y en el siguiente, la verá como la encargada de la prisión. Tendrá inseguridad en cuanto a estar lista para manejar a los jóvenes y el trabajo un minuto, y repentinamente en el siguiente, ser la confidente que lo sabe todo. Ella necesita estos años transicionales

Todo esto se traduce en otra tarea para la madre: ella tiene que cambiar de acuerdo con las necesidades de su hijo, desde la crianza maternal por *control* a una por *influencia*. Después de los doce años, más o menos, el hijo no es ayudado a independizarse por medio del control paterno. Mamá todavía necesita fijar límites y consecuencias, pero deben ser basados mucho más en la realidad. Los descansos ya no funcionan, pero pueda que, recibir una F en matemáticas sin rescate paterno, sí. Porque así es como el mundo verdadero funciona. En esta etapa mamá debe evaluar todo lo que hace con su adolescente en cuanto a *irse*. A esto se debe que las madres que están tratando de recrear el nido del chico entre seis y once años de edad, tienen problemas. Esos días ya pasaron, y en solo unos cuantos y efímeros años, el adolescente estará pagando facturas, buscando empleo, y lidiando con preguntas espirituales, morales, sexuales y de carrera.

La madre del adolescente necesita aceptar este reto, preguntas, y empuje contra los límites como algo positivo y comprender que es mejor para el hijo con mamá ahora, que más tarde afuera de la seguridad del hogar. La buena madre no tiene temas «tabú»; todos son bienvenidos e inicia discusiones sobre dinero, amor, espiritualidad, cultura y trabajo. Ella sabe cuáles batallas pelear y cuáles no. La regla general aquí es que *carácter toma preferencia sobre estilo*. El adolescente puede usar pantalones flojos, pero sus notas deben ser aceptables. Puede encontrar un grupo juvenil de iglesia que quede bien con su cultura, no la suya, siempre y cuando esté en alguna actividad espiritual mutuamente acordada.

La madre necesita formidables fuentes internas durante estos años. Debe estar lo suficientemente segura con sus opiniones para que los desacuerdos con su hijo sean estimulantes y no temerosos. Debe poder aceptar diferencias con su hijo. Al mismo tiempo, debe mantener un control firme sobre los asuntos de responsabilidad y explicaciones, y mantenerse consistente con la edad al fijar las fronteras con su hijo. Todo el tiempo ella está soltando gradualmente su agarre, permitiéndole al hijo que se vuelva cada vez más responsable.

Este no es un tiempo en el cual la maternidad es reverenciada o respetada. No es un tiempo de recibir gratitud del hijo. Ni debe ser. El compañerismo e imponencia que el hijo siempre sintió hacia el amor y sabiduría de mamá, son reemplazados con distancia y competencia. El hijo que gritó con placer, «¡Esa es mi mamá!» cuando arribó en su carro a recogerlo a la escuela, ahora pregunta avergonzado, «¿No me puedes recoger en la esquina?»

Es un proceso difícil. Y lo es todavía más porque la madre lleva este proceso dentro. Ella es el laboratorio para que en él, su hijo, se convierta en un adulto, y le afecta negativamente. La buena madre adquiere satisfacción de sus necesidades de amor, cariño y respeto de Dios y las personas seguras en su vida. Solo en esta forma puede altruista y sacrificadamente hacer lo mejor para su hijo, quien desesperadamente necesita un transcurso seguro hacia la adultez.

206 • El Factor Mamá

RESULTADOS DE LA CRIANZA MATERNAL AÚN JEFA

Varias señales indican que un hijo de la mamá aún jefa tuvo problemas estableciéndose en los años ya como adultos.

Señales relacionales

Esta persona tiene dificultades relacionándose con otros como adultos semejantes. La dificultad se ve diferente en diversas personas. Un individuo puede tener uno o más de lo siguiente:

Un lado deprimido

La persona de este estilo, persistentemente se siente inferior a otros. Se siente incapaz de tomar decisiones competentes en la vida y consecuentemente la defiere a otros. Puede sentir temor de crear envidia en otros mostrando que por lo menos tiene un poco de talento, inteligencia o fuerza. Tiene miedo de perder la aprobación de los demás, por lo que cumple para obtener aprobación. A menudo, experimenta temor de éxito, aunque tenga los medios para alcanzarlo. Puede que experimente una cadena de fracasos de trabajo y amor, así como la inhabilidad de alcanzar su potencial.

La persona deprimida no se siente como un adulto en el mundo adulto. Los jefes, esposos, y amigos pueden fácilmente hacerlo sentir que ellos son superiores y que necesita que piensen por él. Un individuo así es a menudo dominado por reglas; o sea, solo se siente seguro cuando sabe los reglamentos. En el trabajo, tiene temor de tomar riesgos creativos o de confrontar las ideas de otros. Aunque se sienta competitivo con otros, suprime estos sentimientos y en lugar cumple. A menudo sigue tipos de «gurú» autoritarios como una forma de no pensar por sí mismo, y se esfuerza para ganarse la aprobación del líder.

El lado alentado

Aunque la persona estancada en relaciones del lado de la depresión está siempre jugando al ser niño, otro giro es la relación del lado alentado. Este individuo adoptó un papel superior y aspira a conducir y controlar a otros. Realmente, él también siente un lado deprimido pero se compensa con un estilo de relacionarse del lado alentador. Se identifica con el papel de madre para poder manejar sus sentimientos infantiles.

El estilo del lado alentado es imposible relacionarlo a un nivel de compañerismo. Los individuos así son críticos y condescendientes con los que están bajo su subornidación en el trabajo y puede también ser así con las amistades y en el amor. Necesitan tener la última palabra y son totalitarios en sus puntos de vista. O es de su manera o es la carretera. Resienten cuando otros no están de acuerdo con ellos y se mantienen lejos de las personas que la confrontan. En lugar, ellos son un «cacique buscando algunos indios». A menudo competentes y realizados, los individuos del lado alentado todavía se esfuerzan para superar a otros y son bien competitivos.

A veces estas dos clases se combinan en el trabajo. Cuando estos individuos están en puestos superiores, sus subordinados del mismo estilo son atentos y complacientes con ellos. Pero cuando la vida les da un giro total y llegan a escalar posiciones, se vuelven demandantes y degradantes. Por esto a menudo reciben altas calificaciones de sus supervisores y baja valoración de los subordinados, que resienten su control.

Estas personas tienden a actuar como padres en sus relaciones personales. Son grandes dadores de consejos y sugerencias. En el nombre de la consideración, toman control y dominan a otros, planean la tarde de todos, manejan el mantenimiento del hogar, y se sostienen firmes en sus puntos de vista para una audiencia obligada.

208 • El Factor Mamá

Estilo rebelde

Este tercer estilo es de corazón una relación del lado deprimido. Sin embargo, el resentimiento del individuo ante la autoridad de los padres, surgió y venció sus temores y desilusiones. Para el desarrollo, esto puede ser una señal de progreso, porque ahora tiene más acceso a su energía agresiva y puede pensar más independientemente al entrar a la madurez. Él todavía tiene problemas relacionales mayores.

El estilo rebelde resiste toda clase de reglamentos y autoridades. Ve a los jefes, padres, maestros, y otros expertos como abusos a su libertad de ser él. No puede trabajar dentro de una estructura jerárquica sin conflicto con sus superiores, por lo que a menudo va de posición a posición, diciendo «el jefe estaba en mi contra».

Opina referente a la falta de respeto y libertad que él tiene, pero no se los gana siendo responsable. El rebelde está en un estado de protesta perpetua. Él no sabe lo que no quiere, mucho más de lo que quiere. En esta forma, prueba su falta de adultez. El rebelde todavía se define por lo paterno. Todavía necesita uno de los padres por quien reaccionar y de quien rebotar. Esta es una seña de su inmadurez.

Señales funcionales

Por consiguiente, estos «no enteramente adultos» pueden tener problemas en metas, éxitos, y funciones generales. Ellos están, en una forma u otra, obsesionados con los padres. O son (1) temerosos del desacuerdo, (2) intentando ser paternos, o (3) odian a todos los padres. Esto interfiere en las muchas tareas de la vida.

La mayoría de los adultos fijan metas en los trabajos, en las relaciones, y la vida espiritual, pero esta persona quizá se preocupe ansiosamente si está fijando las metas «correctas». Está más preocupado de lo que otros piensen acerca de sus metas, en vez de

comprobar que verdaderamente sean «sus» metas. Para que «...
busquen primeramente el reino de Dios y su justicia... »[6] lo que es
imposible, ya que él no es libre de buscar a su padre divino.

Este «niño en un cuerpo adulto» a menudo tiene problemas en
culminar algo. Puede fijar muchas metas buenas y sanas, y luego
sistemáticamente sabotearlas. Cuando se acerca su promoción o el
obtener la atención de cierta mujer, se vuelve ansioso y confuso, y
algunas veces paralizado. Tiene temor que obteniendo su meta signifique que él es igual a mamá, una posición que no puede tolerar.
Ser igual a la madre puede significar adquirir su envidia competitiva, desaprobación, y retraimiento. Es mucho más seguro permanecer como un pequeño niño, y así no incurrir en su ira.

El rebelde también tiende a tener problemas en culminar
algo. Para él, los logros y metas de valor quieren decir que se está
identificando muy de cerca con el padre o la madre. Así es que el
escolar intelectual sigue trabajando en el túnel de lavado de co-
ches. En su mente, por lo menos no se «ha vendido». Pero, en la
realidad, vendió sus derechos natales por un plato de cocimiento.

Señales emocionales

La ansiedad y los problemas de depresión son comunes entre los «no tan silenciosos adultos». Estos son a menudo indica-
dores de varias dinámicas, tales como

- inhabilidad de ser un adulto en un mundo con demandas
  adultas
- enojo y sentimientos sexuales represados
- culpabilidad sobre emociones y esfuerzos intensos
- fracasos en intentos de satisfacer a otros

Además, estos individuos a menudo sufren de desórdenes
compulsivos y obsesivos al intentar manejar las partes feroces

del «hijo» contra las «paternas» en ellos. Muchos tendrán problemas de drogas, adicciones sexuales, y otros comportamientos compulsivos e impulsivos al tratar de automedicar este conflicto. Al mismo tiempo, pueden experimentar inhibiciones sexuales o de otra forma. Esto es una señal que ellos no pueden integrar sentimientos sexuales y de enojo y que no pueden estar en el mundo como adultos con estos sentimientos.

Señales espirituales

Los que tuvieron una mamá aún jefa, a menudo tienen una relación con Dios, pero lo experimentan en formas problemáticas. Algunos lo ven como un duro juez dictador. Leen la Biblia a través de ese lente, y por eso los pasajes de condena saltan hacia ellos. No pueden reconocer los pasajes de compasión. La relación de ellos con Dios está basada en el temor y depende de su actuación. No creen que Dios podría amarlos tal como son. Aunque desean intimidad, no se sienten seguros con él o aprobados por él.

Otros ven a Dios en un blanco y negro intelectualizado o en formas legalistas. Aprenden grandes cantidades de doctrina y teología, esperanzados en relacionarse a él por medio de sus cabezas, ya que están muy temerosos de vincularse a él con sus corazones. Incesantemente buscan respuestas referente a Dios y no pueden aceptar su misterio. Las paradojas y desconocidas partes de Dios causan a estas personas una gran ansiedad. Necesitan controlar sus relaciones. Si no pueden poner a Dios en una caja y mantenerlo calmado, toman el riesgo de cometer un error e incurrir en su desaprobación e ira.

EN ESTOS DÍAS CON MAMÁ

A medida que crece, la «no enteramente» adulta tiene varios problemas relacionados con mamá. Primeramente, cuando ella dice, «no importa la edad que tengas, siempre serás mi niño», lo quiere decir literalmente. Entonces el hijo adulto a menudo se ve retrocediendo cuando visita a su progenitora. No estará en desacuerdo con ella; solo pedirá consejo sobre los temas que sabe bastante, y tendrá temor de cometer errores. En el automóvil, a medida que retroceden por la vía de entrada a la casa de mamá, la esposa puede que diga, «no eres tú, cuando estás alrededor de tu madre».

Otros intentan hacer que mamá reconozca que ellos son buenos. Se enloquecen arreglando la casa para su visita, presentarle promociones de trabajo en una bandeja de plata, y ansiosamente esperar que ella apruebe a su esposa. Pero nunca es lo suficientemente bueno, y si mamá critica, se sienten estrujados. Por ejemplo, una amiga mía, Ashley, se esmeró en decorar el cuarto de huéspedes para cuando su mamá llegara de visita. Pero cuando su madre entró en el cuarto, solamente arqueó una ceja y enseguida Ashley supo que el producto final de su esmero no estaba correcto. Pasó estrujada varios días.

Por el otro lado, si la madre aprueba, todavía hay un problema. Parte del hijo adulto se siente aliviado de que ella o él pasó el examen. Pero la otra parte resiente tener que darle cuentas a mamá de todo y se odia por ser tan débil. Simplemente no puede ganar cuando uno de los padres está en control de un adulto.

El tipo rebelde a menudo tiene una relación tormentosa con mamá. Trata de destronarla por medio del desafío, choque, y oposición. Estos dos tienen conflictos mayores o sencillamente se separan, a veces sin hablarse por años. Ni él, o ella, puede sacarla del papel de madre. Así es que simplemente vuelven a retomar el drama de «niño malo/mamá crítica» en miles de formas. La parte triste es que al rebelde enojado le hará falta una relación cariñosa con su madre. Le gustaría saber que ella está orgullosa de él y que lo quiere. Él simplemente no puede pasar de los daños de autoridad.

¿ADÓNDE SE VA EL «NO TAN ADULTO TODAVÍA»?

El «hijo permanente» lucha en muchas áreas, tal como lo vimos. Estas señales y síntomas dolorosos, también son una llamada a despertar para reparar estas partes adultas del carácter sin desarrollarse. En el próximo capítulo veremos cómo ocurre ese proceso.

Capítulo Once

Reconstruya su madurez

Ya para este momento está confundido al tratar de distinguir entre la mamá controladora y la mamá aún jefa. Y es confuso porque a veces estas dos suenan como si fueran igual. En cierto sentido lo son, pero con un pequeño énfasis que las diferencia.

Como un adulto, debe volverse «su propia persona» y volverse «un semejante con otros mayores» (el enfoque de este capítulo). Las dos son tareas agresivas al encontrarse uno separado de la madre. La primera es descubrir en qué forma es distinto y diferente de su madre, y la segunda se mueve pasando eso, hacia el lugar de transformarse igual a ella. Los dos son adultos, y ninguno tiene el derecho de juzgar al otro.

Puede estar apartado de otros adultos, pero todavía sentir «el lado deprimido» hacia ellos. Quizá sabe lo que siente y piensa, pero se percibe inferior o sujeto a aprobación o juzgamiento de otros de los que está apartado. Posiblemente usted todavía pone a otros adultos en un pedestal paternal al saber lo que es correcto, solo porque son «padres». Estas relaciones tienen una forma previsible, una persona es superior, y la otra inferior. Como resultado, usted se siente como un niño en un mundo de adultos.

En este capítulo, veremos el proceso de *volverse un igual con la madre adulta*. Ya es tiempo de salir de debajo de; el lado deprimido, o del lado alentado con mamá y otros adultos. Es tiempo de crecer en la igualdad con otros.

EL NUEVO GRUPO DE CONTEMPORÁNEOS

El concepto de tener que crecer después de haberlo hecho posiblemente sea extraño para usted. Quizá esté pensando. «Pero si tengo años de ni siquiera vivir con mi madre. ¿Cómo puedo seguir siendo un niño?» Una buena pregunta, una que posiblemente se puede contestar con más preguntas:

- ¿Cómo se siente cuando usted no está de acuerdo con otros adultos?
- ¿Cómo se siente cuando usted tiene una opinión diferente a la de una persona de autoridad? ¿Puede expresarla?
- ¿Es usted crítico de otros?
- ¿Se siente usted inferior o superior a otros en lugar de igual?
- ¿Se siente usted seguro en sus propias decisiones?
- ¿Se siente usted confortable con su sexualidad?
- ¿Reconoce usted y se dedica a sus talentos?
- ¿Se puede usted someter a otros con autoridad, sin conflicto?
- ¿Puede usted evaluar y amar a personas que son diferentes, sin criticarlos?

Aunque usted haya estado por sí solo por algún tiempo, quizá todavía lucha con algunos de estos sentimientos de la niñez y necesita tomar ciertos pasos hacia la madurez. Estas clases de síntomas pueden estar relacionados a su inhabilidad de obtener una postura de madurez con su mamá aún la jefa, y si no lo ha hecho todavía, es tiempo de comenzar ese proceso.

Samantha, una madre consciente, analizaba sobre cuál escuela preescolar sería la mejor para sus hijos. Una de estas era conocida por su temprano entrenamiento en especialidades, y la otra por su énfasis social. Como Michigan/Notre Dame, era una de esas rivalidades que maneja a una comunidad, cada uno tenía una opinión. Esperando para hacer la decisión correcta, Samantha llamó a unos amigos «entendidos» para algunos consejos.

El primero habló y habló referente a la importancia de las especialidades y de preparar a los niños para academias. «Cualquier madre sabe lo importante que es que los niños avancen», dijo ella. «Si no quiere que sus hijos se vuelvan de 'promedio medio' entonces es mejor que los registre este año. Si espera mucho, se crían malos hábitos y nunca avanzan en la vida». Samantha escuchó atentamente cada una de las palabras, imaginándose a sus hijos como futuros alumnos que no terminan el curso, si no los ponía hoy en la escuela correcta. Cuando dejó a su amiga, estaba convencida que esta era la mejor elección que podía hacer.

Entonces, se encontró con su segunda amiga. «Hay un millón de personas inteligentes y educadas en el mundo que no pueden realizarse en la vida porque les hace falta las habilidades sociales», sentenció su amiga. «Todo lo académico es importante, pero las personas verdaderamente geniales saben cómo llevarse con otros e interactuar en una variedad de escenarios sociales». Samantha estaba sorprendida de la importancia de que su niño de cuatro años de edad subiera la escalera de las habilidades de personas que interactúan. Qué triste sería si hiciera la decisión «equivocada».

Ella se sintió totalmente confundida al dejar a su segunda amiga. En la mente de Samantha, estas dos personas siempre estaban correctas, y ahora estaban en desacuerdo. ¿A cuál debería oírle? Si tomaba una decisión, una de las amigas no estaría satisfecha. ¿Podría soportar encontrarse con ella? Decidió llamar a su esposo. Lo dejaría a él hacer la decisión, y esto la sacaría del apuro.

Quizá usted experimentó dilemas similares. Admira a ciertas personas y encuentra difícil contradecirlas. Actúan en el papel de la mamá aún la jefa de su vida. Le gustaría poder escuchar el consejo de personas sabias, considerarlas usted, y hacer su propia decisión. ¿Pero cómo llegar a eso si tuvo ese tipo de mamá y siempre convierte a los otros en madres? Veamos.

Primer paso: Abúrrase y cánsese lo suficiente para hacer un cambio

¿Se acuerda de la etiqueta adhesiva en las defensas de los autos, «¡Estoy tan bravo, que ya no lo aguantaré!»? Nadie sabía porqué estaba tan bravo el chofer, pero todos lo identificamos con los sentimientos. La verdad es que, «ya no lo tiene que aguantar». No tiene que dejar que otros adultos lo traten como padres suyos. Pero eso requiere el primer paso: *Abúrrase y cánsese de estar aburrido y cansado*. Tengo una amiga que, cuando se encuentra con una persona tipo maternal, dice, «ella me cansa». Si está viviendo bajo las demandas y expectativas de todas las «madres» en el mundo, sintiéndose juzgado cada vez que no hace lo que ellas piensan que usted debería hacer, probablemente está aburrido y cansado.

¿Pero está lo suficientemente de esa manera para hacer algo al respecto? Este es el punto de cambio, cuando analiza que está tratando de complacer a personas maternas con tanta dedicación y quiere ser su propio adulto. Cuando llega a este punto, el tiempo para una revolución acaba de llegar. Es tiempo de sublevarse contra la mamá aún la jefa de adentro y establecer su propio gobierno interior. Use su enojo y cansancio como combustible para la revolución.

Paso dos: Encuentre su verdadero grupo de contemporáneos

Para convertirse en un igual con la madre, debe unirse al mundo adulto como un contemporáneo. Por su pasado con su mamá aún la jefa, ve a otros adultos en la posición del lado alentado, y a usted en la posición de hijo. Usted nunca se reunió con otros adultos como contemporáneos. *Los trata como padres.* Posiblemente tenga tendencia de sentirse atraído hacia esos que lo tratan como un niño, así que continúa la pauta. Entonces, para poder romper con ella, tiene que encontrar esas personas que no jugarán el juego del lado alentado, pero que apoyarán sus intentos de volverse igual a ellos.

Tenga cuidado del mentor que siempre quiere estar arriba y que así lo miren, y que desanime sus esfuerzos de retar o no estar de acuerdo con sus ideas. Lo que necesita es un nuevo grupo de contemporáneos, adultos que no teman que usted sea igual a ellos. Escoja la clase de personas de apoyo que respeten su libertad y habilidad de pensar por usted mismo, y tener sus propias opiniones.

Necesita seres seguros que puedan ofrecer la crianza maternal que no recibió y que darán validez a su madurez. Busque amigos que apoyarán su habilidad de dudar, tener opiniones, tomar riesgos, y ser su propia persona. Desde este «refugio seguro de contemporáneos» puede usted comenzar el proceso.

Las nuevas tareas con otros adultos

Dejó algunas tareas sin hacer durante sus años de crecimiento. Miremos lo que debe hacer para completarlas ahora.

1. Reevalúe las creencias

Todos pensamos que sabemos lo que creemos. Pero, en realidad, algunas personas creen en lo que les enseñaron cuando niños y no han establecido sus propias creencias. Estas mas otros valores son los que heredaron de mamá. Sin embargo, para ser un verdadero adulto, igual a mamá, sus creencias tienen que ser las propias. ¿Qué piensa de

- iglesia
- religión
- política
- finanzas
- tener hijos
- minorías
- carrera?

Las opiniones y reacciones sobre estos temas son a menudo heredados de los padres y luego nunca dudados. Use sus nuevas personas de apoyo para ayudarle a solucionar sus creencias y valores. Asegúrese que sean los suyos, aunque resulten ser las mismas de mamá.

2. No concuerde con figuras de autoridad

Roger se sentó en una reunión de gerencia, sabiendo que la idea de su supervisor era errada. Él tenía información que iluminaría la nueva adquisición, pero sentía miedo de mencionarlo. No quería mecer el barco.

¿Todavía se siente como un niño alrededor de figuras paternales? Teme la desaprobación, así es que no expresa sus pensamientos y opiniones. Este estado de mente quedó de la niñez. Si usted tuvo una mamá aún la jefa, quizá tenga que esforzarse en expresar sus maneras de ver las cosas cuando está cerca de figuras de autoridad. Los buenos líderes quieren oír las opiniones de su gente, aun cuando sean diferentes a las propias.

3. Tome sus propias decisiones

Como Samantha, que no podía decidir en la mejor escuela preescolar, aquellos atrapados en el síndrome de la mamá aún la jefa temen disgustar a sus figuras madre y están siempre aplazando lo que piensan. Los esposos indecisos que tenían ese tipo de progenitora, a menudo temen decidir por ellos mismos; vuelven locas a sus esposas. Sin embargo, a medida que nos convertimos en verdaderos adultos, recogemos información de personas informadas, la clasificamos, y luego tomamos nuestras propias decisiones. Asumimos la responsabilidad y consecuencias por las elecciones porque son nuestras. Con el apoyo de sus nuevas amistades que le dan crianza maternal, usted puede apartarse y elegir por sí solo.

4. Maneje su sexualidad

Rose amaba a su esposo muchísimo pero no podía responderle sexualmente. Cuando llegó buscando ayuda, descubrimos que tenía mucha culpabilidad sobre los puntos de vista puritanos de su mamá referente al sexo. Ella había heredado de su madre el sentido de «¡cállese! ¡cállese!» en cuanto al sexo y nunca se había dado permiso a ella misma, de ser sexual.

Cuando había estructurado en sus sentimientos el «lado deprimido de mamá», y cuando pudo parar las expresiones juzgadas por tener inquietudes sexuales, comenzó a ser dueña de su sexualidad como parte de su sistema de valores, y pronto se volvió muy sensible y consciente con su esposo en este aspecto.

Los niños son reprimidos sexualmente, los adultos no. Si todavía está en la posición de niño con mamá, entonces probablemente está sufriendo de alguna forma las consecuencias sexuales. Reúnase con sus contemporáneos y hable referente a su sexualidad. Explore sus valores, sentimientos, pensamientos y opiniones referente al sexo. Cuando pueda hacer eso, su funcionamiento en este apartado estará bajo su dominio y no del de mamá, cualquiera que sean sus puntos de vista.

5. Dese permiso de ser igual a sus padres

Suena sencillo, pero muchas personas se sienten culpables por asumir una posición de adulto con sus mamás todavía la jefa. Piense en sus sentimientos. ¿Está bien ser igual a mamá? ¿Se siente mal, el tener tantos derechos y privilegios iguales? ¿Todavía se siente que debe obedecer todos sus deseos? Usted tiene los mismos derechos a su vida, como ella tiene a los propios. Pídale a sus amigos que lo hagan responsable en esta parte.

6. Reconozca y persiga sus talentos y sueños

Los niños sueñan con lo que algún día harán. Los adultos van y lo hacen. Los chicos sueñan con carreras; los adultos van y estudian, practican, arriesgan y forman una. Si tiene talentos sin desarrollarse y sueños no satisfechos, la madurez es el tiempo de hacer algo por ellos. Rete el pensar negativo que está deteniéndolo para tratar de descubrir en lo que usted es bueno y hágalo. Obtenga reacciones de entrenadores y otros que lo conocen. Descubra sus propios talentos, no importa lo que las figuras de madres piensen. Si todavía está bajo la mano de su mamá, posiblemente el temor a la desaprobación o fracaso le esté impidiendo desarrollar talentos y dones. Los adultos toman responsabilidad por sus dones, por desarrollarlos y servir a la humanidad con ellos.

7. Practique

Nadie lo hace bien la primera vez. Se requiere práctica. Pero muchos que todavía están bajo la autoridad maternal como adultos, se sienten tan atemorizados de fracasar que no salen a practicar. Ven los intentos y el fracaso como la misma cosa.

Analizan siempre las cosas bajo el juzgamiento crítico de mamá. Temen no hacerlo bien la primera vez y por lo tanto no son libres de tratar cosas nuevas y crecer en sus carreras, afición, puntos de vista sobre la vida y así sucesivamente.

A medida que se empieza a sentir como un adulto verdadero, puede soltar sus temores de hacerlo mal y comenzar a practicar. Mirará esta como una oportunidad de aprender. Un buen grupo de apoyo le dará lugar para fracasar, y de levantarse y tratar de nuevo. Arriesgar, fracasar y tratar de nuevo, puede ser un proceso estimulante, pero los que están bajo un juzgamiento crítico interno de mamá, nunca conocen ese goce. Usted puede confesar su temor de fracaso a su grupo de apoyo y dejarle saber que necesita su aceptación. Después, comience a tomar pequeños pasos hacia su meta. Regrese y obtenga reacción, y trate de nuevo. Esta es la forma en que el aprendizaje se hace. Arriésguese, falle, obtenga reacción y trate de nuevo. Esto es práctica.

8. Gane autoridad en vez de fingir

La rebelión es para los adolescentes. Los adultos descubren el valor en ejercer el autocontrol en sus vidas. Las adicciones a sustancias como alcohol, drogas, sexo, comida, gastar compulsivo, ira y otros problemas de conducta, a menudo indican que alguien todavía se siente en la posición del «lado deprimido».

Cuando sentimos que estamos bajo el padre, nos rebelamos contra los reglamentos, aun los que fijamos para nosotros.

La fórmula para librarse de problemas impulsivos causados por la rebelión de adolescentes en adultos es no tratar tan duro, es mejor intentar salir de la posición del «lado deprimido» del padre o madre. Siempre que su mamá o cualquier otra persona esté en la posición de padre, usted se rebelará y no tendrá el autocontrol del adulto. Si puede salir del comando paterno de «debe», puede independientemente escoger sus propios valores.

Si está tratando de perder peso para satisfacer las expectativas de mamá o alguien más, siempre se rebelará. Pero si lo está haciendo por su ser adulto, sus oportunidades serán mucho mayores.

Mientras continúe en un comportamiento inmaduro, hará perpetuo al niño inmaduro en su vida y no alcanzará la madurez adulta deseada. Un sistema de apoyo de responsabilidad, le puede ayudar a dejar de fingir y de tomar control sobre sus partes fuera de control.

9. Sométase por la libertad

Los verdaderos adultos pueden someterse a estructuras de autoridad sin resistirse. ¿No hemos todos conocido a los que arman un gran pleito cada vez que sus jefes u otra autoridad les dice qué hacer? Cuando las personas no se sienten como adultos iguales con los de autoridad, se rebelan en contra de la oficina para ganar la batalla con la persona.

A medida que usted aprende a mirarse como semejante a los de la autoridad, se puede someter a esta sin que signifique que usted es menos como persona que ellos. Todo lo que significa es que ellos son sus jefes. Puede dejar de usar tanta energía para rebelarse contra sus superiores, el Departamento de Impuestos Sobre la Renta o cualquier otra estructura bajo la cual se encuentre. Esto no es una especie de cumplimiento infantil; es validar sus elecciones adultas, el trabajar para esa compañía o de vivir en un determinado país.

10. Haga buenos trabajos

El sello de identidad adulta verdadero, es el momento cuando está listo para abrazar sus regalos y talentos, y comenzar a dar de regreso al mundo. Cuando se siente como un niño, a menudo no puede servir; percibe que está haciendo tareas para mamá.

Nunca siente la libertad de dar en una forma como de «Devolver». Cuando se sienta libre del tener que dar, puede hacerlo porque lo desea, y entonces está validado como un adulto y libre para siempre de la mamá aún la jefa.

11. Ame a las personas que son diferentes

Los adolescentes son un grupo de exclusivistas; miran a otros como «de moda» o «fuera de moda». Si usted todavía está en la posición del «lado deprimido» con su mamá aún la jefa, es probable que esté con prejuicios insignificantes contra esos que son diferentes a usted en alguna forma. Si puede aprender a apreciar a las personas que son diferentes y amarlas por quienes son, tomará un gran paso en salirse de la influenciad de mamá aún la jefa y en camino hacia la adultez.

LIDIAR CON LA MADRE DEL PASADO

Ya por ahora vio la pauta de lidiar con la mamá del pasado de varias clases en su cabeza. El proceso de lidiar con la mamá aún la jefa es el mismo:

- Busque un lugar seguro con personas que apoyan su crecimiento y su conversión a adulto.
- Obtenga conocimiento de las pautas particulares de la mamá aún la jefa que son las suyas. Estar al tanto de estas le ayuda a sacarlas de su cabeza para que deje de repetirlas con otros. ¿Cuáles fueron las principales que vio referente a usted del capítulo previo? ¿Cómo lidió con ellas? ¿Qué pautas relacionales necesita usted cambiar?
- Procese el sentimiento involucrado; resentimiento, tristeza, ira, dolor, o lo que sea que lleve cargando. Deshága-

se de ellos para que no los desplace en otros y para que no continúen interfiriendo en su vida. Encontramos buen consejo en el libro de Efesios: «Abandonen toda amargura, ira y enojos, gritos y calumnias, y toda forma de malicia»[1]. Estos sentimientos le impedirán su relación con mamá y otros. Debe reconocerlos y elaborarlos con sus personas seguras. Lamentar, verdaderamente resuelve sentimientos dolorosos.

- Desafíe los mensajes. Si tuvo una mamá aún la jefa, ella le dio varios mensajes, los que interiorizó y son sus propias voces internas, críticas o limitadoras. «No piense así, o disgustará a alguien». «No refute, o a ellos ya no les gustará». «No se sienta sexual; no es correcto». «No siga esa carrera; mamá creerá que está perdiendo el tiempo». Estese al tanto de los mensajes que lo promueven a permanecer un niño. Cuando pueda desafiarlos, puede romper el control sobre su cabeza de la mamá aún la jefa. Estos mensajes entonces se convertirán en «pensamientos automáticos». Aparecerán pero no limitarán severamente su funcionamiento y desarrollo. Lleve la pista de la forma en que habla consigo mismo y siempre desafíe las creencias automáticas y pensamientos que lo retienen en la posición de niño. Aprenda a reponerlos con mensajes positivos. Póngale atención a las personas de apoyo, e interiorice sus mensajes de, «usted puede».

- Perdone. Continuamos hablando del poder de perdonar, por lo tanto no lo vamos a sobre elaborar aquí. Saca a mamá del apuro, y entonces ambos pueden estar libres del pasado que los obsesiona y los mantiene deprimidos. (Ver más sobre el perdón en el capítulo 5). El perdón librará la energía y el espacio interior que necesita para cosas más positivas que retener resentimientos.

TRATE CON LA RESISTENCIA

Es extraño cómo resistimos lo que necesitamos y estamos añorando. Somos como el que depende de otros, al que finalmente se le ofrece cuidado y responde, «está bien, yo no necesito nada». O el prisionero notorio, que al ser soltado de la cárcel comete otro crimen por su temor a la libertad. Los humanos son conocidos desde hace muchos años por trabajar duro para «escaparse de la libertad», tal como Rollo May tituló su libro.

Esté alerta a sus tendencias de resistir la adultez y la libertad, para escapar igualdad; y para regresar a la posición de niño con sus figuras de madres. Pídale a sus personas de apoyo que le llamen la atención en sus intentos de evitar adultez, el cual está añorando. Dígales que estén al tanto de los siguientes intentos:

• Culpar su inactividad en otros
• Excusar su falta de participación en factores externos
• Quejarse de su madre como si ella fuera la que lo detiene en hacer lo que quiere estar haciendo
• Refunfuñar referente a figuras de autoridad como si tuvieran control sobre usted
• Deprimirse por fracasos y resistir el ciclo de práctica
• Lloriquear por su falta de talentos y habilidades en lugar de buscarlos
• Hacerle reverencia a las figuras que colocó en pedestales
• Represar su propia opinión
• Buscar aprobación o tratar de evitar desaprobación de adultos semejantes
• Acomodarse en una posición de «tomar» para evitar servir
• Soñar en lugar de «hacer»

Todos estos son intentos de permanecer en la posición de niño. Aún cuando tiene la habilidad y la oportunidad de volverse un adulto, se verá regresando a estas pautas. Así es que cuando usted sea confrontado por sus nuevos compañeros de apoyo y responsabilidad, recíbalo como un regalo. La resistencia es de un niño en la posición del lado deprimido. El recibir confrontación como un regalo es señal de sabiduría. «El que atiende a la crítica edificante habitará entre los sabios»[2].

Recuerde que, si tuvo una mamá aún la jefa, parte de usted no quiere tomar instrucciones de nadie; todavía está luchando para ser un adulto. La diferencia importante aquí es que esto es la reacción que pidió *como un adulto;* no está siendo forzado como cuando era un niño. Así es que no resista la verdad; le puede servir en la vida.

NUEVA RELACIÓN CON MAMÁ

Mamás aún la jefa raramente entienden el mensaje de que sus hijos se transformaron en adultos y están en control de sus propias vidas. Ellas casi nunca se le acercan al hijo y dicen «aquí está la batuta. Te la estoy pasando y confío que te convertirás en un adulto y empezarás a manejar tu propia vida. Buena suerte». Así no es como sucede.

Pero si su mamá aún la jefa lo reconoce o no, usted es el que está en control de su vida ahora. Sin embargo, ella es probable que no sepa exactamente qué hacer con su nuevo rol. Algún conflicto puede resultar a medida que usted actúe en su nueva relación.

Lo ideal

El escenario ideal es que usted y su mamá aún la jefa hablen de sus problemas y trabajen en solucionarlos. No necesita empezar una batalla, pero necesita la oportunidad de decirle que quiere estar más en control de su propia vida. Platíquele de los temas; porque quiere hacer sus propias decisiones, ser tratado como un adulto, ser libre de preocupación de que ella esté contrariada o critique si decide algo diferente a sus ideales o expectativas, y cualquier otra cosa que le ayude a sentirse más como un adulto en la relación.

Las siguientes ideas pueden ayudarle cuando se le acerque con sus necesidades:

- Asegúrela a ella y a sus parientes relacionados con la crianza maternal que le apoyaron. Agradézcale todo lo que hizo en el pasado, y dígale que la aprecia. Mamás aún la jefa a menudo hacen un gran trabajo; incluso por un largo tiempo.

- No suene como «acusador» y como una víctima. Recuerde, usted es un adulto y ella le permitió estar en control. Culpar es permanecer aún niño.

- Enfoque la realidad de que usted quiere que sean amigos y que desea relacionarse con otros amigos. Que aprecia su reacción, pero que también necesita su respeto como un adulto igual. Dígale que los amigos se dan consejos y reacciones, pero que también respetan la libertad uno al otro para escoger si hacerle caso o no.

- Déjele saber que necesita su ayuda. Pídale que lo confronte cuando usted retroceda siendo un niño con ella, en lugar de un adulto, para poder cambiar.

- Pregúntele, qué quiere que haga si ella trata de ser maternal, en una forma que usted no quiere. ¿Cómo le gustaría que le diga? ¿Cuál es la mejor forma para que le diga y que puedan permanecer como amigos?

- Discuta sus papeles individuales y expectativas en la relación por venir. ¿Qué es lo que esperan el uno del otro en cuanto a llamadas, visitas, consejos, y formas de relacionarse? Todos los aspectos de su relación, posiblemente necesiten ser aclarados con la meta de volverse mejores amigos.

- Pregúntele cómo la hirió y si necesita pedirle disculpas por cualquier cosa. El niño de la mamá aún la jefa, posiblemente necesita poseer y disculparse por alguna forma no atractiva de rebelarse. ¿Hizo o dijo cualquier cosa en un momento de enojo por la que está arrepentido ahora? Dígaselo a ella y pídale su perdón.
- Explore con ella algunas cosas nuevas que pueden hacer juntos como amigos. A veces los atrapados en la dinámica de aún la jefa se quedan estancados en algún papel o actividad rígidos. Considere hacer algo juntos que nunca hayan hecho anteriormente. Ir al teatro en lugar de ir de compras, por ejemplo.

Todas estas estrategias son las que la evalúan a ella y la relación, y esta es la meta de doble propósito: *de preservar ambos, su adultez y su amistad con mamá*. Si todo sale bien, entonces cada uno de ustedes ganó un nuevo amigo y tendrán mucho goce juntos a través de los años por venir. Y aliviará problemas futuros para sus hijos, ya que ellos no serán atrapados en el medio de la batalla de padres e hijos. Serán libres para sencillamente gozar a su abuela y viceversa, en lugar de ser un juguete en un juego más grande.

Situaciones no tan buenas

El anterior escenario es usualmente un paso normal a medida que elaboramos el cambio que transcurre en nuestros años de crecimiento. Simplemente sucede un poco más tarde para unos que para otros. Para que el proceso descrito antes funcione, se requiere a dos personas muy sinceras y responsables. Esperamos que esta sea su experiencia.

Desdichadamente hay muchas situaciones que no funcionan tan bien. Algunas mamás aún la jefa, simplemente rehúsan respetar a sus hijos adultos como iguales y quieren continuar dominándolos y ordenándolos hasta varios niveles. Si adoptó el proceso anterior y no logró llegar a nada, entonces tiene que tomar una ruta diferente. La meta en las recomendaciones previas era la de preservar su adultez y la amistad. En otras circunstancias no tan favorables, la meta es preservar su adultez y actuar responsablemente con mamá. Si ella está interesada solamente en manejar su vida y no en ser su amiga, entonces obviamente debe ceder la relación de igualdad que desea. Pero usted todavía puede ser responsable con ella y evitar ponerse en el papel de niño de nuevo.

Las siguientes ideas pueden ayudar:

1. Si es aparente que mamá no está interesada en verlo como un semejante, lidie con ese deseo dentro de usted antes de acercársele. Háblelo con sus contemporáneos de apoyo. Laméntelo. Cédalo. Si ella rehúsa dejar su papel de mamá aún la jefa, debe ceder su deseo de que cambie. Para retener la voluntad de que mamá lo trate como un adulto, lo mantendrá en la posición de niño para siempre y adicionalmente como frustrado. Déjela ser quien es: alguien que quiere algo que no puede tener. Todavía anhela criarlo maternalmente, y no puede, así es que déjela estar frustrada. No le permita tomar el control, por su deseo intenso de que sea diferente. Si usted lo hace así, ella gana, porque entonces tiene control sobre su vida. De la única forma en que usted gana es rehusar a jugar el juego. Y la forma de hacerlo es lidiar con su anhelo interno de que ella sea diferente.

2. No responda con enojo. Cuando mamá hace sus cosas, como darle órdenes o criticarlo, no se disguste con ella. Su habilidad de enojarlo quiere decir que todavía tiene control, usted aún se está sintiendo como un niño con ella. Trate con el problema dentro de usted, no con

mamá. Sí, ella quiere permanecer «como madre», pero li-die con lo que puede cambiar, eso es usted. Proverbios 25:28 proporciona una buena comprensión a esto: «Como ciudad sin defensa y sin murallas es quien no sabe dominarse»[3]. Si su madre todavía puede molestarlo, ne-cesita trabajar con sus «murallas». Necesita fronteras in-ternas más fuertes. *Esto ya no es el problema de ella*; es el suyo. No exceda su ira. Simplemente comprenda que es una señal de que todavía se siente del lado deprimido.

3. Tampoco responda por culpabilidad. Así como la ira le indica que todavía se siente del lado deprimido, tam-bién lo es la culpabilidad. Si empieza a derrumbarse y responde por culpabilidad, vaya a hablar con sus con-temporáneos de apoyo. No puede ser objetivo cuando está actuando por culpabilidad. La culpa es la otra cara de la ira. Son las dos indicaciones de que no se siente igual a mamá y otros.

4. Siéntase libre para contradecir. Cuando ella dice que us-ted debe hacer a, b, o c, evite lo de «deje de controlar-me». Usted sabe que ella no quiere detenerse, así es que pare de pedírselo. Solo diga, «no, no creo que es lo que quiero hacer». Sea directo y firme, y cuando ella muestre su desacuerdo, enfatícele. «Parece que te desilusionó que no esté dispuesto a hacer eso». Esta respuesta le pasa el problema a ella; usted le está prestando cuidado, pero no le está *obedeciendo*. «Bueno, Mamá, siento mucho que cuando hago lo que necesito hacer, sea tan duro para usted». La empatía desarma muchas situaciones.

5. Fije límites para usted. Posiblemente todavía esté muy herido para interactuar en estas formas por el momento. Quizá tenga que fijar algunos límites para sus interaccio-nes con mamá justo en el momento, o en los estilos parti-culares de interacciones que tiene con ella. Quizá necesite

más tiempo para recobrar y pasar por lo que sea con que esté lidiando. Probablemente necesite decirle que no quiere hablar de ciertas cosas. Usted tendrá que ser el juez de lo que puede tolerar y lo que no. Vimos algunas situaciones que fueron tan malas como una depresión aguda o incluso una psicosis puede ser el resultado de solo tener una interacción más horrible. Conozca sus límites, y permítale a su gente de apoyo que le ayude a encontrarlos.

6. Fije límites con mamá. A veces las relaciones se vuelven tan abusivas e hirientes que nadie es ayudado por interacciones en curso. Esto es determinante especialmente en cuanto a lo que concierne a su salud o el bienestar de sus hijos. Si alguien es tan hiriente o abusivo que actualmente le está haciendo daño, necesita fijar algunos límites. Dígale que si ella continúa haciendo *a*, *b* o *c*, que usted tendrá que hacer *d*, *e* o *f*. Si ella continúa gritando o criticando, por ejemplo, cuelgue y llámela en otra ocasión cuando esté dispuesta a no hacer eso.

7. Use su sistema de apoyo. Si todo esto es nuevo para usted, no lo puede hacer solo. Busque solidaridad en su sistema de apoyo. Llámelos antes y después de una interacción que lo agota. Haga un emparedado de mamá aún la jefa, apoyo, interacción y respaldo. Póngala en el medio, y el respaldo a cualquier lado. De esta manera, estará preparado para su interacción con ella y será reconstruido por los que *apoyan* su adultez.

8. Relaciónese con la fortaleza de mamá. Quizá ella no puede ser una amiga pero puede haber ocasiones y formas en las que por la necesidad suya de ser madre, estará de acuerdo con usted. Quizá necesite alguna información o algunos «cómo hacer» de vez en cuando. A ella le gusta estar en esa posición. O habrán otros tiempos que simplemente ella no le molesta, y la puede amar como

esté e ignorar todo lo relacionado a lo maternal. «Esa es simplemente mamá» es una línea buena para que se la aprenda y recuerde a medida que se relacione con ella.

9. Por encima de todo, ame a su mamá. La posición de un adulto es de amor. Su meta es lograr adultez y amarla como lo hace. Recuerde, amor no quiere decir «obedecer». A veces quiere decir «confrontar». Pero en donde sí debe haber consenso es que no se debe devolver maldad por maldad; quiere decir que la trate siempre con respeto y cuidado. Ella lo puede molestar menos cuando la está amando. Hónrela como mamá, ámela como a sí mismo, y tome control de su propia vida.

C a p í t u l o D o c e

La mamá «American Express»

Todos hemos oído las famosas palabras del anuncio «"American Express": No salga de la casa sin ella». Un gran consejo para una carta de crédito, no tanto para una madre. Como hijos adultos, nuestra tarea es hacer exactamente eso, dejar a nuestras madres. Nos dan vida, y luego se la quitamos y nos vamos. Ese es el baile eterno, ajustarse e irse. Para muchos, dejar a la madre es una tarea acribillada de dificultades. Y así como una tarjeta de crédito, siempre hay un balance pendiente.

Así era para Catherine; su proceso de irse estaba lleno de conflictos. Como todos los procesos de alejarse de la casa, comenzó en medio de sus años de adolescencia, cuando sus actividades empezaron a llevarla afuera de la casa, más y más. Eso, en sí, no era un real problema para su madre. Joyce, se enorgullecía de la independencia e irritabilidad de su primera hija. Hasta se jactaba con las amigas referente a su independencia y espíritu aventurero.

Los conflictos surgieron cuando Catherine hizo elecciones que la llevaron fuera de la real definición de familia. Por ejemplo, decidió que iría a cierto ministerio juvenil de la iglesia, en lugar del programa de catequesis en la iglesia de la familia. Joyce vio esto como rebeldía. No escuchó la explicación de su hija, las amigas estaban todas allí, y satisfacían mejor sus necesidades espirituales. En la mente de la madre, Catherine era una hereje. La mayoría de las progenitoras se regocijarían del interés de sus vás-

233

tagos en temas espirituales, pero eso no era suficiente para Joyce. Tenía que ser a su modo, dentro de sus pautas angostas.

Pelearon y pelearon, y la madre ganaba jugando con la culpabilidad de Catherine. «¿Qué clase de cristiano desobedece a su madre y abandona la familia? Decía. «No predica la Biblia amor y obediencia?» Catherine siempre cedía, pero más y más anhelaba el día que pudiera salirse de casa.

Otra batalla surgió en la selección de universidad de Catherine. Vivían en una pequeña ciudad del sur, y Catherine tenía el ojo puesto en una ciudad grande. Las dos universidades que le apetecían estaban a gran distancia de casa, y esto disgustaba a su mamá muchísimo. Joyce estaba socialmente relacionada a dos universidades cercanas del estado. Habiéndose graduado de una de ellas, quería que la hija siguiera sus pasos.

«¡Absolutamente no!» Fue su reacción de Joyce, cuando la hija trató de compartir sus pensamientos sobre los planes de la universidad. «No puedes andar vagando tres mil millas lejos de aquí por la escuela. ¡Entonces, nunca te veremos!»

Yo sé. Esa es la idea, pensó Catherine. La batalla siguió con amenazas de quitarle apoyo financiero y convertirla en una desterrada de la familia, hasta que finalmente la hija se rindió. Decidió ir a una universidad cercana, y su madre estaba feliz. Eso es, feliz, hasta la próxima vez que Catherine quisiera hacer algo que la alejara de la familia.

«¿Qué quieres decir con que no vendrás para las Navidades?» Preguntó con lamento su madre. «¡Por supuesto que vendrás!»

«Pero mamá, será tan alegre. Los padres de mi amiga tienen un lugar en Colorado, y vamos a esquiar. Muchas de mis amistades estarán allí, y lo pasaremos tan a gusto. Por favor déjame ir».

«No, Catherine. No quiero oírlo. Las Navidades son un tiempo de familia, y te quiero aquí con nosotros. Tenemos un tiempo especial planeado para que todos estemos juntos, y no puedes perdértelo. No quiero discutirlo más».

Catherine llegó a casa para las Navidades. Pero en su corazón estaba con sus amigos, pensando en todo el buen tiempo que estaban teniendo. Se sentía como una niña, que todavía tenía que obedecer a sus padres en cada vuelta.

El tema continuó a través de sus años de universidad, vacaciones de verano y fines de semana pasados en algún otro lugar que no fuera el hogar, amistades que vivían lejos y más lejos. Y un cambio lento pero seguro de valores que se reflejaron en el intento de Catherine de ser diferente a su madre.

Y luego la gran oportunidad para Catherine llegó. En su graduación, anunció que se trasladaba a San Francisco para aceptar un empleo con una firma de contabilidad. Su madre se mortificó. Tiró el mismo argumento que había usado en la batalla de la universidad, pero esta vez no resultó. La nueva profesional sencillamente sabía que tenía que alejarse.

GUARDIANES Y ADMINISTRADORES

La Biblia nos dibuja un retrato de la posición del niño. «En otras palabras, mientras el heredero es menor de edad, en nada se diferencia de un esclavo, a pesar de ser dueño de todo. Al contrario, está bajo el cuidado de tutores y administradores hasta la fecha fijada por su padre[1]. Qué dibujo más acertado de lo que es ser un niño, especialmente un adolescente. ¡Todo el equipo está allí, pero no el permiso de usarlo! Cada adolescente podría decir: «Tengo la habilidad, pero no tengo el permiso de mis guardianes y administradores».

Esta es una buena forma de pensar referente al proceso de crecer y dejar a la madre. Los hijos tienen que soltar a los padres en el sentido *gubernamental* para poder ser enteramente adultos. Esto es verdaderamente de lo que «irse de casa» se trata, apoderarse de los aspectos gubernamentales de sus vidas. El buen guardián y administrador gradualmente delega esta libertad. Esto no se debe confundir con geografía u otros símbolos de espacio; un hijo adulto puede vivir miles de millas lejos de la madre y emocionalmente no independizarse del hogar, y otro hijo adulto puede vivir en la misma ciudad y estar totalmente en control de él mismo.

Dejar a mamá quiere decir dejar una posición atrás. Nos salimos de «bajo su guarda y administración». Establecemos nuestra adultez aparte de su dominio filosófico.

Así como en los capítulos anteriores, éste lidia con los mismos asuntos de convertirse en una persona separada y libre de la madre. Pero brega por un tiempo en particular para separarse, siendo aparte e independiente mientras aún se encuentra «bajo» la mamá y luego saliéndose de debajo de esa posición avanza hacia la adultez. Veamos cómo se ve este proceso y lo que se requiere para que suceda.

Adolescencia: El comienzo del irse

Miramos algunos aspectos del desarrollo de la adolescencia en el capítulo 11. En el actual, veremos los aspectos de esta etapa que especialmente afectan la habilidad del hijo para dejar a la madre cuando llega la hora. Miremos lo que tiene que suceder en esa relación durante esos años críticos para que la movida ocurra tal como supone que deba ser. ¿Cuáles son los aspectos importantes de la adolescencia que preparan a alguien para irse de su casa?

Experiencia del mundo más grande

Un aspecto importante del adolescente que lo prepara para irse de la casa es la movida al mundo más grande, o el «mundo verdadero», tal como es llamado a veces. La vida temprana del adolescente se desenvuelve alrededor del hogar, mientras que la futura comienza a desarrollarse más y más alrededor del mundo externo. El hecho de adquirir licencia de conducir, por ejemplo, es una movida grande hacia la independencia, ya que puede viajar sin la madre.

El mundo del adolescente ya no se desenvuelve alrededor de sus padres, así como la escuela, amistades, y actividades extracurriculares se vuelven más y más importante. Él verdaderamente tiene una cultura que cada vez le pertenece más. Los conciertos, eventos deportivos, clubes de servicios, viajes con amigos, pasatiempos favoritos, intereses intelectuales y artísticos, y el mundo de las citas lo llevaron inexorablemente a una vida aparte de su familia. El descubrimiento del mundo exterior hace dos cosas muy importantes por el adolescente en ciernes y el pleno. Primero, le deja saber que el mundo tiene más que ofrecer de lo que sus padres le enseñaron. Segundo, aprende que puede negociar el mundo sin agarrarse de la mano de sus progenitores. Estos dos descubrimientos lo preparan para eventualmente salir de casa.

Cómo crece el poder del grupo contemporáneo

Mientras que el adolescente potencial todavía está jugando con sus amigas, el formal o real se está convirtiendo cada vez más dependiente de su grupo de contemporáneos y de apoyo social, así como de una influencia poderosa de valores y normas. Su sentido de donde pertenece se está lentamente agrandando para incluir no solo a su familia sino también a sus contemporáneos.

A medida que este cambio ocurre, el adolescente está aprendiendo una lección poderosa que le servirá el resto de su vida. «Hay más gente "allí afuera" que mamá y papá. Y también tienen opiniones y habilidades en cuanto al amor. Pueden depender de ellos para información y apoyo». Para que cualquiera de nosotros se vuelva un miembro enteramente funcional de la sociedad, debemos aprender un baile interno de dependencia con la comunidad en la que vivimos. Nos necesitamos unos a los otros.

Requerimos nuestras amistades. Anhelamos enseñanza e información de fuentes externas, otras aparte de nuestros padres. Cuando aprendemos a usar la comunidad para satisfacer nuestras necesidades para relaciones y verdad, entonces podemos establecernos dondequiera que nos encontremos en la vida.

Sin embargo, si mamá le da a su hija el mensaje de que ella es la única fuente de amor y verdad, esta última nunca aprende a moverse y salir del hogar. Esto entonces constituye un tema de desarrollo; la hija se apega a otros, en una especie de dependencia como de niña, en lugar de relacionarse a ellos desde un plano de interdependencia sana y adulta. Cuando podemos trasladarnos lejos de la injerencia maternal, podemos desarrollar la habilidad de apoyarnos en otros en una forma más responsable. Comenzamos a analizar que tenemos la responsabilidad de satisfacer nuestras necesidades en lugar de esperar que nuestra madre anticipe y resuelva. Es deber que obtengamos nuestra propia ayuda, tal como respondemos a la que nos ofrecen. Nos movemos de requerir a mamá a necesitar a otros.

Aumente la experiencia de los límites del mundo exterior

Yo (Dr. Cloud) estaba recientemente en la casa de un amigo para cenar, cuando inesperadamente el hijo adolescente se volvió a sus padres y dijo «Ah sí, no les dije, que me suspendieron del trabajo por una semana».

«¿Qué pasó?» Preguntó su padre rápidamente, manifestando la ansiedad de todos, ya que sabíamos lo difícil que fue asegurar ese trabajo en primer lugar.

«Llegué tarde dos veces».

«Que lástima», dijo sabiamente su madre. «Necesitabas el dinero». Ella continuó comiendo, y platicamos por un minuto más antes que el asunto se convirtiera en algo peor.

Estaba tan orgulloso de su madre que quería gritar, «¡Así se hace!» No agarró la carnada para tomar cargo de él o por sus propias ansiedades hacia una reprimenda, tratando de asegurar que no volviera a llegar tarde para que no perdiera su empleo. Solamente le demostró empatía y lo escuchó, permitiéndole que cargara con el problema. Tampoco le ofreció dinero, o hablaron de lo injusto que «ellos» eran al hacer semejante cosa, o entraron en cualquier otro comportamiento de dependencia. Su hijo estaba aprendiendo que el mundo verdadero tiene límites para su comportamiento. Afortunadamente, su madre rehusó protegerlo de esa lección.

Si mamá se puede apartar del camino de los límites del mundo de afuera, el hijo aprende una verdad importante: *Los padres no son los únicos con reglamentos.* Esta realización le ayuda al hijo a ver reglamentos no paternalmente, sino como parte del mundo verdadero. Al dejarlo sufrir, aprende que la vida tiene requerimientos de los que la madre no lo puede proteger. Este evento hace maravillas para parar su deslice regresivo hacia la protección de la madre; el hijo aprende a lidiar con las consecuencias de la realidad en una forma diferente a la disciplina de los padres.

Desdichadamente, algunas madres no pueden dejar que los hijos sufran. Cuando el menor tiene problemas en la escuela, con la ley, o en el trabajo, lo saca de apuro. Cuando ella corre en su ayuda, a menudo ataca o aminora los límites que él debería experimentar en las manos del mundo exterior. Ella entra bien agitada a la oficina del director, por ejemplo, protestando el grado o falta de promoción o reconocimiento. Verdaderamente no puede ser la culpa de su hijo; debe ser del maestro o la escuela. Y si alguien no hace algo, habrá un infierno que pagar, o alguna otra versión de amenaza de los padres. Esta clase de madre no puede aceptar el hecho de que su hijo no está prosperando y que necesita sufrir las consecuencias.

A veces una madre no interfiere tan descaradamente como el entrar muy agitada a la oficina del director. Posiblemente se une al hijo en culpar al que fija los límites. «Bueno, ya sabes cómo son esos maestros», quizá diga. «No saben nada del verdadero mundo, solo enseñan. Espera cuando vayas a la universidad donde saben de lo que están hablando». Esta reacción daña los efectos de lo que pudo servir como una llamada de despertar que el niño necesitaba para ayudarlo a crecer.

La tarea principal de la crianza maternal en este ámbito es no interponerse en el camino. El trabajo de la madre es resistir no solo abusar de, sino también unirse a los límites que su hijo experimenta en el mundo verdadero, aprovechando para decir, «te lo dije». Usando los límites externos para su ventaja en disminuir su poder. Puede decir algo así como, «te dije que si no comenzabas a ser más responsable, esto te pasaría. Ahora mira el revoltijo que hiciste». Esta clase de reacción anula cualquier efecto positivo que los límites externos tuvieran sobre el niño; los límites de afuera y la quejadera de mamá, se vuelven lo mismo en la mente del niño que está tratando de separarse de la madre. Lo que comenzó como un límite exterior, ahora se convirtió en uno de mamá, y el chico debe separarse de ella, y por lo tanto, también del límite. Como una lección para la vida, queda cancelada, como si nunca sucedió. Esto no niega instrucción válida e interacción, solo reunión.

Lo mejor sería que la madre se apartara del camino y permitiera que su hijo tenga su propia experiencia y relación con el mundo de afuera. Como el comentario de un amigo: «Suena duro. ¿Qué vas a hacer ahora? Pasa el atún».

Hacia la independencia financiera

Mientras más entre el adolescente al mundo, más dinero es requerido. Cuesta recursos conducir un auto, así como el gasto de correrlo. Luego hay cines, eventos atléticos, ropa, y todo lo demás que a ellos les gusta hacer que consume dinero. La habilidad de un niño es limitada, especialmente su poder de ganarse la vida.

Pero los adolescentes tienen la destreza de ganar más dinero por un número plural de razones: Son más móviles, más hábiles y competentes y más vendibles. Este es buen momento, porque al mismo tiempo, sus necesidades de dinero están creciendo.

El papel de la madre es permitir y alentar la separación e independencia del adolescente y al mismo tiempo fijar límites en los deseos de su hijo, de regresar para que lo cuiden.

Los problemas nacen cuando mamá frustra la independencia del adolescente al sabotear su separación o dándole mucho para así no tener que educarse en la ética del trabajo. Es triste ver que los adultos tienen que aprender, por primera vez, el valor del trabajo para satisfacer sus necesidades; cuando lo debieron aprender como jóvenes.

Este es un balance delicado, ya que los adolescentes todavía requieren apoyo paternal. Necesitan los dos, apoyo y un aumento de responsabilidad para la administración financiera y las ganancias. Vimos errores de los dos lados del espectro; el padre abandona todo apoyo financiero cuando el adolescente comienza a ganar, u ofrecen mucho dinero para detenerlo en su empuje de ganar algún dinero por sí solo.

ADOLESCENCIA TARDÍA Y ADULTEZ TEMPRANA

A medida que el hijo avanza a través de los años de la adolescencia y comienza a ver hacia la adultez, se desarrolla la realidad de irse de casa. El adolescente que tarda en evolucionar crece en independencia durante los años de universidad, y después de la universidad una hija debería estar en condiciones de poder administrar su vida. El padre gradualmente entrega la administración del hijo al propio hijo. El papel paternal desaparece. La verdad evidente en esta máxima sería: *Con la intensidad con que una persona está siendo criada, en esa misma intensidad permanece como niño.* El individuo que siendo un adulto, actúa como un niño, tendrá problemas cuando su trabajo y las relaciones requieran un comportamiento adulto.

Ambos padres deben guiar a su hija en ese momento cuando ella arma su propia vida aparte de la familia; un lugar donde vivir, donde trabajar, sus propias amistades y red de apoyo, su propia vida espiritual. Y ella debe pagar por todo.

La herida de la madre

Todo esto suena tan duro desde la perspectiva de mamá. ¿Regresará su hijo algún día, una vez que se haya ido? Por supuesto, si este proceso sale bien. Pero mientras tanto, la realidad esencial es que la mamá es *abandonada*.

Tal como dice el libro de Génesis, el hombre *va a dejar* a su madre. La palabra hebrea para *dejar* quiere decir «abandonar, rehusar, perder, descuidar, dejar libre», entre otras. Este pasaje está hablando específicamente del matrimonio, ya que la siguiente palabra importante referente a la acción del hombre es de unirse a su esposa[2]. (Ver Génesis 2:23-24). Este proceso de dejar a la madre, emocionalmente es el paso final del desarrollo para el hijo, permitiéndole hacer un total compromiso hacia la adultez.

La primera separación de la madre, una física, se llama en la Biblia *deshabituar*. La palabra hebrea traducida *deshabitar*, es positiva y a veces quiere decir «criado» y «tratar generosamente, recompensar, o madurar». El hijo se aparta del pecho cuando ya tuvo suficiente de lo bueno de la temprana dependencia y está *maduro* para el siguiente paso.

La segunda separación, irse de casa, se describe como hiriente para la madre, lo que cada hijo eventualmente hace. Ellos la abandonan, en el sentido que crecer y ya no *depender* de ella como *madre*. Esto no quiere decir que ya no aman, adoran, se relacionan, le dan, o reciben de ella. *La relación no se terminó, pero está cambiando*. La progenitora ya no es *la* fuente.

Una madre siente gran satisfacción en ser la fuente de su hijo. Ella es su primera fuente de vida y alimento. Y luego su fuente de sabiduría, disciplina, amistad, enseñanza, valores, y muchas otras virtudes. Es un papel bien satisfactorio y premiado para ella. Este libro hasta ahora, se refiere a lo imposible que resulta sobreestimar el papel que este ser tan especial hace.

La noticia triste para ella es que el papel está designado para que termine. Ella da vida, prepara a su hijo para la vida, y luego suelta la vida que creó.

El «dejar ir», como lo vimos, es la parte dura para la mamá. La labor del hijo es causar la herida de irse, para «tomar» su vida y correr con ella. El papel de la madre es «tomar» esa herida y contenerla. Derrama sus lágrimas agridulces de dejar ir y lamentar el nido vacío. Observa cómo una persona independiente surge; el fruto de su alimentación, disciplina y amor. Alegría y tristeza son los temas combinados de esta herida. Es a la vez un alegre y doloroso lloriqueo.

Hasta donde una madre permita que este paso suceda pasivamente, las cosas estarán bien. Ella tiene que reclamar los valores de separación, diferencias, límites, y asumir una posición contra el retroceso que mencionamos en el capítulo 6. Debe deleitarse en este paso triste, y eso es algo difícil de hacer. Pero cuando lo hace, puede ver la independencia de su hijo no como una amenaza sino de veras como un símbolo de su buen trabajo: Él ahora se vale por sí solo. Ella no está siendo una compañía de tarjeta de crédito, y no está tratando de cobrar una deuda. Ve su bondad como un regalo, y lo único que quiere de regreso es el goce de ver la buena vida de su hijo.

RESULTADOS DE LA CRIANZA MATERNAL «AMERICAN EXPRESS»

Como lo vimos en los pasos anteriores, ciertas señales y síntomas indican si las cosas no van bien en este proceso de separación. Observe.

Señales relacionales

La dependencia insana se desliza en las relaciones importantes del «supuesto futuro adulto» que tiene una mamá «American Express». Las relaciones comenzarán en terreno mutuo pero son ligeramente persuadidas en una batalla de dependencia contra independencia.

Mímame, por favor ¿Cómo te atreves a mimarme?

Esta dinámica surge a menudo en citas de relaciones y en muchos matrimonios. Una persona, con frecuencia el hombre, es hasta cierto grado irresponsable; él depende de los otros para hacer cosas que debería estar haciendo para sí mismo. Pueda que desatienda asuntos personales como las finanzas, lavandería, cocinar, ropas, el carro, seguros, impuestos, y así sucesivamente.

Él encuentra a alguien que es responsable para que lo cuiden, y después pelea con la persona por quejarse y a la vez tratar de «controlarme». Le gusta el cuidado pero resiente el control. La ayudante «fastidia» porque ella pronto descubre que tiene a un niño en sus brazos y se vuelve más y más insatisfecha. El «niño» resiente ser «mimado»: «No me digas qué hacer», «Quítate de encima», «Eres un gruñón». Y regresa a sus pasatiempos o goces, evitando adultez, pero resintiéndose con el padre.

Abandonar a la pareja

Esos que no se han separado de la madre, convertirán en tales, a otros importantes. Estarán cerca del ser querido por un tiempo y después de alguna forma lo abandonarán. Quizá sea para romper un compromiso de una relación seria, o a lo mejor para separarse de la esposa. Pero el orden natural se establece: *Somos hechos para dejar a la madre. Si nos relacionamos con alguien como una madre, abandonaremos a esa persona.* Los individuos que convierten a sus esposas, esposos, novios, o novias en madres terminan abandonándolos en alguna forma.

Abandonar puede que no resulte en divorcio o separación, pero en su lugar, sí una partida emocional. Los hijos adultos de una mamá «American Express» pueden desprenderse, retraerse, encontrar otros intereses, o pasar tiempo con sus amistades o aficiones. Evitan intimidad con sus semejantes importantes. Se están separando de la madre, pero el problema es que ella, verdaderamente, es ahora la esposa.

Evitar

Algunas personas, para separarse de la madre, no se meten en absoluto en el mundo de las relaciones. Tratan muy duro de evadir la intimidad de una relación adulta. Algunos son felices con esto, otros no. A algunos les encanta sostener tan fuertemente su independencia, que aborrecen la idea de un apego y la responsabilidad que requiere. Otros se deprimen por estar solos y desean una relación. En cualquier caso, no se mueven hacia la etapa adulta de las conexiones relacionales.

Idealizar

Algunos hijos de la mamá «American Express» todavía están tan fundidos con ella que nadie puede equipararse a la persona ideal que provee todo lo que necesitan. Devalúan a todo el que llega, permaneciendo atado seguramente al cordón maternal. La función primordial de esta defensa es preservar la unión con la ideal fantasía de mamá y evitar la relación potencialmente decepcionante con una verdadera persona.

Cuidado

La persona que emocionalmente no deja el hogar, en ocasiones se identifica con la función de crianza maternal de la que no se han separado y se convierte en la madre de otros. Esta es una pauta bien conocida de dependencia.

Señales funcionales

Las señales funcionales en esta sección son similares a las del capítulo 6; desorganización, problemas de desarrollo en los aspectos de identidad y talento, dificultades atrasando gratificación, y otras señales de irresponsabilidad. El funcionamiento del mundo de los adultos requiere que actuemos como tales, pero independientes. Preséntese, haga su trabajo, no dé excusas, tome responsabilidad por los resultados, pague sus deudas, limpie lo que ensucia, relaciónese con otros como contemporáneos, y no arme problemas para nadie más. Los síntomas funcionales son vistos primordialmente en el trabajo o en papeles de los padres.

Señales emocionales

Como los síntomas funcionales, los emocionales fueron analizados en el capítulo 6 también. La depresión que viene de no poseer su vida misma normalmente está en algún lugar del cuadro. Los sentimientos de falta de poder e inutilidad son comunes. Las adicciones llegan a tener un papel con la madre sacando al hijo del apuro de las consecuencias. Esos que no cortaron el cordón umbilical, a menudo sufren de aislamiento, ansiedad, y ataques de pánico. Tienden a ser «acusadores», sintiendo que alguien más es responsable por ellos: «Si no fuera por ella, yo sería una buena persona».

Señales espirituales

La vida espiritual es una relación directa con Dios y el ser responsable por esa realidad y relación. Dado que la que no ha dejado su casa todavía es una niña por dentro, su relación con Dios es más como la de una nieta en lugar de la hija. Depende de otros para motivarla en su desarrollo espiritual, o para estructurar ese aspecto de su vida «para ella».

Ser espiritualmente maduro, es lograr adultez real, verdadera responsabilidad existente ante Dios como hijo, tener imagen, y ser oficial. Cuando todavía estamos amarrados a las cuerdas del delantal de mamá, primordialmente respondemos a ella, en lugar de Dios. En cierto modo, ella amortigua las demandas de su realidad. Se dijo que madurez verdadera es cuando dejamos de pedirle a la vida satisfacer nuestras demandas y comenzamos a satisfacer las demandas de la vida. Una madre que es la retenedora de las demandas o la que las satisface para su hijo adulto, de veras impide el crecimiento del niño en la madurez.

COMO SE VE AHORA

Si todavía está relacionado con su mamá en una forma no saludable, usted está evitando la separación e independencia de ser un adulto. Si tuvo una Mamá «American Express», pueda que tenga problemas actuales en uno o más de lo siguiente:

- Finanzas
- Funcionamiento diario. Posiblemente le sea difícil aceptar los tipos de responsabilidades como adulto que su madre estaría haciendo para usted, si físicamente todavía viviera en su casa: lavandería, póliza de seguro y oportunidades de carrera.
- Estableciendo una «casa de base» propia

- Formando un sistema de apoyo emocional aparte de la familia
- Relacionándose con la familia política. Algunos problemas surgen cuando la solidaridad o control están en alguna forma divididos entre esposo y madre.
- Separándose de la madre complaciente
- Evitando una relación adulta con la madre. Si no tiene una buena amistad con su madre, ofrece ayuda a sus padres mayores, tiene lazos multi generacional con ella, visita el hogar, escribe, o llama, posiblemente tiene problema en esta parte. El abandono de la madre nunca debe incluir abandono de la persona, solo su papel maternal.
- Relaciones argumentativas con la madre
- Lazos de dependencia con la madre. Los dos, usted y su madre, tienen que tomar responsabilidad por sus propias vidas.
- Tendencia de vivir los sueños que la madre tiene para su vida y carrera en lugar de buscar los suyos propios
- Luchas para lograr identidad y funcionamiento sexual maduro

SEÑALES DE MADUREZ AHORA CON MAMÁ

Es una señal de salud cuando puede tener una buena relación con su madre. Por cierto que es esencial para la supervivencia de la sociedad, valores, cultura, y crecimiento de los lazos de la existencia de múltiples generaciones. Siempre debemos honrar a nuestros padres, como nos dice la Biblia. Sinceramente va más adelante y dice que necesitamos «regresar» a nuestros padres, dándoles de vuelta lo que ellos nos dieron a medida que estábamos creciendo. Nos necesitan más al envejecer[3]. Y nuestros hijos necesitan a sus abuelos también.

Es gratificante para padres e hijos ya crecidos, gozar de una amistad después que el hijo llegó a la adultez. Esa amistad incluye celebración de días festivos, el dar y tomar consejo sabio, apoyo mutuo, compartiendo tiempos de alegría con los nietos, vacaciones, y otros tiempos de gozo. Estos son todos los frutos de crecer y establecer una relación sana y adulta con los padres.

Para gozar verdaderamente a la madre en nuestros años adultos, debemos primero dejar el hogar emocionalmente. Luego desarrollar las tareas de las que hablamos en este capítulo. Si tuvo una mamá «American Express», necesita cancelar la cuenta. En el siguiente capítulo, usted aprenderá como hacer eso.

Capítulo Trece

Deje el hogar en la forma correcta

Mark y Shannon estaban atascados en los cuernos de un dilema. Tenían un buen matrimonio y amaban a sus dos hijos. Pero Mark estaba a punto de, como Shannon lo expresó, «derribar una situación buena». Esta fue la primera gran crisis de la pareja.

El problema daba vuelta alrededor del conflicto de Mark con su madre, Jo. Viuda por varios años, Jo quedó como una mujer rica por su padre, quien fue un hombre de negocios próspero. Ella era buena y dedicada a sus hijos y nietos.

Por el otro lado Jo expresaba su amor por medio de regalos caros y apoyo financiero. Era generosa y un poco lujosa; en diferentes ocasiones le compró a Mark y su familia lindas piezas de muebles tradicionales, viajes de vacaciones, y hasta pagó para remodelar la casa de su hijo. Mark y Shannon trabajaban en posiciones medias de gerencia y estaban agradecidos por la ayuda de Jo. No había manera en el mundo que ellos pudieran costear las extras de estilo de vida que su madre proveía.

Se sentían un poco incómodos a veces con sus vecinos y amigos. Vivían en un vecindario de media clase, y sus compañeros observaban la discrepancia entre ellos, y Mark y Shannon. Escuchaban comentarios como «¿Se ganaron ustedes la lotería?» O «Su compañía debe tener un gran paquete de incentivos». Veían miradas largas al lado y sabían que algunos de sus vecinos estaban envidiosos. Pero la pareja lo descartó como el problema de sus amigos y lo ignoraron.

Luego surgió el verdadero problema. Mark comenzaba a cambiar su actitud hacia su mamá. Se sintió sofocado, y comenzó a resentir su involucramiento en la vida de la familia. «Quiero ser hombre que se vale por sí solo», le dijo a Shannon, «no un niño con la mano tendida hacia mamá». Se volvió argumentativo con Jo y provocaba pleitos con ella.

Jo estaba sorprendida y herida por el cambio de su hijo. Le pareció repentino y sin causa. De pronto, Mark parecía ingrato por su amor y apoyo. De veras ella no sabía qué estaba haciendo mal, ya que él nunca se lo dijo directamente. Después de unos cuantos pleitos dolorosos, Jo comenzó a retirarse de la familia. Sus llamadas, visitas y regalos comenzaron a disminuir.

Shannon estaba deshecha con esto. Había apreciado la ayuda de Jo. Sabía que la necesitaban para vivir en la forma en que estaban acostumbrados. Temía que el amortiguador que Jo proveía estaba por ser destruido por la tontería de Mark. No vio razón alguna en el mundo para que Mark matara al ganso que ponía los huevos de oro. «No hay nada de malo conque tu mamá nos dé», le protestaba a su esposo. «Es por amor. Ella goza con eso, y nosotros también. ¿Por qué no puedes ser un adulto y también recibir un poco de ayuda de vez en cuando? ¿Deseas que tengamos que movernos a una casa más pequeña por nuestros recursos?»

«Usted simplemente no comprende», le decía Mark.

Verdaderamente, ninguno de los dos comprendía. Ambos estaban en lo correcto y también equivocados. Cuando llegaron a verme (Dr. Townsend) referente a la crisis, Mark y Shannon estaban alterando el panorama. Él tenía razón en querer volverse más funcionalmente independiente, pero errado en atacar a su madre por ser generosa. Shannon estaba correcta en ver los motivos de Jo como de amor, no controladores. Pero no comprendía las necesidades de su esposo de salir verdaderamente de su casa materna.

Y ese es el tema de este capítulo. Como vimos en el 12, necesitamos dejar a la madre en formas verdaderamente prácticas y día a día. Somos creados para «abandonarla» y de establecer nuestra propia casa y sistema de apoyo. Aquí suministraremos una estructura para esta última tarea: la parte decisiva de la vida real, dejar el papel de niño y entrar en el suyo como un adulto en un mundo de adultos.

EL TRAMO MÁS LARGO

La tarea de dejar a mamá en la vida diaria, es el tramo más largo del crecimiento, ya que involucra hacer ajustes dolorosos a pautas antiguas con la madre y otros. Este es el tiempo que verdaderamente comenzamos a caminar nuestra senda, comenzamos a vivir por nosotros mismos en todos los aspectos de la vida.

Este puede ser un paso difícil porque con frecuencia no podemos ver los beneficios de irnos. En este capítulo, lidiaremos con asuntos como la responsabilidad financiera y la dependencia sobre mamá por su apoyo emocional y por las extras en la vida. Estos son los aspectos que mamá puede verdaderamente ejecutar para sus hijos. A ella le gusta, y a ellos también. Y, como Shannon, muchos adultos no ven el lado bajo que mamá se mantenga en este papel.

Si verdaderamente hay un lado bajo, y aplica no importa cuántas millas y años de distancia de su hogar. Si todavía llega donde mamá para cosas que usted debería estar suministrándose, *siempre será un prisionero a su relación con ella,* y eso no es culpa de mamá. Como Mark, posiblemente pelea su «control». O, como Shannon, quizá trate de no contrariarla. Ninguna es una forma adulta de relacionarse. Usted estará constantemente reaccionado a su dependencia con ella, en lugar de vivir la vida deliberada y autónomamente, y de acuerdo con sus propios valores y direcciones.

254 • El Factor Mamá

Miremos varias de las tareas importantes de las que usted puede hacerse cargo para comenzar este tramo largo.

TAREAS
Desarrolle su nueva «casa» antes de irse

No importa lo motivado, abatido, y bravo que esté por su situación con mamá, ni siquiera piense en dejar su relación de «American Express» hasta que cree, desarrolle y estabilice su propia base de hogar emocional. En otras palabras, cimente sus relaciones de nueva crianza maternal con, cónyuges, amistades, grupos de apoyo, iglesias y terapeutas. Asegúrese que está profundamente enraizado y sembrado dentro de estas relaciones.

Recuerde que, *no podemos separarnos de nadie en el vacío*. Si mamá es todavía la única que vive dentro de su corazón de corazones, de la que usted verdaderamente todavía depende, no podrá tolerar el lloriqueo y aislamiento que ocurrirá cuando intente irse. Algunas personas, cuando esto pasa, sencillamente regresan a su mamá «American Express» o encuentran a alguien bastante parecido ella a la que transfieren las dinámicas. Funciona bastante parecido al síndrome de rebote en relaciones románticas: La nueva selección no es un apego más maduro; es la misma con un nombre diferente.

Usted quizá piense que porque tiene una vida social activa, tiene su casa de base establecida. Pero si no dejó verdaderamente la casa, probablemente tiene un límite incorporado para cuánta intimidad permitirá en sus relaciones. Es posible también que tenga dificultad experimentando sentimientos dolorosos, en ser independiente, y revelando su «ser malo» alrededor de otros. Hasta cierto nivel, usted reserva estas partes para la madre. Se mantiene en la superficie con el resto de sus relaciones.

Tengo una amiga de cuarenta años de edad que vive en una ciudad metropolitana con su esposo e hijos pero verdaderamente no tiene amigos cercanos. Sin embargo, está hablando por teléfono, larga distancia con mamá, dos veces a la semana. Esta es su línea de vida y sistema de apoyo. Ella se fue, pero todavía está allí mismo.

Obtener reacción referente a esta situación de individuos en quien confía, a menudo ayuda. Se sorprendería de las respuestas recibidas cuando encuesta a sus amistades referente a cuán íntima es usted con ellos. Así como una persona le dijo a una amiga mía que trató este asunto, «Jeannine, pasamos bastante tiempo contigo en la iglesia y con los niños, pero de veras no te conocemos». Jeannine fue tomada por sorpresa, pero reconoció el mensaje y comenzó a permitirle a sus amigas seguras conocer su verdadera personalidad.

Respóndale a sus relaciones de apoyo

Aunque es importante desarrollar relaciones estrechas al crear nuestra propia casa, no es suficiente. Necesitamos tomar el consejo de nuestros amigos seriamente. Los amigos tienen una doble función: Se apegan a nosotros, y nos dicen la verdad. El apego da combustible y un lugar donde podemos ser aceptados. La verdad trae la luz de la realidad a esas partes de nosotros que estén escondidas, heridas, deformadas, o destruidas. En otras palabras, el amor lo hace seguro y lo suficiente para que nosotros toleremos la verdad referente a nuestras personas.

Volviéndose responsable con las relaciones de apoyo, es clave para crear su propia casa. Cuando responde a sus relaciones de apoyo, le está diciendo a otros que son lo suficientemente importantes como para meterse en su vida. Se está franqueando con las perspectivas y opiniones de ellos en muchos aspectos de su vida como en

- cómo maneja sus relaciones
- cómo es de responsable
- su conducta y carácter
- cómo lidia con su matrimonio
- su estilo de crianza maternal
- su condición física y sus hábitos
- su vida espiritual
- sus finanzas
- sus hábitos de trabajo y dirección
- cómo mantiene la casa

¡Esto no es fácil! Es mucho más agradable volverse a otros solamente para cosas como apoyo y compañía. Todavía necesitamos a los que nos ayudarán con nuestros lados ciegos, debilidades y fallas. Y necesitamos escucharlos sin la actitud defensiva de «usted no me comprende».

Esto es una clave mayor al prepararse para soltarse de su mamá «American Express». Cuando retenemos buenos amigos educadamente a cierta distancia, estamos de veras protegiendo nuestra relación habilitadora con nuestra progenitora. *Mamá nunca me confrontaría en cuanto a cómo trato a mi esposo; ella me comprendería.* A pesar de eso, cuando escuchamos a la verdad amada de nuestros amigos, profundizamos y afianzamos nuestra nueva casa; «Más confiable es el amigo que hiere... »[1]

Avance más allá de lo social y conversacional en sus relaciones seguras. Pregúnteles, «¿En fin, cómo estoy manejando lo de salir de casa? ¿Ven algún problema en que corte el cordón umbilical?» Y escuche sus verdades.

Tome posesión

Seguidamente, comience a desarrollar un sentido de «posesión sin excusas» sobre sus éxitos y fracasos. Los hijos de las mamás «American Express» con frecuencia acusan y racionalizan. Cada vez que hay un problema, mamá está allí para mandarles un cheque o tomar su lado, correcto o incorrecto. Si esto le está sucediendo, nunca aprenderá a resolver sus propios asuntos.

Comience a evaluar cada fracaso y problema en su vida de esta forma; *carácter antes de circunstancias*. No mire primero a su ambiente, sus amigos, sus enemigos, o Dios. Mire primero a sus problemas a través de los lentes de su carácter.

Por ejemplo, si no obtuvo la promoción de trabajo, no busque a un amigo que le escuchará mientras se queja del jefe. En lugar pregúntese «¿Cómo contribuí a no obtener la promoción?» Si una relación se desbarata, pregúntese «¿Qué hice para destruir esto?» Si está usted crónicamente tarde, no culpe a la autopista; atolladeros de tráfico han sucedido por años, mucho antes de que usted comenzara a conducir. Pregúntese, «¿Hice muchos planes otra vez?» O «¿Salí tarde otra vez?» Pídale a sus amigos que le hagan responsable en este aspecto.

Aprecie a su cónyuge

Los hijos de la mamá «American Express» con frecuencia causan estragos en sus matrimonios. O están, (a) comparando sus esposas a mamá desfavorablemente; (b) queriendo involucrarlo a él con la vida de ella; o (c) tratan de conseguir que el esposo tome lados en alguna discusión con mamá. Si esto suena como usted o se parecen, tome los pasos para apreciar a su esposo por encima de su madre. Los votos con frecuencia incluyen la frase, «renunciar a todos los otros». Esto significa más que dejar a otras potenciales parejas. También significa separarse del papel madre/niña.

Esta movida no quiere decir que abandona a mamá como una persona. Sencillamente define los papeles: Hizo del bienestar de su esposo una prioridad más alta que la de su mamá. Dígale a su esposo esto a menudo y pida ayuda para mantener este valor importante. Al hacerlo, traerá a la persona más importante de su vida a la parte más profunda de usted. Estará verdaderamente apreciando al ser amado.

Involucre a mamá en el proceso

Como hemos dicho en otros lugares de este libro, muchas mamás no niegan estos asuntos; ellas sencillamente fueron criadas de cierto modo y no conocían otros alternativos para criar a sus hijos. Pueda que encuentre que mamá es como un pasillo de bienvenida, durante su proceso de irse. Pueda que ella apoye totalmente el que usted se valga por sí solo. Por esto posiblemente ayude el involucrarla en su proceso. Si ella es una persona segura, introdúzcala. Leslie, una amiga mía, le dijo una vez a su mamá. «Usted es muy fácil, y necesito su ayuda. Tengo llave de su casa, usted tiene de la mía. Llegamos a la casa de una y otra sin llamar primero. Con usted puedo hablar a cualquier hora. Siempre hay comida en la cocina. Está tan accesible que termino viéndola más de lo que veo a mi esposo o amigos. No tengo que planear cocinar o hacer cualquier cosa». Se regresaron las llaves una a la otra, y Leslie comenzó a tener que llamar primero. La disciplina ayudó, y Leslie desarrolló más habilidad en tomar responsabilidad por sus amistades. Y su mamá de veras se sintió orgullosa de contribuir al proceso.

Pero es posible que mamá se sienta herida cuando le pida ayuda para abandonarla. Si así es, no presione el tema. Deje que sus personas de apoyo le ayuden.

Maneje su dinero

Chuck Swindoll solía decir. «Si quiere saber de la espiritualidad de alguien, mire su chequera». Lo mismo aplica aquí. Las finanzas probablemente sean el único indicador más medible, cuantificador y observador referente a cómo le va en dejar a su mamá «American Express». Si todavía no se ha vuelto autónomo, probablemente hay un síntoma de dinero en alguna parte: ayuda en tiempo de impuestos, gastos lujosos, emergencias, privilegios que los hijos no podrían tener en otra forma, y otros.

Tome posesión de sus finanzas y aprenda a vivir dentro de sus medios. Quizá tenga que bajar su norma de vida, aprender a presupuestar y guardar, retrasar gratificación, y de alguna forma acomodarse con lo que tiene. Nunca es fácil reversar la forma de gastar de un dependiente, a nadie le gusta tener que pensar, *¿Puedo yo pagar esto?* Es más fácil preguntar, *¿Necesito yo esto?* Obtenga ayuda sobre cómo presupuestar de un experto en finanzas, o de un amigo informado. Prográmese y anticipe el día que pueda vivir sin los cheques de sus padres. No hay nada esencialmente malo con dinero de mamá, siempre y cuando no esté en el presupuesto. Cuando pueda gozarlo, pero no lo necesita, está en lo correcto.

¿Debe pedir dinero prestado a mamá? Esta es una pregunta compleja, pero generalmente es mejor que guarde de su propio dinero para comprar algo. Si encuentra la necesidad de pedirle prestado, trátela como lo haría con un banco, con toda la protección y beneficios debidos al prestamista. Prepare un contrato legal, páguele un interés de tarifa competitiva, e imponga penalidades si se atrasa. No entre en el escenario en el que mamá le presta miles, y luego, cuando no puede pagarle, ella se queda sin recursos. Pocas mamás están dispuestas a ver a sus ñietos en la calle. Al final, mamá pierde.

Tome la responsabilidad por tareas funcionales

Muchas personas se quedan dependiendo de mamá, por cosas que ellos deberían estar haciendo por ellos mismos. De esta forma, nunca tienen que crecer y encontrar maneras de llevar en sus hombros su propia carga. Tomen responsabilidades en su propia vida por lo siguiente:

- Lave su propia ropa; no se la lleve a su mamá.
- Compre sus propios muebles. Deje que mamá contribuya con piezas, no el juego completo.
- Tenga sus propias pólizas de seguro.
- Encuentre varias niñeras de las que puede depender además de mamá.
- Planee su diversión alrededor de lo que pueda pagar, no lo que ella puede.
- Haga sus propios mandados: recoger los hijos en la escuela, comprar sus alimentos, limpiar la casa. Deje que mamá ayude, pero como un favor ocasional.
- Tome vacaciones que puede pagar; acepte una de mamá, solo ocasionalmente.
- Haga sus propias decisiones. Escúchele a ella, pero usted decida.

Sea paternal con sus hijos

Los adultos que todavía no han dejado el hogar a menudo quieren ser el «mejor amigo» de sus hijos. Le temen a la autoridad y la distancia que el papel de adulto necesariamente trae con los chicos. También temen la distancia que el papel de adulto, ocasiona con mamá. Así es que, juegan, se cambian secretos, se divierten, y enloquecen con sus muchachos. Pero tienen dificultad en tomar cargo, confrontar, fijar límites y manejar la ira del hijo.

Siga adelante y sea el padre o la madre de su hijo. No solo es bueno para su chico, sino para usted también. Cuando asume el papel de padre, verdaderamente comienza a crecer y dejar la casa de mamá por la propia.

Hágase cargo de su propio desarrollo

Esta tarea tiene un poco más de gratificación que algunas de las otras, porque hay beneficios cuando uno se encarga en desarrollar la parte adulta de su carácter. *En otras palabras, no solamente un gran privilegio concede gran responsabilidad, sino que en la misma forma, una gran responsabilidad concede un gran privilegio.* Puede gozar de los beneficios de ser responsable, grande, adulto independiente, en tres dimensiones importantes.

Talentos. Primero, desarrolle sus propias y extraordinarias resistencias, dones, y talentos. Usted es un artesano de alguna cosa, sea artístico, financiero, espiritual, atlético o profesional. Su talento puede estar en cómo se gana la vida, o su habilidad para un pasatiempo. De cualquier forma, es una marca de madurez.

Sexualidad. Otro beneficio en irse de su casa es que usted llega a desarrollar su propia sexualidad. Esto puede significar, crecer en el papel de su género como hombre o mujer, o puede significar, crecer en ternura y pasión con su esposa. Con frecuencia, sucede que a medida que las personas dejan su casa, su modo de responder sexualmente comienza a florecer.

Tome riesgos. Cuando ya no tiene que responderle a mamá, usted puede pagar por sus propios riesgos. Esto quiere decir que puede soñar, explorar, y encontrar retos y oportunidades que ella quizá nunca se imaginó para usted. Considere temas como cambios de carrera, viajar, cambios de estilo de vida apropiados, y exploraciones culturales. Trate de estos sueños en el contexto de su red segura. Esto es todo parte del comando que Dios nos dio: «...llenen la tierra y sométanla... »[2].

RENUÉVESE CON MAMÁ

Dejar a su mamá «American Express» quiere decir, dejar el papel y la dinámica, no la persona. Usted puede retener una buena relación con su madre, pero cambiará, cuando usted cambie. Aquí están las tareas que necesita elaborar.

Establezca una amistad

Comience el cambio hacia una amistad con mamá. Amistad es una relación mutua entre dos adultos iguales. Esto está en contraste con el papel de hijo y madre, en el cual el primero depende del segundo emocional o funcionalmente. Esta amistad con mamá no es una relación para sobrevivir; mejor dicho, es un goce de la compañía entre los dos. Goza a su mamá, pero no necesita que ella sobreviva.

Su amistad es probable que incluya el que juntos tengan actividades mutuamente divertidas. Esto puede significar atender a la función de su club de coro o presenciar algún espectáculo con ella. La verdadera amistad siempre incluye cierta cantidad de sacrificio personal. Posiblemente necesite hacer cosas que ocasionalmente no le atraigan, simplemente por el bienestar de ella. Atender a su reunión de jardinería o de la iglesia pueden ser aburridos, pero los amigos hacen eso uno por los otros. Los adultos tienen la habilidad para dar de todo corazón el uno al otro sin resentimiento. Los amigos reciben el goce de ver a sus amigos recibir alegría.

Reciba favores, no necesidades

Como mencionamos en la sección anterior, no hay nada de malo recibir favores de mamá, sea dinero, productos o servicios. Ella quizá quiere dar de su abundancia. Si es así, reciba y bendiga al dador. Sin embargo, los favores de mamá deben siempre ser «extras», no algo que necesita, que planeó, de que dependió, o presupuestó. Evite caer en la trampa de no estar en control de su vida. Gradualmente reciba los favores, pero aquí, fije límites para usted y su mamá.

Decida cómo ayudar

¿Cómo devolverle a mamá? A medida que envejece y se pone lenta, necesitará asistencia emocional y funcional. Esto requerirá tiempo, dinero, hacer decisiones, mandados y reparaciones de la casa. Es responsabilidad suya darle de vuelta por lo que ella le dio. Jesús dijo que esos que se retraen en no ayudar a los padres en necesidad están obrando en contra de él: «Así por la tradición que se transmiten entre ustedes, anulan la palabra de Dios... »[3]

Al hacer una devolución a mamá, está tomando su lugar en el asiento de adulto y permitiéndole que ella avance en sus años dorados de menos demandas y responsabilidades. Está usted comportándose de acuerdo a los principios que Dios ha establecido para nosotros. En su estructura, los bien jóvenes y los bien viejos son protegidos y asistidos, y los de en medio cargan con la mayor parte de la responsabilidad para ellos mismos, la familia y la cultura. Usted está asumiendo su lugar correcto en esa jerarquía cuando asiste a mamá.

La tarea compleja es calcular hasta dónde debe llegar su devolución. ¿La visitará una vez al año, o la trasladará al cuarto de huésped? Aquí están algunas preguntas que puede formularse:

- ¿Es pequeña o severa la necesidad de mamá?
- ¿Qué clase de recursos tiene para proveer por sus propias necesidades (amistades, iglesia, finanzas, etcétera)?
- ¿Cuál es su nivel de responsabilidad? ¿Cuánto de la relación existía y hay actualmente?
- ¿Cuáles son sus propios recursos y responsabilidades? Su familia actual debe ser lo primero. ¿Comprometerá sus necesidades al ayudar a mamá, o puede usted proveer adecuadamente para las dos?

Decida si, o cómo servirá de padre o madre a mamá

A veces «dando una devolución» puede salirse del límite. Hace poco en un avión, cuando trabajaba en este libro, las dos mujeres terapeutas sentadas a mi lado me preguntaron qué escribía. Parecían bien interesadas en el tema «mamá», y les pregunté qué era importante en la crianza maternal para ellas y sus clientes. Una de ellas respondió, «Quiero que me conteste una pregunta: Yo tengo cuarenta y cinco años de edad, y mi mamá tiene setenta y dos. ¿Qué hago con la nueva dependencia que mamá encontró en mí? Me siento como que yo soy la madre y ella la hija».

Esta terapeuta estaba describiendo un problema mayor con la hija adulta de mamá «American Express». A medida que ella se envejece, la madre parece retroceder, necesitando más apoyo de lo usual de sus hijos. Ella llama más, tiene más necesidades, y hasta se pone demandante o manipuladora si sus hijos no están allí en la forma que piensa que deben estar. Este problema es diferente al de la sección anterior, basado más en lo funcional, aunque los dos interactúan. Allí lidiamos con responsabilidad, dinero, y asistencia. Aquí lidiamos con relación, apoyo y tiempo.

Esto es un asunto común. Muchos adultos se sienten obligados a ser el sistema completo de apoyo para mamá en sus años de decadencia. Sienten que deben ser su confidente, mejor amigo, y consejero de todos sus asuntos medicinales, emocionales, y sociales. Mamá a veces quiere contarle a su hijo cada detalle de su día. Una persona me dijo, «Es como que yo fuera la mamá horneando en la cocina, y ella es la niña de ocho años que vuelve a casa de la escuela. Quiere que me siente en la mesa para contarme todos los cuentos, cosas interesantes, y problemas de su día mientras toma un vaso de leche y come galletas con trocitos de chocolate.

Estos hijos adultos se alternan entre sentimientos de obligación y resentimiento. Discuten con sus esposos quienes dicen, «no me casé con ella, me casé contigo». No pueden complacerlos a todos, y se sienten que no están haciendo lo correcto.

Aunque usted y mamá tienen una relación sana, probablemente se siente con algo de responsabilidad por ser uno de los miembros del sistema de apoyo de ella. La clave aquí es recordar que usted es solo *uno* de los miembros. No es su responsabilidad convertirse en uno de sus padres o mejor amigo; la apoya sin sentirse que tiene que ser o hacerlo todo.

Lo ideal de la vida es finalizar con raíces profundas. O sea, que estamos diseñados a relacionarnos mejor y más profundamente a medida que pasa el tiempo. A medida que las buenas relaciones florecen, se vuelven más satisfactorias a través de los años. Los hombres tienen mejores amigos con los que afectuosamente cambian insultos por cuarenta años. Las mujeres tienen aliadas cercanas con las que conocen cada diferencia, goce y dolor.

El problema con la mamá «American Express» es que, aunque tenga relaciones sociales, sus dependencias con frecuencia caen sobre sus hijos. Posiblemente ella los ve como su recurso de retiro emocional. Luego cuando sus hijos forman sus propias vidas e intereses, se siente defraudada, y ellos culpables.

Si esta es su situación, decida qué le puede dar emocionalmente a su madre como una amiga.

Piense en su tiempo disponible y sus responsabilidades a su persona, Dios, familia, trabajo, y amigos. Dé lo que pueda. Y ayude a mamá a encontrar amistades. Quizá ella necesita profundizar las que ya tiene. O necesita encontrar nuevas. Ayúdele a explorar el vecindario, iglesias cercanas, clubes sociales y grupos de actividad. Déjele saber que el momento que pasa con ella lo hace de todo corazón, pero que usted solamente tiene cierto tiempo para compartir. Yo tengo varias amigas que sus mamás viven en otro estado y que llamaban varias veces durante la semana, usándolas como un sistema personal de apoyo. El resultado era doblemente terrible: Las hijas se sentían enloquecidas, y mamá siempre se sintió abandonada y sola como que si nunca tuvo suficiente. Ella tenía razón. Las llamadas telefónicas no son suficientes. Como todos los demás, mamá necesita relaciones de carne y hueso.

Aprenda de su cólera

Los hijos de la mamá «American Express» a menudo luchan con cólera y resentimiento. Pero no sienten que pueden expresarlo a ella. El enojo señala un problema. Necesitamos primeramente descifrar el porqué de nuestra cólera, luego usarlo en nuestra relación con mamá.

Posiblemente experimenta dos clases de cólera con la mamá «American Express»: *cólera de intrusión* y *desilusión de deseos*. Use sus relaciones de apoyo de su nueva crianza maternal para separar las dos. Pueda que se sientan igual, pero son muy diferentes. La primera cólera es útil para usted y mamá, y la segunda es reservada solo para usted.

Cólera de intrusión es la irritación que puede sentir por la intrusión de mamá en su espacio; quejándose que usted no está lo suficiente con ella e insistiendo en más tiempo del que tiene. Esta cólera está probablemente basada en la realidad y tiene que ver con la tendencia de parte de ella, de ignorar sus límites y necesidades de su vida adulta. Necesitará confrontar a su madre, explicarle el problema, y ayudarle a ajustarse a sus límites. Esta cólera es útil, ya que ayuda a que usted marque su territorio y que continúe amándola.

Las desilusiones de deseos ocurren cuando nos aferramos a viejas ilusiones de mamá de ser alguien que nunca fue, o alguien que solía ser. Cuando ella no es la madre que nos gusta, nuestras partes jóvenes se enojan y duelen. Por ejemplo, quizá quiera que ella sea más sensitiva a sus necesidades de valerse por sí sola. O posiblemente quiera que respete sus decisiones adultas. Esta no es la clase de cólera que comparte con mamá. Está basada en tempranas necesidades y dolores que ahora pertenecen a su grupo de apoyo. Permita que su red lo apoye y cuide, luego lamente su sentido de pérdida y siga adelante. Lamentarse le dará la libertad para aceptar a mamá por quien es, en lugar de juzgarla por lo que no es. Puede acercarlo a la persona verdadera en la amistad que está ahora desarrollando.

La suegra

Finalmente, una palabra sobre las suegras. En las primeras etapas de escribir este libro, escudriñamos muchos amigos y colegas referente al tema de mamá. Invariablemente, oímos una de tres contestaciones enfáticas. «¡Necesito esto para lidiar con mi madre!» O «¡Mi esposa necesita esto para lidiar con su madre!» O «¡Necesito esto para lidiar con la madre de mi esposa!» Los problemas de madre a menudo son problemas de suegra.

Los problemas surgen si su esposo todavía no deja a su propia mamá «American Express». O lo incluyen en el argumento, o su esposo y su madre se juntan en contra suya. Esto puede ser tan desagradable y trastornador como sus problemas con su propia madre.

Dos consejos pueden ayudar aquí. Primero, cualquiera que sea el problema con su suegra, es verdaderamente un problema entre usted y su cónyuge. En lugar de tratar de convencer a su esposo que se separe de su mamá, ayúdele a ver que él no está funcionando como un esposo con usted, no importa cuál sea la razón. Puede decir algo como:

- Me siento sola cuando pasas tanto tiempo lejos de mí.
- No puedo pagar por tu irresponsabilidad financiera y tendré que tomar alguna acción para protegerme.

- Cuando no estamos de acuerdo y te retiras de mí y llamas a tu mamá, me distancias más. No me siento apreciada por ti, y no siento ser una prioridad en tu vida.
- Cuando continuamente me traes conflictos con tu madre, me siento como si ella estuviera sentada aquí durante la cena con nosotros todas las noches. Me gustaría estar solamente contigo en el cuarto; ¿Puedes llevar tus problemas con ella a tu grupo de apoyo?

Segundo, solucione su propia relación con la suegra. Si ella la critica a usted, no le pida protección a su esposo; llámela y soluciónelo. O si ella quiere hablarle referente a su hijo, educadamente diríjala hacia él y retírese. Mantenga las líneas limpias, y evite las triangulaciones que ocurren. Se evitará años de problemas y quizá salga teniendo una relación amigable con su suegra.

CÓMO PODRÍA SER

Aquí están dos ejemplos de lo que puede suceder al dejar la relación de su mamá «American Express» y comienza a llevar en sus hombros su propia carga adulta. En el primero, mamá no responde bien. Y en segundo, abraza los cambios.

#1. Megan, una mujer en sus veinte años, trabajó duro con sus amigas de apoyo para cortar los lasos de mamá. Vivió en su casa con la madre, y ahora se dio cuenta que preferiría su propio apartamento. Consiguió un trabajo decente, guardó su dinero, y en un par de años ya tenía su propio lugar. Megan se encontró realmente gozando la amistad de sus contemporáneos, relaciones de citas, y nuevas experiencias que el mundo verdadero le ofreció. Sus veinte años se estaban volviendo el exitoso tiempo que producía crecimiento como estaban destinados a ser.

Para mamá fueron momentos difíciles. No podía comprender por qué Megan la había dejado, y como se lo dijo en una ocasión, «hasta que tengas un matrimonio te puedes ir». Se sintió que la movida de su hija era una traición a la amistad de ellas y se lo dijo. Trató de persuadirla que regresara haciéndole promesas de ayuda financiera y apoyo: «Si te mueves de regreso, puedes tener toda la libertad que quieras, y no más preocupación en lo referente a la fuente de dónde llegará el dinero». Sin embargo, como Megan no aceptó la oferta, su madre se retiró haciendo gestos.

A veces fue tentador, ya que Megan pasó por períodos duros. Comía bastantes emparedados de mantequilla de maní y pasaba las tardes con vídeos y palomitas de maíz en lugar de ir a buenos restaurantes y espectáculos. Pero así y todo, vivir por sí sola valía la pena. Le hacía falta el apoyo de mamá, y su rechazo era doloroso para ella, y todavía podía decir, «mamá hizo un problema de *ella y yo. Deseé* que fuéramos las dos, pero no lo pudo entender. Así es que tuve que escogerme yo». Es de esperarse que algún día mamá se relacionará. Pero Megan no lo puede hacer suceder. Mientras tanto, ella tiene una vida que vivir.

#2. Brendan tenía una situación diferente. Con su mamá «American Express», él era el grande y ella la niña. Se encontró con el problema cuando se casó con Gina y tuvieron niños. Mamá llamaba varias veces para preguntar por qué no la visitaban más.

Con la ayuda de su esposa y amigos, Brendan se sentó con su mamá y le explicó cómo quería una amistad con ella, pero que algunas cosas tendrían que cambiar. Su madre necesitaba encontrar otras amistades, y Brendan y Gina ayudarían en cualquier forma que pudieran. Fue duro decirlo, ya que él pensó que iban a herir los sentimientos de mamá.

La madre se entristeció por la noticia. Sin embargo, básicamente era una persona sincera, y comprendió el asunto. Aceptó la oferta de Brendan, y comenzaron a investigar su vecindario y ciudad para servicios de apoyo sociales. Mamá estaba sorprendida y contenta de encontrar una buena iglesia y grupo de voluntarios en el hospital. Comenzó a ser voluntaria dos veces por semana.

Su hijo y la familia llamaban a mamá y la visitaban regularmente. Sus ratos juntos eran divertidos y tenían una cualidad diferente a las visitas anteriores. Ella había pasado la mayoría de su tiempo hablando de la soledad. Ahora tenía historias de su iglesia y trabajo voluntario que contar, y demostraba más interés en su vida. Los niños gozaban llevándole a la abuela sus dibujos y obras de arte. El cambio hizo que Brendan deseara visitarla más a menudo, puesto que ya no se sentía bajo el peso de ser el salvavidas de su progenitora.

A medida que la madre envejecía, parecía que revertía el proceso. Comenzó a viajar, intentó varios pasatiempos, y seguía haciendo nuevos amigos. En esta vena, ella se convirtió en una persona más interesante para Brendan. No se habían dado cuenta que tenían tanto en común. Estos años de crecimiento, para ambos, fueron buenos.

CONCLUSIÓN

Ya hemos pasado por seis clases de crianza maternal y los problemas y soluciones de los que asistieron. Esperamos que si se vio usted, en por lo menos uno de estos tipos, que pueda seguir las tareas involucradas en desarrollar lo que no entendió en la primera vuelta. En la siguiente sección, veremos los problemas especiales con los que los hombres y después las mujeres se enfrentan en sus problemas de madre.

Capítulo Catorce

Solo para mujeres

Robin y su novio Toby estaban haciéndolo de nuevo: Discusión Interminable #25. Era como un espectáculo finamente redactado en el que ambos artistas saben sus líneas, los movimientos de la actuación, y especialmente cómo terminará. La discusión #25 era siempre referente a la mamá de Robin, y ambos, ella y Toby, siempre se decían las mismas cosas uno al otro. Estaban profundamente enamorados y se inclinaban hacia el matrimonio, pero esta discusión siempre tenía tendencias de enlodar las aguas por varios días.

Robin simplemente no podía decirle que no a su mamá, y Toby no podía comprender su dificultad. Ella siempre planeaba sus citas alrededor del itinerario de la madre y cancelaba eventos planeados si mamá quería que la hija estuviera cerca. Su novio decía, «conozco la sala de tus padres mejor que la tuya. ¿Por qué no puedes tener una vida conmigo y sin ella? No te preocupes, estará bien». El conflicto destrozaba a Robin, ya que sabía que en un aspecto Toby tenía razón. Pero otra parte de ella pensaba, *no entiende. ¿Cómo podría? Él es un hombre, y no puede sentir lo que las madres sienten. Si supiera lo mucho que mamá me necesita y lo duro que es para las dos.*

Robin tenía razón sobre una cosa: Las mujeres tienen luchas únicas en sus vidas con sus madres. Por eso es que este capítulo es dedicado a esos problemas especiales que solo las mujeres enfrentan con mamá.

271

Mujeres y hombres son diferentes en muchas formas: De vientre a tumba, los sexos tienen disimilitudes anatómicas, neurológicas, hormonales, y emocionales. Esto hace un mundo interesante, y también crea la base de las diferentes formas que los sexos se relacionan con mamá. Se unen con ella, crecen con ella, y la dejan en su propia forma única.

Sin embargo, aunque hombres y mujeres son diferentes, son siempre más parecidos en lugar de menos. Bastante se ha escrito que ayuda mucho referente a las diferencias entre los sexos, pero mucho ha estereotipado a los sexos en maneras que son incorrectas. Las mujeres tienen partes afirmativas, y los hombres partes nutritivas. La diferencia tiende a ser más un asunto de grado de fuerza, en lugar de una gran línea divisoria entre los dos. Hay una gran parte de solape entre los asuntos de hombres y mujeres.

Pero algo es mucho más crucial que nuestras diferencias sexuales, y eso son los asuntos de carácter. Así es que mantenga este punto en la mente a medida que lea el presente capítulo y el siguiente.

CÓMO IRSE, APARENTEMENTE

Las niñas de corta edad se parecen más a la mamá que al papá. Comparten biologías, emociones, y costumbres culturales con la madre, en formas que no lo hacen con el padre. Así es que, una de las tareas del padre es persuadir a su hija fuera de la «órbita de mamá» hacia un mundo más grande, comenzando por él mismo.

El padre funciona como un tipo de cuña entre la temprana ultra cercanía entre la hija y mamá cuando la primera está lista a separarse más. Con el apoyo de la madre, la niña está encantada con esta segunda figura en su vida de la voz de hombre y pecho peludo. Ella comienza a entrar en otras relaciones, comenzando con hermanos, y de allí con amigos del vecindario, compañeros de escuela, amigos de carrera, y finalmente con su pareja de matrimonio. Idealmente, la hija comienza su proceso de ida de casa en los tempranos años de la vida, a medida que gradualmente elabora los dos, relacionándose con y desenlazándose de mamá.

Las niñas tienen una desventaja aquí, en lo que aprenden a separarse y desarrollar su propia identidad. Los varones se están moviendo de alguien distinto a ellos hacia otros muy parecidos. Por lo que, hay un refuerzo biológico mientras los pequeños son inducidos hacia el padre. Sin embargo, las niñas se mueven de una figura femenina y afectuosa hacia alguien un poco temeroso e intimidante. El problema es algo parecido a un cohete dejando la órbita de la Tierra. La hija tiene más fuerza de gravedad manteniéndola cerca de la tierra madre. Tiene que trabajar más duro que su hermano para dejar esa órbita con el fin de moverse al mundo exterior.

Por esto muchas mujeres encuentran particularmente difícil volverse independientes y dejar el nido de mamá. Sienten el tirón de retroceso hacia la madre más exquisito que el de los hombres; les hace falta su consuelo o no se sienten preparadas para el mundo de afuera.

Al darse cuenta de esta dinámica, rodéese de personas de apoyo que comprenden y pueden ser anclas emocionales para usted, al dejar su casa. Toby no lo pudo «conseguir» con Robin; quizá él estaba muy personalmente involucrado con el problema. Pero otros; ambos, macho y hembra, pueden «conseguirlo» y pueden ayudarse con su propia lucha de separarse y volverse un individuo. Estas personas seguras necesitan funcionar como la «cuña del padre» y le ayudan a salirse, pero sin avergonzarlo o criticarlo. Su propia labor será la de aceptar esa realidad única de «cómo irse, aparentemente» sin negarlo o cediéndolo.

MUJERES ENLAZADORAS

Las mujeres son más enlazadoras de corazón que los hombres. Tienen más fuerza constitucional en unirse, así como los hombres lo hacen en agresividad. Pero el ser un «amante, y no un combatiente» trae sus propios problemas especiales.

Si usted es una persona amorosa, tiene una habilidad bien desarrollada para sentir empatía. Siente el dolor de los demás. También la profundidad de las luchas de los otros, y sabe qué necesitan. Es un requisito previo para cualquier relación significativa. Las mujeres tienen habilidades maravillosas para sentir empatía.

En fin, empatía es una espada de dos filos. Si tiene problema en separarse de las personas, la empatía puede ser un estorbo para usted. El dolor de la otra persona se vuelve su propia realidad. Está acomplejado aquí con mamá porque presiente su soledad, fragilidad o partes abandonadas. Usted enfáticamente «se tira hacia mamá» sin darse cuenta y se entrega usted en apoyarla y protegerla. Y luego se encuentra haciendo lo mismo en sus relaciones cercanas.

Si usted es el tipo enfático, dese cuenta que tiene un don de Dios, uno de sus propios rasgos profundos: «Tan compasivo es el SEÑOR con los que le temen como lo es un padre con sus hijos. Él conoce nuestra condición; sabe que somos de barro»[1]. Al mismo tiempo, agréguele a sus fuerzas en empatía cosas como realidad, sinceridad, y responsabilidad. Pídale a sus amigos que le ayuden a ser una persona amorosa y sincera con mamá y con ellos.

CONFLICTOS AGRESIVOS

Las mujeres tienden a tener más problemas en el ámbito agresivo que los hombres; esto puede llevar a dificultades con ambos, mamá y la vida en general. Ellas pueden tener más luchas con los siguientes «conflictos agresivos»:

- aseveración
- tomar iniciativa
- confrontación
- experimentar y relacionarse con la ira

- resolver problemas
- formar identidad
- fijar y mantener fronteras

Las razones para esto son complejas e involucran los problemas constitucionales de arriba, así como los factores emocionales y culturales. Pero la verdadera dificultad es que la agresión es uno de dos instrumentos primordiales para irse y ajustarse. El otro es el amor y el apoyo de otros. Así es que, si está luchando con mamá, una razón puede ser que tiene una pierna amarrada detrás de usted.

Usted puede crecer en agresión sana. Encuentre una estructura de apoyo de personas que quieren ayudar a que tome más posesión de sí mismo. Explore porqué no puede decir que no, o porqué deja que otros la atropellen, o porqué es usted pasivamente complaciente. Trabaje en la tarea que mencionamos en el capítulo 7. Empiece a reparar y desarrollar sus habilidades de estar en lo correcto, sagrado y honesto. Comenzará a notar progreso en todos los ámbitos de la vida: mamá, amor, y trabajo.

LOS PROBLEMAS DE MADRE DISFRAZADOS COMO DE PADRE

Escuchamos hoy bastante de los problemas de padres no prácticos. Muchas mujeres destacan sus pobres elecciones de novios y esposos, o desarrollan ansiedades de depresión o desórdenes compulsivos y hacen la conexión con que tenían un padre problemático. Recuerdan padres ausentes, distantes, críticos, abusivos, débiles o temerosos. Se sienten aliviadas de que sus luchas actuales tienen una vieja pauta que ahora hace sentido para ellas, y comienzan a pensar en «problemas de papá».

Le ayuda a las mujeres darse cuenta de la razón y las raíces de sus problemas, y que mucho de su dolor actual tiene que ver con una relación pasada. Además, hemos hecho bastante progreso en desenterrar los problemas de padre para las personas, mirando todo el daño que los papás pueden hacer y descubrir cómo recuperarse de ellos.

Sin embargo, algo de este modo de pensar sobre simplifica y confunde asuntos importantes. Por ejemplo, escoger hombres malos y tener un padre distante no siempre causa depresión. Tenemos que investigar más a fondo sobre esto. Muchas mujeres que crecieron con padres ausentes también tuvieron madres que las nutrieron y afirmaron. Mamá tomó responsabilidad por la crianza maternal y las necesidades paternales, se aseguró que su hija creciera en relación con varios hombres seguros que podían ayudar en su crecimiento de carácter. Estas mujeres probablemente crecieron técnicamente sin padres, pero aún recibieron todas las «buenas guías» que necesitaban.

Algunos creen que todos los problemas de apego son de mamá y que los de agresión son de papá. Por lo que la lógica dice, si una mujer pasa malos ratos fijando límites y en ser su propia persona, es debido a problemas paternos. Esto es cierto, pero no completamente. Las mamás también tienen mucho que ver con afirmación infantil, y los papás pueden enseñar ternura. Por cierto que mucho del material en este libro tiene que ver con cómo los hijos deben aprender su primer no, sus primeros pasos independientes, y sus movidas de identidad con ninguna otra que mamá. Los asuntos de afirmación de la madre ocurren algunos años antes que los asuntos de papá, lo que constituye un proceso secundario.

Kristin, por ejemplo, sabía que estaba escogiendo al hombre equivocado. Se vio en la edad de sus treintas, dejando un segundo matrimonio, y luego ligeramente relacionándose aún con otro varón. Todos los hombres que escogió tenían tendencias a ser fuertes, seguros de ellos mismos y en control. Sin embargo, cuando se comprometía con ellos, el dominio de sí mismos rápidamente se convertía en control de Kristin. Se volvieron dominantes, críticos y perfeccionistas con ella.

Cuando habló con un amigo referente a su pauta destructiva, él dijo, «tuvo un papá distante, y usted está buscando su fortaleza y protección en los brazos de un esposo». Eso sonaba lógico. La madre de Kristin había sido callada y dedicada a la crianza, así es que hasta donde ella podía ver, mamá no era el problema. Kristin comenzó a trabajar sobre la pérdida de su padre. Pero aún después de todo su trabajo, todavía le atraía controlar hombres. Fue hasta que comenzó a ver a un terapeuta que reconoció cuál era el problema de «mamá» más profundo, que ella podía verdaderamente comenzar a cambiar.

La realidad de los antecedentes de Kristin era peor de lo que creía: la crianza callada de mamá disfrazaba una pasiva falta de identidad en ella misma. Así es que su progenitora falló en conducir a la hija a través de la separación, individualización, y entrenamiento para la afirmación que necesitaba. Le enseñó a ser dulce, pasiva, y dependiente, pero no a atacar por sí sola. Como hacen las niñas de corta edad, Kristin entonces buscaba a papá, para reparar lo que mamá no podía. Pero él tampoco estaba allí. Por lo que comenzó la búsqueda eterna por el Príncipe Azul. La verdad era que debajo del casco de armadura estaba la cara de una estructura de un edificio, la madre afirmativa. Kristin había, sin darse cuenta, disfrazado los problemas de madre como si fueran del padre.

Como Kristin, pueda que usted piense que sus problemas de «hombre» son problemas de «papá». Quizá lo sean, pero mantenga en mente la posibilidad de que dos dinámicas estén en juego aquí: la madre que no podía soltar y el padre que no podía hacer que su pequeña se sintiera especial. Tienden a suceder simultáneamente.

MAMÁS Y SUS PEQUEÑAS NIÑAS

Las mamás con frecuencia se sujetan más fuerte a sus hijas que a sus hijos. Ciertamente hay excepciones en esto, como hemos visto en este libro. Pero mamá normalmente pone más presión en la fuerza de gravedad regresiva sobre la hija que en el varón. Todos saben que tienen que soltar a los hijos tarde o temprano.

Una amiga mía me confesó, «mamá siempre dijo, "los hombres crecen y siempre se van lejos; las mujeres también, pero cuidan a mamá"». Y eso fue el plan de juego de mi amiga hasta que se puso deprimida y comenzó a mirar al asunto. Esto es una dinámica especialmente común entre mujeres que tienen problemas con la mamá controladora del capítulo 6 y 7. Mamá tiene sus propios problemas de separación, los que ella después coloca en su hija. La niña entonces crece como una mujer que se siente culpable por dejar a su «mejor amiga» atrás, en lo que se desplaza hacia nuevas relaciones.

Posiblemente observó más apego por lo de su género. Pueda que vea esta dinámica surgir: Su madre la ve como su «hermana del alma». A lo mejor le diga cosas como, «sabemos lo que la otra está pensando sin decirlo» y «nosotras las mujeres necesitamos juntarnos». Ayúdele a mamá a entender que usted quiere estar cerca de ella, pero que ahora también tiene otras amistades, y que quiere que tenga las suyas. Cuídese de sus intentos de hacerla una aliada en cualquier conflicto con papá, hermanos, o amistades, y descalifíquese de estos apuros.

SOLO LAS MUJERES PUEDEN SER MADRES

Esto suena obvio, pero la realidad tiene un gran impacto sobre cómo maneja los asuntos de su mamá. Sea ya, o no una madre, una posible madre, o sin hijos por elección o circunstancias, todavía tiene partes de crianza maternal creadas en usted para nutrir y proteger. Esto hace una diferencia en cómo se mueve a través de su propio proceso de crecimiento. Algunos de los factores son los siguientes:

Lidie con la culpabilidad y la ansiedad

Muchas mujeres están leyendo este libro con temor y temblor. Están viendo los problemas a través de dos lentes: el de sus propias relaciones con mamá y el de sus interacciones con los hijos. Este segundo lente puede causar una gran cantidad de culpabilidad y ansiedad al considerar cómo usted está impactando a los pequeños. Una mamá que estaba revisando el material conmigo expresó: «Quería leerlo por mí misma, pero mis propios asuntos de crianza maternal se interponían en el camino. Yo pensaba, "¿Soy muy desprendida, o frágil o controladora?"»

Esto es de veras una preocupación. La crianza maternal es la relación más importante que tenemos, y, si usted es una madre, tiene una responsabilidad tremenda. Está en el proceso de crear y desarrollar vida en otra persona a la imagen de Dios. Es bueno que vea el peso de su crianza maternal por lo que es y tratarlo como una tarea seria.

Sin embargo, puede fácilmente paralizarse con culpa y ansiedad, temiendo que los déficit de su carácter arruinen a su hijo. Algunas madres se vuelven irreales o falsas, perfeccionistas, o retraídas de su hijo por estos temores. Esto causa aún más problemas para el muchacho. No solo él tiene una mamá que es imperfecta, sino ahora también una que está actuando extraña y preocupada por ello.

Si es su preocupación en estos momentos, aquí están dos cosas que pueden ayudar.

Las buenas mamás reciben buena crianza maternal

Detrás de una buena madre hay una vocación alta y una meta maravillosa. Las mejores mamás son personas que buscaron y recibieron nueva crianza maternal para ellas. Es como una ley de física: *No puede dar lo que nunca recibió.* Pero puede dar libremente cuando humildemente ha interiorizado amor y estructura de Dios y su gente: «Nosotros amamos a Dios porque él nos amó primero»[2].

Entonces no es egoísmo, el elaborar sus propios asuntos de carácter. Al contrario, es su responsabilidad, y es buen manejo. Lo prepara para tomar su puesto en el mundo como alguien a quien se lo han ofrecido, y que ahora tiene algo valioso que ofrecer. De otra manera, está repartiendo de una copa vacía. A medida que se involucre en reparar sus propios asuntos de confianza e identidad en el contexto de relaciones útiles, se asombrará de lo mucho más que tiene para darle a sus hijos. Será menos reactivo a los desatinos de los niños, y puede ver mejor las necesidades de su hijo, ya sea amor, límites, o educación. Usted puede ver dentro del corazón del chico, así como han entrado en el suyo amado.

Suficientemente buena contra perfecta

Desista de ser una supermamá como modelo de maternidad. De todos modos nunca resultó. Las madres perfeccionistas tienden a ponerse locas o volver locos a sus esposos, hijos, o los esposos de sus hijos. Deje de tratar de ser la mamá perfecta, y esté contenta con ser una «suficientemente buena» mamá.

«Suficientemente buena» quiere decir adecuada pero falible y todavía creciendo. Quiere decir que está procesando las seis dimensiones de maternidad que hemos discutido. Usted quiere ser

- emocionalmente presente, en lugar de desprendida y ausente
- contenedora, en lugar de frágil
- dar apoyo para separación, en lugar de resistirla
- aceptadora de debilidades y fallas, en lugar que demandante de un hijo trofeo

- promovedora de adultez, en lugar de retenerla como una niña
- ayudante para que él se vaya, en lugar de ser una mamá «American Express»

No permita que esta lista le intimide al verla a través de sus propios lentes de «yo soy una madre»; es solo para darle *dirección*. Las mamás suficientemente buenas están al tanto de sus debilidades y tendencias. Trabajan en hacer lo correcto para ellas y sus hijos. Están obteniendo ayuda de personas seguras para superar sus debilidades de crianza maternal.

Las mamás suficientemente buenas asumen que cometerán errores con su hijo, y anotan eso en su crianza maternal. Saben que no siempre estarán allí como deben o desean. No se sorprenden por sus fallas; están preparadas para corregirlas, aprender de ellas y seguir adelante. Como dijo mi (Dr. Townsend) hijo Ricky, a los cinco años de edad, cuando botó la bola mientras jugábamos béisbol, «¡uy, aprendí de nuevo!»

Manténgase en la luz de la relación

No es suficiente con solo prepararse para ser una mamá falible, necesita proporcionar soluciones. Esto quiere decir que posiblemente se tendrá que hacer vulnerable y al alcance de otros que le pueden ayudar a ver puntos ciegos en su crianza maternal y apoyarla mientras cambie conductas hirientes. Necesitará mantenerse expuesta a la luz de sus relaciones seguras: «En cambio, el que practica la verdad se acerca a la luz, para que se vea claramente que ha hecho sus obras en obediencia a Dios»[3].

Resista la tendencia de esconder sus debilidades por vergüenza o culpa y de tratar de resolverlas sola. Manténgase en la luz del cuidado de otras personas seguras, que conocen sus manías, que la aceptarán adonde esté, y ayudarán a mejorarse. Cada

Súper Mamá aislada tiene alguna parte débil o condenada de ella que está ocultando adentro.

He visto sucederle milagros a los que; en grupos, «permanecen en la luz». Una madre soltera estaba pasando por un tiempo horrible con su hijo quinceañero. Estaba tratando de hacerlo «querer» buenas marcas, «no querer» malos amigos, y «querer» pasar los Sábados con ella. Su vida se había volteado boca arriba porque continuamente la frustraba con sus contra movidas. Finalmente otra madre en el grupo dijo, «Toni él tiene tres años más contigo. Ya casi creció. Abandone la imagen estupenda, dígale las reglas y consecuencias, y déjelo decidir». Toni prestó atención al consejo. La siguiente vez que su hijo se metió en lío, rehusó rescatarlo. Y, como lo contó, «Dos semanas en la Sala Juvenil le trajo más realidad que todas mis quejas y los ruegos hicieron» mejor para él, y menos problemas para ella.

Admita sus errores ante el hijo

A las mamás le gustaría proteger a sus hijos del conocimiento de que son pecadoras imperfectas. Algunas madres ocultan sus sentimientos para proteger su propio sentido de derecho, ser especial, y su autoestima. Pero la mayoría esconde porque temen que la información dañará al hijo en algún nivel. Les preocupa que el niño no pueda confiar en su madre, ya que ella probó no ser segura.

Pero los niños son inteligentes. Cuando mamá falla, esperan a ver qué hace con el fracaso. Cuando se le acerca al niño, admite el error, pide perdón, y cambia su propio comportamiento, de veras cría maternalmente bien a su hijo. He aquí algunas dinámicas que ocurren cuando usted admite fracaso a su hijo:

Tome responsabilidad por su propia maldad. Por definición los hijos son porosos y como esponjas en su desarrollo de carácter. No están sólidamente definidos en su identidad aparte de mamá, ni tampoco en cuanto a, qué es su maldad y cuál es la de mamá. En niños abusados, por ejemplo, con frecuencia vemos un sentido grandioso de responsabilidad por el maltrato de mamá con ellos; el niño de veras cree que el abuso de la madre es culpa suya. Piensa, *Si no fuera malo, ella no me maltratara*. Recogiendo la maldad de mamá causa todo tipo de problemas, emocionales y de carácter en los años futuros, como el aislamiento, culpabilidad, masoquismo, y búsqueda de relaciones destructivas.

Pero cuando confiesa sus errores a una hija, ocurre una transformación maravillosa. *La carga de su maldad es levantada de los hombros de su chica y puesta donde pertenece, sobre los suyos.* Se vuelve su problema, por el que puede tomar responsabilidad. La hija ya no tiene que lidiar con los errores maternos, solo con los de ella. Esto modela para la joven cosas buenas como fronteras claras, la habilidad de clasificar faltas y responsabilidad en conflictos, y la habilidad de rehusar mensajes de otros, que producen culpa.

Usted proporciona la oportunidad para la reconciliación. Su hijo necesita saber que los conflictos con usted pueden resolverse. La distancia que un problema plantea se puede vencer con su habilidad de reconciliar. Los niños necesitan este conocimiento para poder lidiar con desacuerdos, discusiones, y conflictos valiosos en relaciones adultas. Necesitan la habilidad de tener distancia sin temor de que el conflicto los quitará del apego y el amor.

Por ejemplo, cuando Geena le gritó en un despliegue de ira a su hija de diecisiete años Courtney, la chica se retiró en silencio. La seguridad interior de la madre cariñosa, de pronto se interrumpió por esta mamá enojada gritando. Geena, al darse cuenta de lo que había pasado, fue a su lado y dijo, «dulzura, lo siento. Le grité y probablemente no se siente cerca conmigo en este momento. No fue tu culpa, fue la mía. Perdóname por favor, y trataré de cambiar mi temperamento». Courtney comenzó a sentir a su mamá cariñosa nuevamente, al acercársele en señal de reconciliación. Abrazó a su madre y se alejó a jugar, reconciliada interiormente en la misma forma que mamá lo logró externamente.

Usted modela posesión y perdón. Su hijo también gana la ventaja de ver cómo un adulto toma responsabilidad por sus problemas y pide perdón de los que hieren. Están bien interesados en este proceso y al tanto de lo que está pasando. Quieren aprender cómo lidiar con estos asuntos en una forma que es «captada» en lugar de «enseñada». Mi esposa, Barbi, y yo hemos observado este proceso muchas veces en nuestros hijos. A medida que cedemos nuestro «ser bueno» para admitir nuestras faltas, comienzan a tomar estas cualidades en sus relaciones. Se toma todo lo que vale la pena para caminar a la vuelta de la esquina y ver a un niño de seis años de edad tomando iniciativa para pedir disculpa a su hermano menor por golpearlo.

Los niños tienen una habilidad extraordinaria de perdonar si se les presenta el problema en una forma que lo puedan comprender. Ellos quieren ser amados y estar cerca, y no guardan resentimiento y amarguras en la misma forma que nosotros lo hacemos. Si sus necesidades se satisfacen y sus sentimientos no son aminorados por una mamá defensiva, no les toma mucho tiempo en lamentar el dolor que ella les causa y seguir adelante en busca de más crecimiento. Es mucho mejor que ellos lo perdonen ahora, que treinta años y un par de matrimonios más tarde en una oficina de terapia.

Usted recoge el resto. Admitiendo debilidad a su hijo también «cubre una multitud de otras cosas». En otras palabras, los niños de madres que confiesan, pueden soportar y tolerar muchas otras debilidades en ella. Pueden encontrar problemas de apego o fronteras en mamá y recobrarse de ellas mucho más rápido. Sin la confusión emocional de tomar responsabilidad por los errores de mamá, pueden aceptar la realidad de que ella les falle, y todavía florecer.

Hemos notado este principio una y otra vez: *Personas que vienen de posiciones altas pero de padres que niegan sus faltas, tienden a funcionar peor que esos que tuvieron padres no tan prácticos pero que confiesan sus faltas.* Si una niña sabe que mamá es débil pero está creciendo, no tomará sus problemas como de ella, pero obtendrá ayuda de otros para reforzar sus propias debilidades. Aprende, de su mamá sincera, que aun verdades dolorosas son mejores que secretos y ocultarse en su propia vida. Aprenderá que la realidad es su amiga.

Dele al niño algo de crédito

Finalmente, mamás, es mejor que admitan sus debilidades, porque por mucho tiempo, los hijos están al tanto de nuestros puntos flacos, de todos modos. Serán jóvenes, pero todavía no descubren cómo engañarse ellos mismos en casi la misma forma sofisticada que lo hicimos los adultos. Así es que algunas veces usted está afirmando verbalmente lo que ellos ya saben por dentro. La validación de realidades puede traer enormes crecimientos estructurales a un niño.

Una vez estaba analizando con mi hijo Ricky sobre su tendencia a precipitarse corriendo lejos de mí en los lotes de estacionamiento. Por el temor de que lo golpeara un auto en retroceso, le dije, «tendré que asignarle un castigo la próxima vez que se aleje de mí corriendo». Su respuesta me sorprendió. «Me da muchas oportunidades», dijo. «Me debería poner como en capilla por esta». ¡Yo jamás le diría a mis padres eso cuando tenía seis años!

Ricky me estaba diciendo dos cosas. Primero, quería más estructura de parte mía; necesitaba que tallara las riendas un poco para poderse sentir seguro dentro de su propia estructura. Segundo, me estaba expresando que él sabía dónde no lo estaba criando correctamente. ¿Porqué debo esconderlo? Déjele saber a su hijo que ve su realidad no expresada y que toma responsabilidad por eso.

Recuerde esta regla general: *Las personas que están viendo sus propios asuntos siempre son mejores padres que esos que están mirando a otro lado.* Cuando es dueño de sus errores, no desplaza, niega o culpa, lo que hace es poner el problema en algún lugar donde no se pueden resolver. Cualquier error que cometa, si se adueña de ellos, usted está en control. Puede hacer algo referente a ellos y conseguir ayuda y apoyo.

———————— • ————————

Esperamos que esté animada en solucionar sus asuntos de crianza maternal como una mujer. Recuerde, usted es parte de la herencia de Eva, que es la base y fuente de crianza para todos nosotros. Tiene un lugar crítico y especial en la supervivencia de la familia, nuestra religión, la cultura, y la humanidad misma.

A medida que se convierte en la mujer que Dios intentó que fuera, usted redime la crianza maternal que recibió, y como redención vertió su propio amor hacia el mundo. Al proceder de esta manera, hace posible que continúe el proceso de crecimiento en las generaciones futuras. Estas palabras de Elizabet prima de María, aplican también a usted: «¡Dichosa tú que has creído, porque lo que el Señor te ha dicho se cumplirá!»[4]

Capítulo Quince

Solo para hombres

Bill entró en la oficina de su supervisora para la reunión semanal de gerencia. No esperaba nada fuera de lo normal, pues solamente tenía pocas semanas de estar en ese trabajo y no tenía mucha experiencia con su nueva jefa, Peggy. Parecía buena, y simpatizaba con su personalidad; sin embargo, la mayoría de sus interacciones hasta ahora fueron de manera superficial, ya que él estaba en un período de orientación. En fin, no tenía razón de esperar problemas.

—Bill, —*comenzó ella*—, quiero hablar con usted referente a esta cuenta de Westward. Algo aquí no se ve bien. ¿Puede explicar estas ofertas que elaboró?

—Por supuesto, —respondió él—. Armé un plan de precios que calzaría con todas sus necesidades de consultas para la duración del proyecto. ¿Hay algún problema?

—Por supuesto que lo hay, —continuó Peggy—, creo que necesita recomendar una línea completa de cobertura de riesgos que usted omitió totalmente. ¿Porqué hizo eso?

—Bueno, al revisar su cobertura actual, creo que estaría sobre vendiéndoles. Ellos sencillamente no lo necesitan. Bill se sintió bien por tratar de ahorrarle dinero al cliente.

—Bueno, está equivocado, —respondió—. Regrese y hágalo todo de vuelta e incluya una oferta por la línea extra. Ellos están claramente expuestos a esa parte, y quiero asegurarme que le venda todo lo que necesitan, o tendremos a un cliente insatisfecho en el futuro.

—No estoy de acuerdo-, —continuó él—. He vendido ese producto por años, y simplemente no lo necesitan. Bill sintió que el cuello le apretaba. Se estaba enojando.

—Bueno, de veras pienso que está equivocado, así es que quiero que lo vuelva a hacer y me lo hace llegar para el viernes. De seguro necesitamos afianzar este negocio, -dijo Peggy-. Eso será todo.

Bill sintió perder el control. «Mire, señora», dijo él «Yo no sé quién cree usted que es, pero hago esto mucho más tiempo de lo que usted pueda imaginarse. Y sé de lo que estoy hablando, esta gente no necesita ese producto, y no se lo voy a vender. Así es que, si eso es un problema para usted, entonces puede tomar este trabajo y hacer lo que quiera con él». Y dicho eso, se fue.

A medida que Bill salía, sintió un estallido de libertad. Estaba estimulante. Salió por la puerta del frente, entró en su carro, y comenzó a conducir hacia su casa. Y entonces, meditando, se preguntó en voz baja «¿Qué es lo que acabo de hacer?». «No había razón para eso. Ella estaba solamente haciendo su trabajo. ¿Cuál es mi problema?»

Comenzó a recordar otras ocasiones cuando reaccionó en formas similares. Tenía una desavenencia, se ponía enojado y cruel, se retiraba en lugar de «perder». El problema era que él había «perdido» bastante en el proceso: clientes, relaciones, y promociones. Probablemente perdió mucho de la relación con Peggy, o su trabajo.

Pero de ninguna forma el problema le molestaba tanto como su relación con mujeres a las que él estimaba. Aparentemente no podía hacer que una relación romántica de largo término funcionara. De treinta y cinco años, próspero, y todavía soltero, estaba desanimado por esta pauta. En tiempos así, deseaba tener una relación seria para poder irse a casa y compartir todo esto con alguien. Pero solo la semana anterior, tuvo una discusión con su novia y rompieron relaciones. Su soledad era particularmente conmovedora al pensar en las similitudes entre ese rompimiento y lo que pasó esa mañana. ¿Cuál era su problema?

Muchos hombres tienen pautas similares. Son «buenos tipos», encantadores, socialmente expertos, talentosos, y generalmente funcionan bien en el mundo de la gente. hasta que. Hasta que se encuentran en una situación en la que se sienten amenazados por una mujer, o más preciso, amenazados «con» una mujer. Ya que en realidad, no es ella la que está amenazando, sino su propia actitud hacia las mujeres en general. La pauta es algo así como:

1. Tener inicialmente y retener una buena relación, con gozo mutuo.
2. Profundizar la relación basado en las cosas que funcionan bien, y alguna forma de aprecio de quienes son, ya sea en el amor o trabajo.
3. Tener una interacción o dos en la que la mujer se vuelva afirmativa en alguna forma.
4. Reaccionar a su aseveración ya sea con ira, control, o el evitar la relación.
5. Ella regresa a su actitud anterior y las cosas continúan bien, o se mantiene afirmativa y la relación llega a un fin.

Todos los días, y en una variedad de contextos, los hombres tienen problemas con las mujeres, los que en su mayoría son causados por ellos mismos. Su posición interna y la pauta de sus relaciones con mujeres están formadas de tal forma que el ciclo se repite y lleva a una tras otra interacción rota. O los dos participantes ejecutan un baile forzado en un encuentro por largo tiempo que no es satisfactorio para ambos.

En el caso de Bill, la afirmación de la mujer condujo al conflicto. A veces son las partes de relación de la mujer las que provocan el final.

David era encantador. Un hombre de negocios próspero y una persona socialmente activa, era atractivo para todos lo que lo conocían. Especialmente las mujeres. Algo referente a su encanto juvenil y personalidad las atraía a él como un imán. Siempre tenía «varias al mismo tiempo», como todos sus amigos lo expresaban. Pero, todas parecían apartarse después de varios meses.

David inicialmente conocía a una mujer, la cortejaba, estaba muy interesado en ella, y hacía creer a todos sus amigos que esta vez sí había encontrado «la ideal». Surgía un romance tempestuoso, mucha alegría y viajes, y la mujer se enamoraba perdidamente. Y entonces, como era de esperarse, después de unos tres meses de esperarlo, David simplemente desaparecía. Ella llamaba a sus amigos, buscando respuestas. «¿Qué pasó? Todo estaba tan bien». Sus amigos solamente podían responder, «ese era probablemente el problema».

Porqué era que cuando las cosas iban bien, David comenzaba su retirada. Llamaba no tan a menudo. Necesitaba más tiempo para sus aficiones. Su negocio de pronto necesitaba más de él. Su retirada siempre podía ser explicada y parecía legítima. Pero eventualmente el panorama se aclaraba. El ya no estaba allí. En cuanto el amor entraba en el panorama, David se salía, y otro corazón se despedazaba.

Así es que, en el caso de David, no era la aseveración de una mujer lo que finalizaba la relación. Era el deseo de ella de que la misma se volviera en «algo más». Fue cuando su apego aumentó y le pidió más de él en forma de compromiso. Para Bill, cuando la situación se puso a la par y en forma directa, se fue. Para David, ocurrió cuando se puso la situación profunda que oyó el silbido del tren sonar.

Estos dos hombres eran solteros. Pero la pauta es también común con hombres casados. Quizá no dejen la relación como en divorcio o separación, pero la dejan emocionalmente cuando se encuentran con afirmación y apego de sus esposas. ¿Qué causa que los hombres actúen así? En este capítulo miraremos varias razones por las cuales ellos luchan en sus relaciones, especialmente con mujeres, y lo que eso tiene que ver con el proceso de la crianza maternal.

ÁMELA, DÉJELA Y REGRESE A ELLA

Para comprender lo que está pasando con los hombres en su mundo de las relaciones, debemos primero mirar a algunas de sus pautas de desarrollo en su niñez.

En el principio el varón es relacionado a mamá. Si las cosas van bien con la mamá apegada a quien describimos anteriormente, él aprende a sentirse cómodo con su dependencia de ella. Uniéndose, necesitando, y relacionándose son situaciones cómodas para él, y goza al estar cerca. Él y mamá son tal para cual.

Comienza a separarse de ella en el segundo año de vida, más o menos, y pasa de «ser tal para cual con mamá» a una identidad separada. Es importante que no solo se convierta en una persona separada, sino que se vuelva seguro en su género de identidad. En lo que se aleja de mamá y se inclina hacia papá para afirmar su identidad masculina, logra dos cosas. Uno, se vuelve una persona separada, apegándose a su padre y ganando más autonomía en detrimento del ser tal para cual con mamá. Dos, en este apego con su padre e identificación con él como varón, gana identidad de género. De esta base fuerte, se vuelve alguien cómodo con la relación y dependencia en alguien, pero suficientemente separado para ser autónomo y un individuo aparte de su objeto de dependencia. También se vuelve seguro en su identidad de varón. Brevemente, él puede amar a mamá, ser independiente de ella, sentirse como un hombre con ella, y nunca temer la pérdida de su masculinidad.

A medida que crece, continúa encontrando más y más referente a quién es como persona. Mamá lo disciplina y no le permite que la mande. Le enseña a respetar sus límites y fronteras.

Luego, a medida que experimenta en varios campos, aprende que hace algunas cosas bien y otras no tanto. Aprende que no es tan ideal, pero sí verdadero. Que tiene buenas y malas partes. Y si mamá no tiene una agenda para él en cuanto a ser perfecto o ideal, los dos pueden volverse cómodos con la realidad de su «suficientemente buena» imperfección.

Después, un poco más adelante, comienza a identificarse con el papel de varón con su padre. Nota las diferencias sexuales entre él y las mujeres, y encuentra atracción hacia ellas queriendo también lograr reciprocidad. En la niñez, su necesidad por afirmación y amor, y más tarde, durante la pubertad, se vuelve más sexual, aunque las piernas están allí desde la niñez. Comprende esa atracción con mamá; si le gusta ella, tal como él a ella, está hecho para encontrar «una como la que se casó con su querido papá», como dice una vieja canción.

En la adolescencia, se mueve más y más lejos de su dependencia infantil de mamá, y en el mundo de la competencia varonil y búsqueda de hembras. Si la madre es capaz de animarlo a ser fuerte y entrar al mundo, para encontrar mujeres de su gusto, para pasarla difícil y dar tumbos en sus arenas competitivas favoritas, y permanecer respetuoso con ella en su agresión entrometida, él continúa el camino. Eventualmente la deja de manera total, y luego, en cierto modo, regresa.

Él encuentra una mujer con la que puede tener un apego importante, y se casa. Con toda esa identidad segura, depende de su nuevo amor, es fuerte y aparte de ella en cuanto a fronteras y límites, se mantiene libre de su control, se siente cómodo con las imperfecciones de ambos, y la ve como un objeto de deseos sexuales a la vez que se siente seguro en su atracción hacia ella. En esta forma, «retornó a la mujer». Como lo dice el libro de Génesis «... el hombre deja a su padre y a su madre, y se une a su mujer, y los dos se funden en un solo ser» Él deja a mamá y encuentra a otra mujer, y los dos viven felices de allí en adelante.

Esa es una historia buena, y sucede todos los días. Pero no siempre. Si a los hombres no les va bien con mamá, con frecuencia, tampoco les va a ir bien con la mujer a quien regresan, a menos que los conflictos y actitud con la madre sean resueltos primeramente. Dios nos diseñó para regresar y apegarnos. Para ser de nuevo «tal para cual». Pero la segunda vez, es de un lugar de madurez adulta en lugar de una dependencia y actitud de «tratando de encontrarme» como fue con mamá. Si las cosas van mal, el «regreso» no será para intimidad, libertad, goce, respeto, y cumplimiento sino para los viejos conflictos y sus soluciones fuera de práctica. Cuando los hombres no recibieron lo que necesitan en el proceso de crianza maternal, o no lo han usado, o lo rechazaron en alguna forma, entran en sus relaciones actuales de una posición incompleta o en otra forma conflictiva. Miremos cómo los asuntos incompletos con mamá afectan a los hombres, específicamente.

BUSCAR O EVADIR CRIANZA

¿Recuerda la «mamá relacionada» de los capítulos 2 y 3? Hablamos de nuestra necesidad de aprender a relacionarnos y depender de otra persona relacionalmente. Obtener acercamiento, confianza, sentir nuestras necesidades, y todos los otros aspectos básicos de ser una persona relacionada comienzan con mamá o la persona encargada de la crianza maternal. ¿Qué hacen los hombres cuando no se pueden relacionar? Normalmente, evitan intimidad, o luchan en contra de ella.

¿Recuerda la historia de David? Estaba bien hasta que una mujer quería relacionarse más profundamente con él, y luego se alejaba. Lo que resultaba confuso es que a menudo después de haber creado suficiente distancia, posiblemente regresaba. Volvía a encender la relación, y la mujer se ilusionaba pensando que ya estaba listo. Salían en citas, volvían a la actividad de antes, y entonces se alejaba de nuevo. Le daba temor cuando la relación se profundizaba.

Quizá David fue abandonado cuando niño, o tuvo una mamá desprendida, o fue uno de esos niños que simplemente no se podían consolar. Por cualquier razón, el temor y el conflicto sobre dependencia está todavía allí. Cuando se acerca a una dama y comienza a depender de ella, entonces se siente temeroso. Así es que, la compañera *no está recibiendo a alguien que amó a mamá, la dejó, y regresó para amar a una mujer.* Está recibiendo a alguien que está buscando crianza maternal pero le tiene tanto temor que se corre o la resiste.

Agredir y pelear son otras formas en las que los hombres evitan sus anhelos de dependencia. Para evitar el acercamiento, las parejas a menudo empiezan un pleito cuando las cosas comienzan a ir bien. Por lo general, esto se debe a los temores de relación y dependencia de los hombres. En realidad el varón es un niño exigente en un cuerpo de doscientas libras, se ve intimidante, y puede ser, pero en el fondo, lo que existe es debilidad.

Las adicciones pueden ser un intento de acabar con esos anhelos de dependencia. Los hombres reemplazarán sus necesidades de interacción con casi cualquier otra cosa que no sea relación: trabajo, sexo, drogas y alcohol, pasatiempos, comida, y un montón de otros sustitutos. Cualquier cosa que no sea intimidad. El problema es que la necesidad de una intimidad todavía existe. Así como Dios le dijo a Adán. «No es bueno que el hombre esté solo... »[1]

BUSCAR CONTENCIÓN

Si la madre contenedora falló o no fue utilizada, los hombres harán lo mismo con esta función que con su necesidad de relacionarse: buscarla y evitarla al mismo tiempo. Esta es la historia de hombres que no pueden permitir a su ser importante acercárseles cuando están contrariados. Muchas mujeres dicen de sus esposos, «pareciera como que cuando más me necesita, se aleja o me aparta». Y eso es con certeza. Si un hombre no está acostumbrado a que le contengan sus sentimientos, tratará él mismo de contenerlos y temerá que alguien más se acerque al caos.

Es probable que demande contención, agresivamente. Algunos hombres no permiten que sus parejas se vallan de su lado. No les permiten tener sentimientos o caos propios. Solo demandan que la mujer sea una «apaciguadora». Ella tiene que mantenerse calma, apaciguando, presente y «estar allí para él», en una forma que solo una madre es capaz. Cuando falla, hay un conflicto.

NO ME DIGA QUIÉN DEBO SER

A menos que los hombres tengan buenas fronteras de su crianza maternal, no tendrán oportunidad con las mujeres, o se sienten controlados y sofocados por ellas.

Kevin amaba a su esposa. La adoraba. Pero no era lo suficientemente fuerte en sus propias fronteras para decirle que no a ella. En el aspecto primordial en el cual experimentó esto, fue en su propia necesidad de oportunidades para un pasatiempo o con amigos. Cuando quería espacio en el cual lograr distracción o departir con sus amigos, ella lo deseaba en la casa, y no podía defender su propia separación. Él complacía y luego la resentía, y entonces sus sentimientos de amor comenzaban a desaparecer. Esta pauta continuó hasta que finalmente su resentimiento creció al punto de dejarla. Se quejaba de que «se sentía sofocado y controlado». Lo que no podía ver era que se trataba de su propia culpa. Los asuntos de fronteras siempre son nuestra responsabilidad, no la de la persona «controladora».

Kevin nunca estableció fronteras con su propia mamá. Una mujer tenaz, se contentaba con estar en control de él, y nunca la dejó. Así es que, en vez de abandonarla y arrimarse a su esposa, convirtió a su compañera en madre y la dejó. Este es uno de los escenarios de divorcio más comunes. El problema es que algunas veces estos hombres nunca resolvieron el problema, y luego repitieron la pauta.

Los hombres no pueden soportar que las mujeres los controlen; se siente muy regresivo perder su independencia, separación y masculinidad. Hacen lo que sea para recuperar esas cosas si las fronteras se rompen: retirarse, pelear, tener una aventura amorosa, irse, trabajar más, lo que crean necesario. Cualquier cosa parece una solución si les ayuda a recuperar su poder y separación.

Ven a la «mujer controladora» como el problema y fracasan en lidiar con sus propias fronteras flojas. Si establecieran buenas fronteras con sus madres, no temerían ser controlados por sus esposas o novias. «¡Deja de controlarme!» Se volverá «no, yo no quiero». Ellos ven a sus compañeras y prometidas como la madre controladora, con las que no pueden lidiar porque no son lo suficientemente fuertes, así es que se van.

LA MUJER PERFECTA

Ann se sentó en mi oficina (del Dr. Cloud) enfurecida con Tom. «Estoy aburrida y cansada de ser su trofeo. "Cámbiese el pelo. Vístase de esta forma. Ingrese en este club". Siempre está tan interesado en cómo me veo y la imagen que represento. Ya no aguanto más». Podía ver por qué. Las expectativas de Tom para con ella eran tan altas, que ya no lo podía soportar por mucho tiempo y permanecer cuerda. Machacaba en sus imperfecciones constantemente. Quería gritar, «¿Quién se cree usted que es, Don Juan?»

A medida que avanzábamos, pronto se vio claro, que Tom tenía la integración sin resolverse de sus propias imperfecciones que discutimos en el capítulo 8. No había llegado a un punto donde podía aceptarse íntegramente, lo bueno y lo malo, y por consiguiente no podía aceptar imperfecciones en otros.

Esta búsqueda por la mujer ideal detiene a muchos hombres para encontrar la real intimidad. Si llegan a casarse, no se acercan verdaderamente a sus esposas, por lo que siempre están fantaseando en una relación que es mejor que la que tienen. A veces fingen sus fantasías en una aventura amorosa. Se les olvidó que sus esposas o novias les parecían tan maravillosas en un tiempo, hasta que al fin la tuvieron. Entonces, la distancia y la habilidad de idealizar, se acaba, y ella se vuelve «mala» en su mente. Otras se ven más bonitas, inteligentes, buenas, bondadosas, alegres, o lo que sea.

El otro lado de esta dinámica es cuando los hombres requieren de sus mujeres que reflejen sus deseos para que sean ideales. Cualquier crítica de sus otros seres importantes es tomada como «eres totalmente mala». Demandan adoración e idealización en lugar de un verdadero amor que incluya sus imperfecciones. Cuando son criticados, se retiran o pelean. Y después corren a su persona de fantasía quien los ve como maravillosos. La aventura amorosa puede satisfacer esta necesidad para adoración porque no es vivida en la realidad del día a día. Es secreta, compartimentada, y romantizada: la mujer nunca tiene que lidiar con la realidad de las imperfecciones en estos hombres. Así es que, ven a sus amantes como buenas y a sus esposas como bruja quejona.

PAGOS «AMERICAN EXPRESS»

Si usted es un hombre y nunca hizo la función de «dejar su hogar», no encontrará una relación verdaderamente satisfactoria con una mujer o lograr las aspiraciones en su carrera. Todavía tiene usted muchos problemas de control y de seguridad.

En el sentido de control, todavía se siente que su mamá es el eje del universo. No estableció su propio sentido de adultez separado de ella. Sicológicamente, aunque tenga su propio lugar, todavía vive en casa con su madre. Por lo que ella todavía, a cierto nivel, tiene el control. Si no tiene su propia vida aparte de su progenitora, cualquier vida que tenga la está rentando de ella. Finalmente, a usted le hace falta control personal (ver la lista de síntomas en el capítulo 12).

Hasta dónde esto es cierto, posiblemente tendrá dificultad en dirigir su carrera, y tendrá problemas de control con mujeres. Cuando ellas se protejan, usted quizá las resentirá como «madres controladoras» o cederá a sus controles y permanecerá un niño. Y los niños de más de dieciocho años nunca están satisfechos con sus parejas o con ellos mismos.

En cuanto a seguridad, probablemente todavía mira hacia la mujer para que provea la básica en lugar de sentirse seguro en usted mismo. Por lo tanto, está forzado otra vez, a un medio dependiente con mujeres y en su carrera, y nunca encontrará, finalmente, ni una ni la otra, satisfactoria. Por ejemplo, somos motivados a trabajar, en parte por las necesidades de seguridad, así como las de actualización. Si mamá o madres sustitutas todavía son su seguridad, le hará falta la motivación y el empuje para tomar el riesgo y tolerar la frustración necesaria para encontrar su propio sentido de logro. Continuará dependiendo de la seguridad de mamá y el sentido de logro de usted. Esto puede pasar ya sea soltero o casado. Si emocionalmente no ha dejado a mamá, no está listo para amar a una mujer correctamente o triunfar por su cuenta.

PROBLEMAS DE LA MAMÁ AÚN JEFA

Las dinámicas de todavía estar en el «lado deprimido» de mamá son similares. Bill, en el principio de este capítulo, nunca se volvió un igual con las mujeres. Todavía se sentía tan en el «lado deprimido» de su madre, que cuando se encontraba con mujeres afirmadas, solo sabía pelear. En su mente estaba dominar, o ser dominado. Así que, cuando los jefes o amantes se afirmaban, un pleito emergía. Cuando Bill finalmente aprendió a sentirse igual, en lugar de uno menos o uno más hacia las mujeres, encontró algunas relaciones mutuas satisfactorias y dejó de tener problemas autoritarios con las féminas.

DÍGALO OTRA VEZ

Todos estos temas de veras dicen lo mismo repetidas veces: Si no ha terminado con la crianza maternal, tendrá problemas. Si es usted un hombre, esos problemas lo meterán en conflictos, particularmente en las relaciones con las mujeres.

El problema, al final será de *regresión*. Si aun no termina con mamá o la crianza maternal, cada mujer se vuelve una madre potencial o figura de madre. Usted retrocede a un niño o adolescente y convierte a la mujer que estima en una mamá. La usará para resolver asuntos viejos, pero esto nunca funciona al menos que lo esté haciendo en una forma consciente, dirigida, con propósito y con permiso. A esto se debe que los ambientes para sanar sean tan cruciales. Está en un grupo de apoyo para ser ayudada, y todos admiten eso.

Pero esto no es así en la relación de citas o un matrimonio. En eso está como un adulto no como un niño. Y cuando convierte a una esposa o novia en una sanadora, se mete en problemas, porque ella asume que usted se comportará y actuará como un adulto. Así es que cuando pida algo de lo que los adultos deberían ser capaces; intimidad, fronteras, confrontación, igualdad, cree que está haciendo un pedido razonable. Pero cuando oye el mensaje en una forma u otra, «¡No me críes maternalmente!» Lo que tienes que recordar es que *solo un infante puede ser criado maternalmente.*

Así es que tenga cuidado de cómo convierte una relación adulta en una lucha infantil o trata de que las necesidades infantiles sean satisfechas. Y pueden serlo, pero las dos partes deben comprender que esto está implícito en la relación. Quizá necesite decir, «me siento pequeño en este momento y necesito consuelo». O, «me estoy sintiendo "muy mal" en este momento y necesito que me asegures que todavía piensas que soy bueno». Todas estas cosas están bien, pero necesitan ser explícitas y no sobre actuadas en una forma complicada. Asegúrese que posesiona y directamente expresa sus necesidades en lugar de fingirlas.

ESTILOS ESPECÍFICOS DE EVADIR LA BÚSQUEDA DE RESOLUCIÓN A LOS PROBLEMAS DE MADRE

Los hombres son muy buenos en dejar problemas maternales sin resolverse. Con mucha frecuencia las madres permiten esta pauta, o se puede encontrar a una mujer que lo haga. Toda la idea de resolver problemas de madre es para encontrar buena crianza maternal y de traer todas sus diferentes partes a la relación apropiadamente, y por lo tanto integrarse como una persona. Debe tener relaciones que apoyan para poder integrar todos esos sentimientos y partes que no experimentó con mamá e integrarlas: sentimientos de necesidad, de dependencia, fundación de fronteras afirmativas, respeto a las fronteras de los demás, imperfecciones, perdonar las imperfecciones de otros, sentimientos sexuales, talentos, pensamientos y opiniones. En otras palabras, *aprenda a ser toda su persona con las mujeres.*

La alternativa

La alternativa de ser toda su persona con una mujer es tener diferentes partes suyas con diferentes mujeres. Esto se llama dividir. Un hombre mantiene los diversos aspectos de él separados y encuentra diferentes relaciones en las cuales actúan esas partes diversas. Aquí están algunos ejemplos.

Separación de amor y sexo

Algunos hombres tienen mujeres a las que aman y otras con las que actúan o se sienten sexualmente atraídos. Tienen «objetos de amor» y «objetos de sexo». Estos hombres no pueden traer sus partes que aman y sus partes sexuales a la misma mujer. Por lo que un esposo puede que ame a su esposa pero tiene una aventura amorosa. A veces, el enlace sexual es interpretado como amor, hasta que se separa de su esposa y trata de vivir con su amante. Apresado en la misma pauta, se desilusiona y quiere a su esposa de regreso o comienza a buscar a una tercera mujer.

El hombre soltero pueda que diga, «te amo, pero no me atraes». Sin duda que esto es a menudo cierto; no somos físicamente atraídos a todos los que amamos. Pero si la mujer con quien se relaciona y por la que siente atracción no es la misma persona, tiene un problema.

Separación de fundición no disponible

Algunas veces esos hombres que no pueden juntar sus fronteras en relaciones, se unen con una mujer que los ama y anhelan a otra que no siente nada por ellos. Se acercan a la que está disponible, pero se vuelven complicados y dependientes, pierden su pasión, y luego anhelan a un objeto de amor lejano. La distancia les provee las fronteras que les hace falta, por lo que sienten la pasión de nuevo. Pero lo que necesitan hacer es traer sus lados progresivos y sus fronteras a una sola relación.

Use una y respete a la otra

Este hombre encuentra una mujer que satisface sus necesidades egoístas y otra para respetar y adorar. Típicamente, la mujer usada tiene fronteras limitadas, en amor propio y no requiere que él la respete. Simplemente la usa para regular sus diferentes humores y apetitos. Ella cumple, esperando amor, pero luego él se va lejos hasta que la necesita de nuevo. Al mismo tiempo, palpita por la segunda mujer, haciendo todo lo que puede para complacerla, hasta que lo obtiene.

Este hombre pone fronteras en su egoísmo. Tiene que aprender que no puede usar las mujeres y recibir algo de regreso. También necesita respeto propio para que no actúe tan amoroso y en una forma sacrificadamente loca, hacia la anhelada.

Moral e inmoral

Los hombres a veces tienen partes morales y partes inmorales que no están integradas. Todavía se la pasan escondiendo con vergüenza, de mamá, sus lados de «niño malo». Encuentran mujeres con las que pueden relacionarse desde sus diferentes partes. Quizá respeten a una esposa con su lado moral y tengan una aventura amorosa donde dejan que aparezca su «maldad». Muchos líderes religiosos que tienen aventuras amorosas están en este tipo de separación del buen hombre del malo. Son buenos en el púlpito y con la esposa y luego se encuentran a alguien con quien pueden vivir su maldad. Todo esto para evitar integrar y traer todo su ser a una misma persona.

Extremos

Al tratar de prevenir la experiencia del retroceso que hemos descrito en este capítulo, los hombres normalmente vuelven a uno de dos estilos inmaduros: agresión o satisfacción. Se vuelven hostiles y agresivos con las mujeres para prevenir el conflicto, o cumplen y se unen con mujeres, actuando como infantiles. Esté al tanto de estas dos tendencias. Ninguna es la forma de ser de un hombre maduro con las mujeres.

La solución

La solución de separación es aprender a ser *toda* su persona con las mujeres. Traiga sus necesidades, fuerzas, habilidades, debilidades, partes malas, dolor, sexualidad, y todo el resto de usted a la relación. Así es como sucede la integración.

Puede comenzar a hacerlo donde está. Encuentre algunas relaciones seguras y lleve toda su persona a ellas, desde sus partes dependientes a las independientes. El llegar a ser conocido es el comienzo de volverse entero. Hable de todas estas partes.

¿Y de papá qué?

Algunos hombres que no han terminado con mamá, probablemente tienen un problema. Están designados a identificarse con papá, para género y su papel de sexo, y así probablemente separarse de sus madres. Pero si el progenitor no está disponible, se quedan atados con la madre, en conflicto con ella, o traídos dentro de la posición de esposo en alguna forma desagradable. La versión de atados, puede dejar a los varones con temor a su masculinidad o sexualidad. La versión combativa, los deja vacíos adentro, y cuando un chico tiene que actuar en el papel de esposo en cualquier forma, tendrá dificultad tanto en separarse como tendrá problemas narcisistas.

Si alguna vez soluciona una de las tareas más agresivas con las mujeres, necesitará algunos hombres con quien identificarse. El apego de un chico a sus modelos del papel masculino, le da fuerza para enfrentarse a las mujeres. Si le hace falta fuerza de varón, será continuamente controlado o temerá serlo por las mujeres en su vida. Los hombres maduros aman a las mujeres; no son controlados por ellas. Use a los hombres de sus sistemas de apoyo como modelos de comportamiento para ayudarse en su proceso de sanar con mamá.

Ser un padre de crianza

Si ya está crecido y ahora es padre, en cuanto más emocionalmente disponible se pueda hacer para su esposa e hijos, ellos tendrán menos problemas de madre. Una esposa amada hace una mejor madre. Y los hijos que son queridos por sus padres son más aptos a separarse de sus madres y establecer su propia identidad. Si pueden ver buen ejemplo entre los sexos, apreciarán la diferencia sin resentirla ni evadirla. Sea un buen papá, y aumentará el número de mamás buenas en el mundo.

¡NO SEAS INFANTIL!

Hombres, solo hay una manera de resumir todo esto; no sean infantiles. Si todavía tienen asuntos pendientes con la madre, harían bien en comenzar a solucionarlos para que puedan tratar a su mujer bien y sean prósperos en su carrera.

Necesitarán un buen consejero o sistema de apoyo para que lo ayuden. Si los temas de género están involucrados, asegúrense de aprovecharse de algunos buenos modelos de comportamiento, y también busquen buenas mujeres que lo apoyen. Se necesitarán ambos para curar sus problemas de crianza maternal.

Si puede obtener la crianza maternal que necesita, resuelva los problemas con su mamá verdadera, deje la posición de dependiente, y regrese a las mujeres como un igual, encontrará verdadera satisfacción al final de la jornada. Como dijo Dios: «No es bueno que el hombre esté solo».

Capítulo Dieciséis

¿Y ahora, qué?

Cuando comenzamos a escribir este libro, a mi esposa, Barbi, (Dr. Townsend) le gustó el concepto, pero expresó una preocupación: «Creo que es necesario escribir este libro», dijo. «Pero ahora que yo soy mamá, tengo mucha mas empatía por este proyecto. Sean suave con mamá». Y nosotros tratamos de seguir sus consejos.

Sinceramente esperamos haber expresado nuestro respeto por el papel de la maternidad. Nosotros somos pro madres. Hemos dedicado y estamos dedicando gran parte de nuestra preparación clínica en enfatizar el estudio del proceso maternal. Creemos que una madre puede contribuir tanto a vidas fructíferas como a vidas desperdiciadas. Nosotros apoyamos y honramos a las madres que entran en este proceso y que pueden seguir la dirección correcta.

Esperamos no haber «aporreado a mamá», sino haberlo ayudado a ponerse al tanto y tomar responsabilidad de lo siguiente:

- su niñez
- los asuntos y tareas actuales para el desasrrollo de su carácter
- la relación con su madre en la actualidad
- las relaciones con otros en la actualidad
- los problemas relativos a sus padres

¡Creanlo o no, nosotros los dos tenemos mamás! Son humanas, y les dimos su ración de dolores de cabeza. Sin embargo, hoy gozamos de una linda amistad con ella que nos trae mucha satisfacción y gozo.

Pero, si fuéramos a describir nuestro intento con una sola palabra en este libro, sería *reconciliación*. Cuando las personas se reconcilian, se vuelven a los que estaban distanciados y pueden relacionase nuevamente..

La reconciliación es una de las necesidades primordiales del hombre. Dios nos creó para relaciones de toda clase. A medida que entramos en el proceso de crecimiento y restauración, especialmente en lo referente a nuestras madres, entonces podemos traer paz a esos que están distanciados.

Es posible que usted enfrente cualquiera de los siguientes tipos de reconciliación:

Reconciliación entre usted y su madre. Como un adulto, puede que necesite invitar a mamá a un proceso de reconciliación, si ella está dispuesta. O quizás necesite pedirle perdón por sus respuestas. Cuando usted se reconcilia con una madre dispuesta, no se le olvida el pasado; lo *redime*. En otras palabras, trae los puntos hirientes de su niñez al presente, logra que otras personas cumplan con las necesidades no satisfechas, y comienza una relación mutua con mamá. Fija límites y desarrolla la relación en la forma que lo hacen amistades.

Reconciliación consigo mismo. Necesita lidiar con cualquier enajenación dentro de su mismo carácter. Esto puede que signifique curar una herida de su niñez. Aceptar realidades del pasado y lamentarlas ahora en el presente con el apoyo de una persona de confianza. Puede significar ceder los deseo y anhelos que nunca alcanzar, como por ejemplo:

- El rechazo o incapacidad de mamá de tener una relación estrecha con usted

- Mamá alentándolo en su identidad individual dada por Dios
- La aceptación de mamá de su «yo verdadero»
- Que mamá lo vea como a una persona mayor
- Mamá posesionándose y tomando responsabilidad debido a las limitaciones de su carácter

Esta clase de reconciliación lo involucra a usted, a Dios, y a su red de apoyo. Verdaderamente ya no tiene mucho que ver con mamá, si ella rehusó tomar parte en esto. Por lo tanto, usted acepta el dolor de estas realidades y consigue que estas necesidades sean satisfechas por otros.

Reconciliación con sus relaciones seguras. Usted va a querer permanecer relacionado, así como tener un estrecho contacto para terminar lo que estaba sin terminarse o dañado en el pasado. Ellos son los que le ayudarán a crecer. Deles su valor, déjelos que lo amen, ámelos a ellos, franqueese con ellos, y póngales atención.

Reconciliación con la responsabilidad. Hemos enfatizado a través de este libro, que lo que somos hoy es en gran parte es el resultado de dos factores: nuestro desarrollo de relaciones importantes, en las que la de la madre es la más importante, y nuestras reacciones a esas relaciones. Siempre tenemos alguna responsabilidad en escoger amor o soledad, vida o muerte, luz o oscuridad, y verdad o desilusión. Mientras más edad tenemos, más responsabilidad tenemos. Necesitamos aceptar ésa responsabilidad y no tener temor a la tarea. Nuestra obligación es cómo conducimos nuestras vidas. Debemos dejar de negar nuestros problemas y culpar a mamá, a Dios, a las circunstancias, y a cualquier otra cosa. Debemos comenzar a restaurarnos a nosotros mismos.

Reconciliación con Dios. Al final, necesitamos ser reconciliados con el Reconciliador. Dios es el que no puede ser probado,

308 • El Factor Mamá

ya que siempre está allí. Él lo ama personalmente y por su nombre. Cuando todos pecamos y fuimos privados de derechos y aislados de su amor, el tomó la iniciativa, por la muerte de su Hijo en la cruz, para reconciliarnos con Dios. «Dios estaba reconciliando al mundo consigo mismo, no tomándole en cuenta sus pecados y encargándonos a nosotros el mensaje de la reconciliación»[1] Si usted nunca ha invitado a Cristo a que entre en su vida, que lo perdone, y que le permita comenzar de nuevo con Dios, lo invitamos a que lo haga. Si usted es un cristiano que está alejado de Dios, le sugerimos que con urgencia se vuelva a relacionar con él y su amor.

Esta reconciliación formal, es la base de nuestra habilidad para perdonar y relacionarnos, no solo con Dios, sino con mamá, con otros y con nosotros mismos. Fuimos creados para ser personas amorosas y trabajadores y solo la reconciliación nos transforma en esas personas.

Que Dios los bendiga a usted así como a su futuro crecimiento en Cristo.

Henry Cloud, Ph.D.
John Townsend, Ph.D.
Newport Beach, California 1995

Capítulo uno: De todos modos, ¿Qué hay en cuanto a mamá?

[1]Daniel Goleman hizo popular el concepto de CI (Coeficiente Intelectual) en su libro, *Inteligencia Emocional (Emotional Intelligence)* (Libros Bantam, 1995)

Capítulo dos: La mamá fantasma

[1]Salmo 22:9 NASB.
[2]Efesios 3:17.
[3]Salmo 22.9.
[4]1 Juan 4:20.
[5]Mateo 22:39.

Capítulo tres: Reconstruya su relación

[1]Mateo 7:18.
[2]Mateo 12:48-50.
[3]Lucas 10:42.
[4]También vea capítulo 11 «¿Dónde está la gente segura? De nuestro libro, *«Gente Segura» (Grand Rapids: Zondervan, 1995)*.
[5]Salmo 116:5.
[6]2 Corintios 5:10.
[7]Para más información sobre estas tareas, también vea *Cambios que sanan (Changes that Heal) por* Henry Cloud (Grand Rapids, Zondervan, 1994).
[8]Juan 15.9 NASB.
[9]1 Juan 4:8.

[10]Para más información en defensas, vea *Escondido del Amor* (Hiding from Love) por John Townsend (Gran Rapids: Zondervan, 1996).

[11]Mateo 6:12.

Capítulo cuatro: La mamá muñeca de porcelana

[1]Mateo 23:37.
[2]Job 6:14 NASB.

Capítulo cinco: Tome control

[1]Juan 34.
[2]1 Pedro 4:10.
[3]Job 6:14.
[4]Colosenses 3:12.
[5]1 Corintios 4:7.
[6]*Vea Gente Segura (Safe People)* (Zondervan, 1995).
[7]Proverbios 19:11 NASB.
[8]1 Pedro 4:8.

Capítulo seis: La mamá controladora

[1]Proverbios 18:14 NASB
[2]Hebreos 12:11 NSAB
[3]Gálatas 6:5.

Capítulo siete: Conviértase en su propia persona

[1]2Corintios 1:4
[2]Proverbios 27:5.

³Gálatas 6:5.
⁴Para más información en fijar límites, vea *Límites (Boundaries)* por Cloud y Townsend (Grand Rapids: Zondervan, 1992)
⁵Mateo 7:2.

Capítulo ocho: La mamá trofeo

¹Romanos 8:1.
²Romanos 15:7.
³Mateo 5:3.
⁴Efesios 4:32.
⁵Sofonías 3:5.
⁶Romanos 12:3.
⁷Salmos 139:14
⁸Filipenses 4:8.
⁹Proverbios 13:12.
¹⁰Jeremías 31:3.

Capítulo nueve: Vuélvase real

¹Génesis 3:22-24.
²Mateo 5:4.
³Santiago 5:16 KJV.
⁴Salmos 103:8-14.
⁵Romanos 12:3
⁶Salmos 100-3 NASB.
⁷Salmos 139:24 NASB.
⁸Ver Romanos 12:6-8.
⁹Proverbios 19:11 NASB.

Capítulo diez: La mamá aún jefa

¹Proverbios 22:6.

²Efesios 4:15.

³Deuteronomio 6:6-7.

⁴Para más información sobre cómo lidiar con enseñanzas espirituales destructivas, vea *Doce creencias «Cristianas» que pueden volver loca a la gente (Twelve «Christian» Beliefs That Drive People Crazy)* (Grand Rapids: Zondervan, 1994).

⁵1 Pedro 4:10.

⁶Mateo 6:33.

Capítulo once: Reconstruya su madurez

¹Efesios 4:31.

²Proverbios 15:31.

³Proverbios 25:28

Capítulo doce: La mamá «American Express»

¹Gálatas 4:1-2 NASB.

²Vea Génesis 2:23-24 NASB.

³Vea 1 Timoteo 5:4.

Capítulo trece: Deje el hogar en la forma correcta

¹Proverbios 27:6.

²Génesis 1:28.

³Marcos 7:13.

Capítulo catorce: Solo para mujeres

¹Salmos 103:13-14.

²1 Juan 4:19.

[3]Juan 3:21.
[4]Lucas 1:45.

Capítulo quince: Solo para hombres

[1]Génesis 2:18.

Capítulo dieciséis: ¿Y ahora qué?

[1]2 Corintios 5:19.

SANTA BIBLIA NVI

- Claridad para la lectura pública y privada, la memoraización, la predicación y la enseñanza.
- Fidelidad a los textos originales hebreo y griego, de los cuales se hizo directamente la traducción.
- Dignidad y elegancia en lenguaje contemporáneo.

ISBN 0-8297-2988-7

UN TAL JESÚS

Un libro acerca de Jesús para nuestros devocionales personales que nos ayudará a entender la personalidad de Jesucristo.

ISBN 0-829716955

EL CASO DE CRISTO

Esta atrayente e impactante obra narra una búsqueda si:
reservas de la verdad acerca de una de las figuras más
apasionantes de la historia.

El veredicto... lo determinará el lector.

Nos agradaría recibir noticias suyas.
Por favor, envíe sus comentarios sobre este libro
a la dirección que aparece a continuación.
Muchas gracias.

Editorial Vida
7500 NW 25 Street, Suite 239
Miami, Florida 33122

Vidapub.sales@zondervan.com
http://www.editorialvida.com